特别感谢

　　教育部新世纪优秀人才支持计划"多元文化互动与族群关系研究";重庆市教育委员会人文社会科学研究专项项目"乌江流域少数民族传统节日文化传承与保护体系建构研究"(项目批准号:13SKP11);重庆市博士后特别资助项目"城市、乡镇、村寨:重庆少数民族生活样态调查与研究"(项目批准号:xm2014065);重庆市社会科学规划培育项目"武陵山区民间神话传说与民族记忆研究"(项目批准号:2013PYZW01);乌江流域社会经济文化研究中心开放项目"重庆民族地区族群互动与社会和谐稳定关系研究"(项目批准号:2013Y10);重庆市文化委资助的"武陵山区多流域文化遗产调查与生态文明建设研究"项目以及长江师范学院学术著作出版基金对于作者学术研究的支持!

鸣谢

西南大学人事处博士后管理办公室

西南大学统筹城乡发展研究院

西南大学新农村发展研究院

西南大学中国乡村建设学院

重庆国学院

长江师范学院乌江流域社会经济文化研究中心

西南人类学文库 流域与族群互动系列

田阡/主编

WUJIANG LIUYU SHAOSHU MINZU CHUANTONG JIERI
WENHUA CHUANCHENG YU BAOHU TIXI YANJIU

乌江流域少数民族传统节日文化传承与保护体系研究

王剑 | 著

人民出版社

西南人类学文库
序　言

　　人类学于20世纪初被引进中国，其研究一度繁荣。1923年，在美国哈佛大学人类学博士李济主持之下，南开大学建立了中国第一个人类学系。20世纪20年代至30年代初，全国许多院校，如金陵大学、燕京大学、厦门大学、浙江大学、华西协和大学、大夏大学、中央大学、岭南大学、中山大学、复旦大学、东吴大学、光华大学、广西大学、华中大学、福建协和学院等校纷纷设立人类学研究机构，或者在社会学系中开设与人类学相关的课程。北京大学等校虽然没有设置系科，但也开设了人类学、民族学课程。抗战胜利后，暨南大学、清华大学、中山大学、浙江大学、辅仁大学先后建立人类学系。1952年院系调整，国内各大学的社会学系、人类学系和民族学系先后撤销，人类学中研究体质的部分基本保留下来，但被归并到生物学或古生物学之下；研究人文与社会的那部分则被调整到历史学内，或以"民族研究"的名义得以延续。

　　20世纪70年代末80年代初，人类学地位重新得到恢复。1981年，中山大学复办人类学系，设民族学和考古学两个专业，同年获得博士授予权。随后，厦门大学也建立了人类学系和人类学研究所，设人类学、考古学两个专业。中央民族学院于1983年建立民族学系，1993年该校成立民族学研究院，2000年9月改名为民族学与社会学学院。中国社会科学院研究生院民族系于1978年成立，设有民族学与人类学专业，并于当年开始招收硕士研究生，1983年起开始招收博士研究生。北京大学社会学人类学研究所成立于1985年3月，是一个以研究为主、教学为辅的机构。此外，云南大学、中南民族学院、湖北民族学院、广西民族大学、云南民族大学、贵州民族学院等一些综合性大学和民族学院（大学）也成立了人类学研究所或民族研究所，招收博士、硕士研究生。在中国，现阶段，本科开设人类学课程的只有中山大学及一些民族学院（大学）。截至2009年止，全国共有二十多所高校院所在民族学、社会学一级学科下设立了人类学硕士授予点，北京大学、中国人民大学、清华大学、中央民族大学、中国社会科学院研究生院、南开大学、上海大学、厦门大学、中山大学9所大学设立了人类学博士点。其中，北京大学和中山大学的人类学专业被评为国家重点学科。2010年国务院学位办将博士授予权下放到部分重点高校，一部分高校增设了人类学博士点，如南京大学、哈尔滨工业大学等。

人类学研究这些年来在中国已经有了长足的进步，特别是2009年世界第16届人类学民族学大会在中国召开后，发展迅速。这主要表现在：一是越来越多的人类学、民族学机构的建立。根据相关的统计，研究机构已经超过100个，专业研究人员超过5000人。二是越来越多的高校建立起硕士、博士学位点，除了"985"高校外，部属和各省的民族院校普遍建立起学科点。三是各类学术活动亦越来越多。中国人类学民族学研究会是最大的学会，每年举办年会和学科单位负责人会议，其下属的各分委员会亦举行各种专题会议。民间团体"人类学高级论坛"每年举行年会和青年圆桌论坛，已经连续举办了12届，2013年还首次在台湾地区举办了论坛。四是各类研究课题在国内外展开，尤其是海外民族志方兴未艾，各种专著、文章更是如雨后春笋层出不穷。

笔者认为重庆这片区域在人类学、民族学的发展中有着重要的地位。首先是重庆的地理位置，其位于中国的腹地，在习惯上称之为"西南"，实际上在中国地理位置上是中部偏东。地处长江上游，是青藏高原与长江中下游平原过渡地带，古往今来是兵家必争之地。其次，重庆是中国文明的发祥地之一，从200万年前的"巫山人"到农业起源时的新石器文化，从别具一格的巴国青铜文化到石盐生产中心。再次，重庆也是多民族聚居的地方，古往今来族群互动繁多，迄今还保留4个民族自治县（原来有6个民族自治县），分布着上百万的土家族和苗族人口。最后，重庆是西部经济核心地区，是铁路、公路、水运和航空的交通枢纽，是中国制造业、高科技、高等教育的核心区。当前重庆经济飞速发展带来的社会、文化急剧变迁，为人类学、民族学的研究提供了广阔的天地。

重庆自成为直辖市后，随着政治地位的提高，经济也获得了高速发展，可是人文社会科学的发展相对滞后。不过，我们欣喜地看到，西南大学作为重庆人文社会科学的重镇继续担当着领头羊外，重庆大学也建立起高等研究院和相关的社会科学研究院以弥补单纯理工科大学之不足。近来，人类学、民族学研究在重庆也有了欣喜的进步：首先是在西南大学建立了相关机构，开展人类学、民族学的研究，并招收相关专业的研究生。接着是重庆大学高等研究院建立了人类学研究中心，聘请海外专家做中心主任，已经举办了相关的学术会议和人类学系列讲座。在重庆文理学院也开展文学人类学、文化遗产的研究，还承办了 2013 年人类学高级论坛。

重庆人类学、民族学的进步与田阡及所在团队的努力是分不开的。本丛书的出版正是该团队近年来研究成果的集中展示。从本丛书看其研究在如下几个方面是有所突破的：

田阡的团队立足武陵山区与乌江流域，以区域自然与人文生态为基础，关注非物质文化遗产的文化基础，将文化总体特征与多样性相结合，开展非物质文化遗产与区域文化互动关系研究。同时，运用区域研究的方法，坚持整体观与跨文化比较的研究取向，基于非物质文化遗产研究的视角，以教育部人文社会科学研究项目"龙河流域区域文化与族群关系研究"和文化部民族民间文艺发展中心项目"中国节日志·春节（重庆卷）"为依托，对该区域文化的共同特征和多样性开展了系统的研究工作。首先，对区域文化进行具体的分类研究。将区域文化分为民族艺术、民族体育、民族音乐、民族手工艺、民族舞蹈等方面，从民族文化形式、内涵、传承、文化产业等角度对不同的民族文化作了专题调查研究，凸显民族文化的多样性，探讨非物质文化遗产的文化根基及传统文化在非物质文化遗产保护中的应用。其次，运用人类学的进化论、整体观等理论与方法，通过多点式田野调查,对该区域的非物质文化遗产进行了系统的比较研究。最后,对区域文化开展总体性特征的研究。在大量田野调查的基础上,从生计方式、价值体系、社会风尚、行为规范和制度体系等角度,对武陵山区和乌江流域的区域文化作综合分析,总结该区域文化的基本特征与文化价值。

田阡的团队以都市为研究场域,以城市化进程中新的社会文化现象为基础,以族群流动与互动关系为研究对象,开展了丰富的都市少数民族社会管理问题研究。区域文化的整体性与多样性是在族群互动的基础上形成的,在关注区域文化研究的同时,依托国家社科基金项目"西部地区少数民族农民工生计模式与身份认同研究",展开都市族群关系问题研究。该研究的创新之处在于突破了原有流域个体、单一民族研究的思路,通过社区研究对族群互动关系的多样性作了综合分析,推动了学科互动研究。他们对大都市的散杂居状态进行了深度剖析,利用科塞提出的社会安全阀理论,创造性地将城市民族事务部门定位为城市民族工作的"安全阀",指出城市民族事务部门应充分利用自身各种优势,在日常管理和突发事件应急处理等方面,发挥资源动员和服务传递的职能,充分发挥"安全阀"的疏导、转化和催化作用,推动城市民族工作的顺利开展。

田阡的团队将田野调查与文献分析相结合,关注历史上地方社会与国家的"中心与边缘"互动关系,开展了卓有成效的族群与区域文化的历史人类学研究。在已有的区域历史研究基础上,通过历史文献的分析和大量的田野调查,从文化生态的角度对不同民族和不同区域的生活状况进行了研究和评价,对地方社会与国家之间的互动关系进行了创新性的、历史性的演绎与归纳。同时,以历史事件的反思关照现代地方社会发展的问题,对民族地区社会发展进行了分析,为解决当前的民族关系问题提供了更加系统的理论支撑和明确的决策参考。如运用人类学的理论与方法,以苗疆社会自身为研究视角,从苗疆民众的日常生活分析出发,对苗疆民众的日常生活进行了全新的理解与评价,为西南边疆与民族历史问题研究提供了新的研究思路。该成果凸显了民间组织与民间行为规范的社会价值,对于解决中国基层社会的现实问题、维护基层社会的社会秩序提出了新的路径,推动了社会主义和谐社会的建设。

　　田阡教授嘱我为西南人类学文库写个序。犹豫再三，还是答应下来。田阡十多年前就读于我的门下，毕业后去了西南大学。在那里，他将人类学理论与应用相结合，将学术研究与学科建设相结合，在人类学基础薄弱的重庆打出了一片新的天地，特别是在流域人类学领域所做的研究和思考更有新意。当老师的最高兴的莫过于学生能够做出成绩。这也是我愿意写序的原因。最后，祝愿田阡的团队能有更多的成果问世，祝愿重庆的人类学有着美好的明天！

　　　　　　　　　　　　　　　　　　　　　徐大鸣

　　　　　　　　　　　　　　　　　　　　2013 年 11 月 27 日

重观西南：走向以流域为路径的跨学科区域研究

学术从来不是静止的，我们的探索永远是理论和实践上的无尽开拓。无论做哪一学科的学术研究，方法都是非常重要的。英国社会人类学家利奇（E. R. Leach）在其代表作之一《缅甸高地诸政治体系：对克钦社会结构的一项研究》中提到人类学研究中的"蝴蝶论"：当时很多研究者的工作，就像搜集各种蝴蝶标本一样去搜集各种人类文化现象。他认为这些文化现象搜集得再多、再全，如果不去深究"蝴蝶"的归类、"蝴蝶"的演化等问题，对我们认识人类社会就没有多大帮助。同样，当我们回头去看弗雷泽（James George Frazer）强调在古典人类学家泰勒（Edward Burnett Tylor）的基础上要对比较方法进行革新，放弃使用先验的阶段论，转而做共时的比较，从而看到事物和事物之间的关系的理念时，就可以确信这样的学术思维可以理清一条通过认识事物，进而认识人类社会的主线出来。

一、方法论转向：从社区研究到区域研究

源于结构功能学派社会人类学的社区研究，作为一种方法论，长期以来都是人类学研究的基石，为人类学这门学科的世界性的发展作出了不可磨灭的贡献。但事实上，只要对学术史稍作梳理即不难发现，社区研究本身也经历了一个动态演化的过程。在人类学传统的社区研究中，其实存在着"社区研究"和"在社区中做研究"这样两种研究取向。一直以来，大多数的中国研究者都传承了人类学民族志的传统，将社区视为可操作单位，对其进行"麻雀解剖"，以期代表中国，至少代表中国社会的一种"类型"

或"模式"。然后试图通过类型比较方法达到对中国整体的认知。

费孝通先生在后来的《云南三村》序言中反思《江村经济》，承认《江村经济》做的是社会调查而不是社会学调查，他在《云南三村》中的类型比较研究，可以看做是对"利奇之问"的回应。这段学术公案众所周知。利奇质疑费孝通先生的社区研究方法，"在中国这样广大的国家，个别社区的微型研究能否概括中国国情?"① 费孝通先生坦承"江村不能在某些方面代表一些中国的农村"。但他认为，"如果承认中国存在着江村这种的农村类型，接着可问，还有其他哪些类型? 如果我们用比较方法把中国农村的各种类型一个一个地描述出来，那就不需要把千千万万个农村一一的加以观察而接近于了解中国所有的农村了。通过类型比较法是有可能从个别逐步接近整体的"②。这样一来，我们的研究就不再仅仅是"对社区的研究"，而进入了"在社区中做研究"，而且是做更大范围或规模研究的新视野。在这种类型比较法的信念下，费孝通先生从"江村"走到"云南三村"走到"中国小城镇模式"乃至"区域社会"，为理解中国奉献了毕生精力。这种研究传统至今仍然在人类学和社会学的实证研究中有着重要的地位。在其影响下，我们的研究不但要思考整体与局部、一般与特殊、宏观与微观的链接，而且事实上还是一种加入了他者文化关怀的研究。一方面，区域社会的地方知识体系在支撑着"传统"或"他者"意义上的民族文化；另一方面，地方性的问题已经成为国家治理技术和世界政治经济体系在地方社会中实践和权力展演的空间。

作为学术工作者，我们既要时刻警醒自己将自身的世界当做众多世界中的一个，寻找他者历史与社会的独特运行逻辑，同时也要"追问流行于不同的地理单位中的宇宙观在互相碰撞的过程中如何保持自身的'不同'"。③

---

① 费孝通：《人的研究在中国：个人的经历》，《读书》1990 年第 10 期。
② 费孝通：《人的研究在中国：个人的经历》，《读书》1990 年第 10 期。
③ 王铭铭：《人类学：历史的另一种构思》，载王铭铭主编：《中国人类学评论（第 9 辑）》，世界图书出版公司 2009 年版，第 55 页。

区域研究作为人类学重要的组成部分，无论是在人类学学科起源和兴起的过程中，还是人类学学科理论与学科流派的形成中，都具有举足轻重的作用。其主要目的在于通过区域个案的研究就来认识区域整体。在全球化时代，人口的大规模流动使原有区域研究的理论与方法遇到严峻的挑战。尽管如此，人类学的区域研究的重要性却从未动摇过。区域研究的理论和方法，只是比以前更加强调人类学理论上的批判性和人类学田野调查的科学训练了而已。

二、对象转向：从族群研究到流域研究

人类学家周大鸣教授曾指出，族群的认同必须在族群之间的互动过程中去探讨，在与世隔绝的孤立群体中，是不会产生族群认同的，至少族群认同是在族群间互动的基础上发展起来的。经过认同和互动过程的族群关系呈现的是多元模式局面。[1] 事实上，包括地域性在内的现实认同在具体的时空下也是重要的族群认同操作工具。生活在同一区域的群体在新的历史条件下，不断受到政治的、市场的、历史记忆和社会结构等因素的影响而使族群认同和族群文化处于动态的变迁之中，这是历史的建构过程，也正在现实中发生着。

孤立的群体研究方法也无法把握族群之所以形成自我认同的过程。族群文化归纳，如果缺乏时空格局意识，就会忽视地方社会的族群关系、地域关系和历史情境之间的关系，从而造成对对区域文化地方性差异以及差异形成过程的关注的不足。

以空间、历史与族群互动为视角的区域研究，并不是单一的区域史，而是人类学上文化整体观和比较研究传统的延续，也是对中国地方社会研究中历史研究取向和区域文化研究取向相结合的进一步深入。这种研究视角以发现具体历史社会情境中地方社会与族群社会的关系为目的，去揭示

---

[1] 周大鸣：《动荡中的客家族群与族群意识：粤东地区潮客村落的比较研究》，《广西民族学院学报（哲社版）》2005 年第 9 期。

国家、社会、地域、宗族、个人等多层次的社会力量在多样性的具体"历史真实"中的整合以及民间生活中"文化创造"的多样性，并最终以"过程民族志"的方式展现传统中国社会的运作机制。① 对于中国历史文化局部整体性的把握，是对中华文明总体整体性进行理解的必经阶段和重要步骤。因此将族群文化研究与地域进行结合，将族群与族群互动嵌入具体的时空轴进行审视就显得尤为重要。

地理自然环境因素天然地对区域社会形成具有形塑作用，而经济、政治、文化关系是区域社会形成、分化和变迁的重要基础。同时，把握地方社会形成及变迁所需要考察的区域族群关系、政治层级、经济关联、地理空间等社会结构性界线都包含在区域社会之中而不是以族群为边界。作为族群互动的具体时空坐落，区域社会正是进行地方社会文化研究的可操作单位。它有可能突破传统研究重视客观文化表征，忽视地域关系、族群关系的局限。

从这个意义出发，我们的研究不应拘泥于族源、客观文化表征以及单一族群历史方面的考察，而应将其作为资料性素材，重点通过对区域空间内的族群文化与族群关系的把握，从河流区域与族群文化角度对族群研究进行田野调查和理论层面的探讨。

流域，正如龙宇晓教授所言，"是以河流为中心的人—地—水相互作用的自然—社会综合体，以水为纽带，将上中下游和左右岸的自然体和人类群体连接为一个不可分割的整体，在人类生活世界的本体系统中具有十分重要的地位"②。从某种意义上来说，流域是群集单元，是世界本体的一部分。用地理学的说法，流域是一条一条的河流和分水岭形成的山水基线；从文化的发生角度看来，流域就是一条条的文化赖以起源、演化、传播、交融与发展的时空通道；从整体观的视角看，流域还是一个体系架构，由大大小小的流域线条网络形成一个个的区域扇面。就社会内涵角度而言，

---

① 彭兆荣：《边际族群：远离帝国庇佑的客人》，黄山书社 2006 年版。
② 曾江：《作为方法的流域：中国人类学研究新视角——流域人类学大有可为》，《中国社会科学报》2015 年 6 月 9 日。

流域是一个问题域，集结了诸如生态、人口、资源、民族、族群关系等各方面的问题；从方法论角度讲，流域则可以作为一种认知范式，从流域的角度看待问题，可能和过去泛泛的看待问题是不一样的。如果我们能用流域的方法，从流域的角度看问题，肯定能够发现以往我们不能发现的很多的知识的盲点。

流域是世界本体的一部分，这与流域的性质有关。流域在国外的理解各有不同，有广义的 valley，还有一个狭义的 watershed，即分水岭。希罗多德曾说"埃及是尼罗河馈赠给人类的厚礼"，深入理解他的话，可以说整个人类的文明都是和流域有关系的。马克思说"尼罗河水涨落启示，诞生了埃及数学"，可见流域不仅仅是文化的问题，也与地方知识、科学知识有关。流域重要性在于它既是自然资源的群集单元，也是文化多样性的承载单元，更是我们认识社会的一种方式。顺着河流，就有物的交流、人口的流动、文化的传播和分布。流域作为一种系统的架构，是一个人、地、水互动的复杂系统，从中可以分成很多子系统，可以在这个系统层面发现很多现实问题，诸如生物多样性问题、传统知识的传承保护问题等。从这个角度来说，通过流域的视角，我们能够在研究中不断发现新的资源，给老的问题赋予新的意义，并最终解决这些问题。

作为范式创新的一个出发点，流域研究可以帮助我们超越以往点状认知的局限性，超越现在人类学区域研究上一个个民族志点之间缺乏关联的局面，还可以超越"边缘—中心"的理论范式。正因为如此，流域人类学作为一种跨学科的研究，能够极大地帮助我们实现文化整体观照的目标；流域的研究、流域的视角、流域的方法，或许能够真正推动人类学成为一套完整的知识体系。

三、空间转向：从东南研究到西南研究

中国研究的空间转向经历了从西南到东南再回归西南的历程。如西南彝学研究的现代学术确立开端于中山大学人类学系的杨成志先生。20 世纪的二三十年代，专业的社会学和人类学家开始进入西南地区，进行民族社

会调查，留下许多重要的调查成果。中山大学人类学系先驱杨成志先生在1928年9月至1929年5月，孤身深入凉山进行民族调查，后来结合云南的一些调查撰写了《云南民族调查报告》，被称为"我国西南民族调查的先导杰作"，后来出版的论文集《云南罗罗族论丛》被称为"罗罗研究的第一本巨著"。①此外，袁家骅、李仕安、江应樑、陶云逵、林惠祥、芮逸夫、马长寿、林耀华等诸多民族学和人类学大家都曾进行过西南地区社会文化调查和研究。他们融会贯通，将人类学、民族学、民俗学、社会学、政治学、经济学等数门学科的理论与方法整合运用，写就了一批经典之作。相比于华北农村研究和东南宗族研究后期崛起，西南族群研究的传统曾一度陷入低潮。随着费孝通先生于20世纪70年代末以后提出关于"藏彝走廊"的论述，人类学研究的目光又逐渐回到西南。

自1980年民族学人类学学科重建以来，西南研究的"区域研究"特征也日益明显。特别是1981年"中国西南民族研究学会"的成立，更标志着西南研究区域视野与实践的开启。在该学会的推动下，西南研究的学术力量被整合组织在一起，进行了一系列"流域""走廊""通道"等具有较强区域性研究的专题调研，如横断山区六江流域、西南丝绸之路、贵州"六山六水"、南昆铁路沿线、茶马古道、藏彝走廊等研究，从而开启了学科重建以来西南研究的第一次高潮，并取得了显著的成果。②

人类学的区域研究曾经在村落个案的基础上，由国外中国研究者和台湾学者先后提出了市场体系理论、祭祀圈理论和历史人类学华南研究理论等范式，将连接一个个村落的关键，或认定为村庄集市网络内的交换关系，或认为是为了共同的神灵信仰而举行的祭祀活动的居民，或归结为某一特定区域范围内的宗族、信仰及社会整合。③这些研究范式各有所长，也各有

---

①　王水乔：《杨成志与西南民族研究》，《云南民族学院学报（哲社版）》1996年第2期，第55页。

②　张原：《"走廊"与"通道"：中国西南区域研究的人类学再构思》，《民族学刊》2014年第4期。

③　周大鸣、詹虚致：《人类学区域研究的脉络与反思》，《民族研究》2015年第1期。

其缺陷，这些缺陷的共同之处在于：都只能解决相对较小范围内的区域研究问题，一旦将其置换于其他环境之中，就会遇到严重的"水土不服"情况。在实地的调查和研究中我们发现，地理自然环境因素天然地对区域社会形成具有形塑作用，而经济、政治、文化关系是区域社会形成、分化和变迁的重要基础。同时，把握地方社会形成及变迁所需要考察的区域族群关系、政治层级、经济关联、地理空间等社会结构性界线，都包含在区域社会之中而不是以族群为边界。作为族群互动的具体时空坐落，区域社会正是进行地方社会文化研究的可操作单位。

我自进入西南大学以来，结合区域研究和西南研究的新传统，带领团队在龙河流域开展了持续性的区域田野调查和民族志写作。龙河发源于鄂渝交界处的重庆市石柱土家族自治县黄水国家森林公园冷水镇李家湾七曜山南麓，全长 164 公里，天然落差 1263.3 米，其中在石柱境内有 104 公里，是石柱境内最大的河流。龙河流出石柱县后，在丰都县王家渡注入长江。龙河穿越石柱和丰都两县 20 多个乡镇，因流经石柱县城南宾镇，绕城三面，龙河在石柱县内又称"南宾河"。龙河流经的地区地处鄂渝交界地，当楚黔之交，控楚连黔，襟带湘境，自古为洪荒之地，是巴蜀古国最边远的山区，古称"九溪十八峒"，也是土家族的祖先古代巴人的聚居区。我和我的团队对龙河的人类学研究是从《冷水溪畔》开始的，陆续有《万寿山下》《沙子关头》《龙河桥头》《边城黄鹤》等传统村落的系列调查研究，还有《"边缘"的"中心"》等呈现族群互动的系列研究，以及流域内的物质文化遗产与非物质文化遗产研究。至此，一个以流域为路径的西南区域研究的新人类学空间正在凸显。在冷水镇开展田野研究的意义在于它是贯穿石柱县的龙河的源头，也在于它已被置于流动和发展的背景之中，需要尽早地描述和挖掘。而在西南地区流淌着很多与龙河一样的小流域，都存在着一个个相对独立的族群多样社区，对学术研究的标本作用以及田野调查方法的训练都是一个很好的实践场域。我们期待能通过做一条河流的上、中、下游不同社区的研究，构建起对该流域整体性的文化和社会认识，继续寻找文化的相似性和社会发展的多样性，也为武陵山区和西南的多流域研究拓宽、拓新思路与方法。

面对新时期全球化浪潮下对人类学区域研究的迫切呼唤和相关学科领域的理论失语，在费孝通先生的中国区域研究蓝图和中山大学人类学系的岭南研究与珠江流域研究的基础之上，我们总结七年来集中于西南地区的流域研究的理论与田野调查，初步得出了一些关于人类学区域研究，尤其是中国西南山区人类学区域研究的规律与方法。

四、学科转向：从人类学洞见到跨学科协同

我们认为，流域文明不仅是流域文化、流域历史，更应关注现实的流域治理问题，进而参与到国家治理能力和治理体系现代化的讨论中去，因此，挖掘流域文明，其根本目的应该是更好地从点、线、面三个层次上为社会治理提供理论指导。

第一，流域文明凝聚社会治理的文化意蕴。水是流域文明的主体，水的特性在于它的流动性和循环性。水的流动性体现在它最一般的液态，水的循环性体现为它在"三态"间的转化。水在沸点化为气态，在冰点结为固态，但是无论如何蒸发和凝结，它都在循环往复之中保持自身的存在。水也在"三态"转化之中实现着自身的充斥和弥漫。一地一域之水受到污染，水的流动性就会促使污染在更大范围内持续扩散；一堤一坝存有缝隙，水就会在引力作用下发挥出"柔弱胜刚强"的特性；水库不坚，水道不通，暴雨积累起来的洪涝就会引发灾难；水源的开通、引调、提升的不足则会引发缺水困境；水管查漏减损、废水再生利用和雨水收集的工作不济，就会造成水资源的浪费。水的这些特征，决定了治水思维的系统性和治水形式的协同性特征。水的文化产生于人与水的历史互动性实践中，内涵在世界文化、民族文化和地域文化之中。人类在用水、治水、护水等实践中不断构建文明史，在渡河、越江、航海等活动中不断构建世界历史。从中华民族范围看，松花江、辽河、海河、黄河、淮河、长江、珠江以及东南、西南、西北地区诸河流域，孕育了先哲对水的哲学思索，凝结了历代水利工程的科技文化，汇聚了各朝文人对水的人文赞美。

第二，流域文明突显社会治理的系统关联。水是人类的生命之源，但是其发挥功用需要依靠人对于水的规律的科学把握。山水林田湖之间的辩证运动构成生态系统，水的规律即是在生态系统中发挥作用。在人类社会快速发展进程中，人们对于自然界的作用逐渐多样化，导致水的规律发挥的作用机制也变得日益复杂化，人们治水的机制也日趋系统化。科学发展观的基本要求就是全面协调可持续，因此治水必须具备统筹协调的战略思维。

第三，流域文明反映社会治理的本质属性。人对水的治理体现的是人通过物质实践以文明的形式获得对以水为代表的自然资源的利用和驾驭能力。治水直接反映的是人与自然界的关系，同时也反映人与人、人与社会的关系。人类为了维持自我生存与生活，对于水的实践形式包括探寻水、储存水、去污水等。生产力低下的时代，人类以傍水而居作为寻找充沛水资源的最直接方式，因此早期人类文明几乎都起源于各种大型河流。丰沛的水源有助于化解供水与节水的矛盾，但是也带来了洪水和涝水的矛盾，因此，以泄洪水、排涝水为核心内容的治水也几乎成为所有早期人类文明面临的必要任务。随着人类文明的不断发展，人与人、人与社会的协作成为人类利用和驾驭水资源的重要形式，人们在治水中不断探索和改进社会管理和治理的机制，以便更加积极有效地应对水的问题，实现人与水的和谐相处。

因此，在这一系列理念体系统领下，我们下一步的计划是以流域为主题开展历史学、社会学、人类学、民族学、考古学、公共政策、农业科技史等多学科对话的系列研究，并将研究成果付诸具体社会治理问题的实践。除了流域人类学理论和方法的研究，我们计划从历史流域学中吸取社会治理的历史经验，并将研究对象拓展到跨境流域研究与跨境社会治理方面，分别从三江源地区的流域生态学、珠江流域宗族与族群、松花江流域的农业人类学、大运河的考古与治水历史、武陵山地区多流域切入，探讨复合的人—地—水系统中的社会治理问题，最后将流域与社会治理的理念上升到生态美学的人地和谐与社会哲学的天人合一层面。

我们期望今后能够通过"流域"这个突破行政区划限制的概念,加强国内跨区域之间的合作,并深入持续地与国际学术界开展以流域文明比较研究为主题的学术对话,使我们的研究更好地发挥其作用,使我们的学术更进一步地融入国际主流。

是为序。

田 阡

2014 年 12 月 28 日

于西南大学

目　录

绪　　论

　　文化是一个国家和民族的精神核心所在，中国作为世界上为数不多的具有不间断历史的文明古国，中华文化绵延数千年传承发展，有其特有的魅力和功能。中国共产党历来重视中华优秀传统文化的保护、传承与发展，如党的十八大报告中提出："文化是民族的血脉，是人民的精神家园。全面建成小康社会，实现中华民族伟大复兴，必须推动社会主义文化大发展大繁荣，兴起社会主义文化建设新高潮，提高国家文化软实力，发挥文化引领风尚、教育人民、服务社会、推动发展的作用。"① 党的十八届三中全会通过的《中共中央关于全面深化改革若干重大问题的决定》中再次强调："建设社会主义文化强国，增强国家文化软实力，必须坚持社会主义先进文化前进方向，坚持中国特色社会主义文化发展道路，培育和践行社会主义核心价值观，巩固马克思主义在意识形态领域的指导地位，巩固全党全国各族人民团结奋斗的共同思想基础。坚持以人民为中心的工作导向，坚持把社会效益放在首位、社会效益和经济效益相统一，以激发全民族文化创造活力为中心环节，进一步深化文化体制改革。"②

　　我们党坚持传承和发展中华民族的优秀传统文化，所谓优秀传统文化，指的是在文明演化中所沉淀的反映民族精神内涵和文化风貌特征的并对民族历史起积极作用，推动历史向前发展的思想文化、观念形态的总称。建设优秀传统文化传承体系，对于凝聚中华民族自强不息的精神追求和历久

---

① 胡锦涛：《坚定不移沿着中国特色社会主义道路前进　为全面建成小康社会而奋斗——在中国共产党第十八次全国代表大会上的报告（2012 年 11 月 8 日）》，人民出版社 2012 年版。

② 《中共中央关于全面深化改革若干重大问题的决定》，人民出版社 2013 年版。

弥新的精神财富、对于筑牢发展社会主义先进文化的深厚基础、对于建设中华民族共有精神家园的重要支撑，无疑具有重大的理论和实践意义。

文化传承最核心的问题就是文化的民族性和民族的现代性。在文化的民族性方面，文化是人类适应生存环境的社会成果，为社会群体所共享，所以文化与民族须庾不能分离。这其中还有一个动态的环节：民族文化的传承，即文化与主体的有机结合。这里我们不用"文化传递"，是因为"传递"一词寓含着文化的授体与受体的平行关系，往往容易与"文化传播"相含混。虽然说文化传承也是通过符号传递和认同来实现的，但实际上，文化传承不是文化传播，是指文化在一个人类共同体（如民族）的社会成员中作接力棒似的纵向交接的过程。这个过程因受生存环境和文化背景的制约而具有强制性和模式化要求，最终形成文化的传承机制，使人类文化在历史发展中具有稳定性、完整性、延续性等特征。也就是说，文化传承是文化具有民族性的基本机制，也是文化维系民族共同体的内在动因。①

在民族的现代性方面，民族文化传承是一个动态的历史过程。每个民族都有自己的文化和传统，每个民族的文化都不可能强行中断，都将世世代代不断延续和发展，原因很明白：民族文化自身具备着某种传递和延续的手段，都有一整套自己的传承机制。这种文化传承机制与人类物质资料的生产和人类自身的再生产并行不悖，甚至与人类的生产和再生产共同构成为社会再生产的基本内容。正因为如此，一个民族中的成员一代又一代地随时光流逝消失了，而整个民族的文化却一代又一代流传下来，并随人类的发展越来越强大，越来越丰富。不同的仅仅是，过去民族文化的纵向传承是在自然经济的背景下进行；而现在，它们面临着现代化的冲击。如果说自然经济曾经是民族传统文化的保护伞，那么，现代化是否注定只是对民族传统文化起瓦解作用呢？回答当然是否定的。只要我们作深入的研究，只要有合理的民族文化政策，兄弟民族不仅可以跻身于人类进步之林，

---

① 赵世林：《论民族文化传承的本质》，《北京大学学报（哲学社会科学版）》2002 年第 3 期。

而且将成为保有民族传统的现代民族。①

一、文化传承相关理论及研究成果

近年来，我国学术界关于文化传承概念及特征的研究取得了一定的发展，对文化传承的本质与特征等方面进行了研究，提出了一些创新性的观点。

关于文化传承的概念，学者们进行过探讨。其中学者赵世林在《论民族文化的传承》中所下定义以及对定义外延的解释具有一定的影响②。他认为，民族文化的传承，即文化与主体的有机结合。文化传承不是文化传播，是指文化在民族共同体内的社会成员中作接力棒似的纵向交接的过程。这个过程因受生存环境和文化背景的制约而具有强制性和模式化要求，最终形成文化的传承机制，使民族文化在历史发展中具有稳定性、完整性、延缓性等特征。在此基础上，他对少数民族文化传承的概念及其特征进行了讨论。③ 他指出，少数民族地区文化传承是少数民族群众在生活学习过程中逐步完成的。各种历史故事、传说、古训、诗词等都有着民族文化的成分，民族文化中伦理道德教育、审美教育、劳动教育等内容也能渗透到日常的生活中和学习中去，对集体成员产生影响，在潜移默化的过程中，启发人们的内心世界，传承文化，使人逐步接受民族文化的同化。除赵世林外，其他学者也从不同的角度进行了论述。例如，韩永红从"自我"的角度对文化传承进行了阐述④。他指出，文化传承的内涵始终向两个维度延伸着：其一，前一代人渴望永存，通过文化对后一代人的"传"；其二，后一代人渴望生存发展，对前一代人文化的"承"。自我的嬗变就是人类文化传承最深层的内在规定性。文化的传承就要在流水般、自然而然的社会生活中，在对人"自我"的探究中，在无数自我的有意、无意的社会实践中，或有

---

① 赵世林：《论现代化进程中的民族文化传承》，《思想战线》1995 年第 6 期。
② 赵世林：《论民族文化的传承》，《云南民族学院学报》1995 年第 4 期。
③ 赵世林：《云南少数民族文化传承论纲》，云南民族出版社 2002 年版。
④ 韩永红：《论文化传承中的自我教育》，《焦作师范高等专科学校学报》2011 第 1 期。

针对性、或随机、或必然、或偶然、或外显、或默会般地进行的。这样引导着文化的生成、发展、完善和超越的不是别的什么东西，而是"自我"。任何文化都是通过无数自我体现的，再以群体的方式凝集出人类社会运行的一切政治、伦理、哲学和宗教，再具体地以人的欲望、目的、思想和情感，外化、表征和延展成社会生活世界中各个不同的、最微观的情境。曹能秀等学者则着重对民族文化传承进行了定义①，指出：民族文化传承有广义和狭义之分，广义的民族文化传承是指一个国家（可以是多民族国家也可以是单一民族国家）的文化传承，例如中华民族的文化传承；狭义的民族文化传承是指某单一民族的文化传承，例如汉族或彝族的文化传承。

除了对文化传承的概念进行了讨论外，赵世林还对文化传承进行了分类②。他依照文化的构成形态，将文化传承分为语言传承、行为传承、器物传承、心理传承等形式。并且认为，心理传承是最强烈、最持久、最深刻的文化传承，是各种传承形式的核心和中枢。其原因在于：第一，构成民族特征的各种文化要素的传递，只有经过心理传承的过滤和整合，才能为该民族的社会群体所共识；第二，各种民族文化的传承形式、各种文化要素的传递都将有机地反映并作用在心理传承上，最终又强化了民族的认同意识。民族文化之所以能成为民族共同体的精神维系，之所以能铸就并塑造民族的性格，其根本原因就在于此。

而在有关文化传承特征的讨论上，学者们从不同的视角，对文化传承的主要特征进行了归纳。其中，赵世林对文化传承的特征归纳所提的观点极为鲜明，论述也十分清楚、详细③。他首先指出："文化是人的社会成果，其表现具有民族性，而文化传承正是文化民族性的内在机制。"然后，他从一个人类共同体生存和发展的角度出发，对文化传承的主要特征进行了全面、详细地阐述：第一，文化传承实质上是一种文化的再生产。文化传承机制以文化生产和再生产的形式起着积极作用，特别是同时进行着的精神

---

① 曾能秀：《少数民族地区的学校教育和民族文化传承》，《云南师范大学学报》2007年第2期。
② 赵世林：《论民族文化传承的本质》，《北京大学学报》2002年第3期。
③ 赵世林：《论民族文化传承的本质》，《北京大学学报》2002年第3期。

文化的再生产,对物质资料和人自身的生产发挥着十分重要的能动作用。第二,文化传承是民族群体的自我完善。一个民族共同体,正是通过传承共同的民族文化,才完成并实现了民族要素的积累和社会的整合,最终结成为稳定的人类共同体。民族文化遵循"传→承→积累→传"的规律,形成文化与社会的再生产。在这一循环中,每一个社会成员、每一代的人都是这个环链的有机组成部分。任何一个环节的脱落,都将影响文化的再生产,而在代际传承环链中的脱节,则直接导致文化的断裂和中止。第三,文化传承是社会中权利和义务的传递。文化传承具有能动的作用,发挥着重要的社会功能:通过对社会角色的提示和确认,为社会关系和社会组织的构建提供必要的构筑要素和社会导向,并维持社会组织结构的再构建。对社会角色的提示和确认,是通过发挥文化的符号象征功能实现的,其实质就是强调社会个体在该社会群体中的权利和义务。第四,文化传承是民族意识的深层次积累。民族文化的传承是民族共同体形成和发展的重要机制。一方面,共同的民族文化不仅是民族共同体可以识别的符号,而且也是这个共同体存在和发展的精神维系;另一方面,民族文化的深层次结构构成文化的核心,只有通过民族文化的心理传承,才能使这些民族的核心要素有机地融入每一个成员的深层意识中,也才能使民族文化的精神维系化作一种稳定而持久的、自觉的民族认同感和内聚力。第五,文化传承是纵向的"文化基因"复制。民族文化传承是民族文化在该民族共同体内的代际间传递过程,也就是该民族的"文化基因"通过心理传承在各社会成员中进行纵向复制的过程。正是因为有文化基因的纵向复制,才使得一个民族的文化发展始终沿着一个方向、一个轨迹运行,并经过传承形成文化传统。

汪春燕讨论了在政策影响与支持下,文化传承所呈现出的不同效应,应当说,这些效应也正是文化传承鲜明的特征。她将文化传承所具有的效应归纳为以下几个方面:其一,社会效应。各民族所创造的文化类型是人们对自然秩序或规律的认识与调适,是对族群中行为规范的约定和遵从。民族文化是民族在漫长的历史进程中积淀和形成的,这种深厚的历史积淀渊源于民族实践中并升华为民族意识，孕育和培植了民族精神，也为社会的和谐运行提供了精神动力和文化支撑。其二，文化效应。文化效应即指各个具体的民族文化由于其多样性而丰富了人类文化的内容和形式。处于不同环境中的群体创造的文化久而久之便印上了民族的烙记，并世代传承、稳定发展，促进了民族的形成和发展。其三，生态效应。民族文化反映了民族成员对所处自然生态环境的某种调适，这种调适既是对生态环境的一种服从和适应，同时也具有保护生态环境、维持生态平衡的效应。其四，经济效应。民族文化与经济间的联系是极为密切的，不同民族在劳动和生产中所创造的财富以及所使用的技能和累积的经验，属于文化的范畴，直接或间接地发挥着经济效应。①

周益锋则讨论了文化传承的另一个主要特征——价值观念特征②。价值观念在社会文化中处于核心地位，它对个人的社会行为起着引导、支持和调节作用。价值观念的内化过程，就是社会文化传递、保持的过程。

总之，赵世林、汪春燕、周益锋等学者对文化传承的特征从理论上进行了较为细致的梳理与剖析，对于我们理解和运用文化传承理论具有十分重要的作用。

二、节日文化研究

无论是文化的传承还是传播，节日都是最重要的载体之一。"节庆从非常特殊的意义来说，是传流下来的，以该概念最严格的意义来说是'传承下来的东西'，即从一个超人性的起源接受而来，再不折不扣地一代代传递下去。"③确实，节日是民族历史和文明的产物和象征，它以其独特的民众文化事象"情结"融汇成民族之魂和民族精神，并化为集体无意识渗入到人类的血液之中，从而潜移默化地影响和规范着人类的心理和行为。伴随

---

① 汪春燕：《从民族政策视角论民族文化传承》，《西北民族大学学报》2006 年第 1 期。
② 周益锋：《简论文化的传承发展》，《前进》2008 年第 10 期。
③ 〔德〕皮柏：《节庆、休闲与文化》，黄藿译，生活·读书·新知三联书店 1991 年版，第 20 页。

着全球掀起的文化热潮，作为民族文化核心点的传统节日自然成为了人们关注的焦点。

节日的产生是人类社会发展到一定历史阶段的产物，并随着社会的发展而演变，受到多种因素的影响。近年来学者们对这一问题一直很关注，争议也很多。20 世纪 80 年代以来，关注该问题的专著有两部，一部是陈久金、卢莲蓉主编的《中国节庆及其起源》（上海科技教育出版社 1989 年版），另一部是高国藩所著《敦煌古俗与民俗流变——中国民俗探微》（河海大学出版社 1990 年版）。同时，关于各个具体节日的产生及其演变在另外多部专著中也有详细的论述。上述研究内容涉及中国传统节日的起源，节日期间都有哪些传统的节庆活动，节日在历朝历代的演变以及节日期间的传统食品和服饰等内容。关于节日的来源问题学者们普遍认为一部分在先秦时期既已形成，一部分滥觞于先秦时期，形成于秦汉及其以降。古今中外任何一种文化都有其自身的特征，绵延中国几千年的传统节庆作为一种文化形态，自然也有其鲜明的、独具一格的内外特征。对中华传统节庆文化特征加以系统的、全面的把握，是深入研究和透彻理解中华传统节庆文化的题中之义。因此，对这一问题的研究历来是一个热门话题，有些学者对此进行了深入的研究并得出了令人信服的结论，涉及这方面的论著有：陶立璠的《民俗学概论》（中央民族学院出版社 1987 年版），徐万邦的《中国少数民族节日与风情》（中央民族大学出版社 1997 年版），赵东玉的《中国传统节庆文化研究（人民出版社 2002 版），康新民的《民间节日文化价值初探》（上海民间文艺家协会主编《中国民间文化》第二集，学林出版社 1991 年版）等。通过对以上文章和论著的概括总结，可以发现中国传统节日有周期性、民族性、群众性、地域性、综合性、传承性、变异性、实用性等特征。

随着中国对外开放的日渐深入，许多外国节日如圣诞节、情人节、愚人节等相继传入，它们固然使人们的生活日趋多元化，但我们不能顾此失彼，应多加强对我国传统节日的认同。但目前，专门论述节日的著述中，大多停留在对节日风俗的介绍上，对节日功能的挖掘还不够深入。这其中比较系统论述和研究节日功能的著述有：赵东玉的《中华传统节庆文化研究》（人民出版社 2002 年版）、张诗亚主编的"西南研究书系"中黄泽写于1991 年的《西南民族节日文化》、高占祥主编的《论节日文化》，杨琳的《中国传统节日文化》（宗教文化出版社 2000 年版）等。这些著述关于中国传统节日功能的主要观点有：传统节日有文化传承的作用，能促进天人和谐，点缀人们的日常生活；传统节日能灌输传承先人的道德遗产，促进统治者"以德治国"，增强民族凝聚力；同时，节日还具有教育功能。近年来，节日的教育功能越来越受到人们的重视：赵东玉在他的著作《中华传统节庆文化研究》中提出，传统节日具有人文素质教育功能。他认为，人们能从传统节日文化中吸取有益的人文教育资源，如和谐对称、淑世情怀、乐观自信、民族认同等；传统文化教育是一种有效的素质教育模式，它可以使素质教育的灌输更潜移默化，内容更丰富多样，摆脱了以前那种硬性呆板的灌输方式。廖冬梅在她的《节日沉浮问》中也深入研究了节日的教育功能，她认为传统节日教育人们学会调节人与自然、神、他人以及个人和自身的关系。中国传统节日凝结着中华民族的民族精神和民族情感，是维系国家统一、民族团结、社会和谐的精神纽带。研究这一问题的专著还有：萧放的《岁时：传统中国民众的时间生活》（中华书局 2002 年版），张岱年、方克立主编的《中国文化概论》（北京师范大学出版社 1994 年版），陈伯海的《中国文化之路》（上海文艺出版社 1989 年版）等①。

近年来，节假日的过法与传统节日的保护成为社会热点问题，相关政府部门、学术界、媒体、社会各方人士纷纷发出自己的声音。传统节日文化的保护有丰富的内容、多样的措施。其中最引人关注也是各方争论最激烈的问题之一，是国家法定假日制度的改革问题，即是否给传统节日增加法定假日的问题。这一问题涉及一系列关于传统节日遗产保护的策略性、原则性问题，如对日益衰落的传统节日是任其自然，还是采取有力措施使其重振雄风？是倡导传统节日维持原有风貌，还是鼓励甚至策划、组织节

① 黑小红：《20 世纪 80 年代以来中国传统节日研究述评》，《商》2012 年第 14 期。

俗的推陈出新？怎样才能防止洋节占据我们民族节日体系的主体位置？振
兴传统节日是否要采取给它增加法定假日的方式？2004 年 2 月以来，有人
大代表连续三年在全国人民代表大会上提出给传统节日增加法定假日的议
案，引起相关部门的重视和社会各方的热烈反响。2004 年 6 月，受政府部
门委托，中国民俗学会理事长刘魁立研究员主持了一项名为"传统节日文
化的复兴与当前假日制度的改革"的课题，组织学者进行研究并提出了相
关方案。2005 年 6 月，中共中央宣传部、中央文明办、教育部、民政部、
文化部联合发布了《关于运用传统节日弘扬民族文化的优秀传统的意见》，
对运用传统节日弘扬民族文化的意义作了充分的阐述和强调，明确了开展
此项工作的原则和要求。2006 年 5 月，国务院公布的第一批国家级非物质
文化遗产名录，把主要的汉族传统节日和一部分少数民族节日列为保护项
目。各种媒体特别是网络上关于保护与振兴传统节日的呼声也日益高涨。
在如何更好地对待我国传统节日文化以及改善法定假日制度方面，需要统
筹研究，尽早决策。《中国人民大学学报》曾经专门组织了一批关于传统节
日文化遗产保护的文章，从不同的角度进行研讨并殷切呼吁，期望引起政
府部门与社会各方的深切关注，促成为传统节日增加假期的法案早日出台。
如苑利研究员、顾军教授的《传统节日遗产保护的价值和原则》一文，在
界定什么是传统节日遗产的基础上，具体阐述了传统节日遗产的重要历史
价值、艺术价值、文化价值以及科学价值，提出了保护传统节日遗产应采
取的策略和措施；强调节日遗产的保护应坚持民间事民间办原则和原真性
保护原则，主要是针对特殊历史时期政治力量对于传统文化的不正确的压
抑做法，以及商家出于营利目的对民俗节日资源过度开发、不当展示等。
王霄冰博士的文章《文化记忆、传统创新与节日文化遗产保护》，为我们推
介了一种有利于深化节日研究的文化记忆理论，并结合一些国家的经验深
入探讨了保护传统节日的理论原则和实际措施；说明节日传统并不是民众
完全不受外部干预自然传承的，而是不断受到政治力量、知识分子、宗教
势力等的影响，传统不但可以创新，而且可以发明。高丙中教授的《作为
一个过渡礼仪的两个庆典——对元旦与春节关系的表述》一文，用"过渡

礼仪"的理论框架来阐释20世纪初期中国步入现代化进程以来如何对待年节仪礼的历史过程和当下状况,指出一个过渡礼仪两个新年庆典的事实,是倡导现代文化的政治力量和知识精英与恪守传统的民众相抗衡的一种妥协性、折中性的结果。黄涛博士的文章《保护传统节日文化遗产与构建和谐社会》分析了传统节日在民族文化遗产中的特殊地位,探讨了保护传统节日文化遗产对构建和谐社会的重大意义,说明了当前给传统节日增加法定假日的迫切性。[①]

三、文化区域、区域文化与流域文化

山与水是彰显某一区域文明和文化最显著的标识,从最初的"靠山吃山、靠水吃水"到后来的"逢山铺路、遇水架桥",体现了该区域内民众生产力的发展和生活方式的转变,也是当地"人"对自然和环境适应程度加深所带来的必然结果。这一特定文化区域内生态内化的过程,即是区域文化形成的主要来源。

(一) 文化区域

若想区分不同的自然生态区域,由于存在地理、环境、气候等具体的可量化因素,所以可以较为清晰地分辨出生态的中心和边缘,以及不同自然生态区的边界;但文化生态区域的辨析,由于可量化因素的缺失,难度要大得多。19世纪末,为了使人们能够一目了然地认识到一个地区的文化面貌和特征,德国民族学家巴斯典(A. Bastian)最先提出了文化区域(Culture Area)的概念,并以之作为博物馆陈列民族标本的一种分类方法。[②]韦斯勒(C. Wissler)在对美洲印第安人的研究中发现,当地土著人可以"按照单纯的文化特质(Cultural Trait)"进行分组,进而他把这些文化特质划分为许多区域,如食物区域、织物区域、陶器区域等等。他认为,"如果

---

① 黄涛:《传统节日文化遗产保护》,《中国人民大学学报》2007年第1期。
② 梁钊韬:《文化人类学》,中山大学出版社1991年版,第172页。

我们把各种特质同时加以考虑，并把视线转向社会或部落单位，就能把它们分成适当和固定的团体，这也就是依照文化特质所划分的文化区域，或按文化团体的分类"①。在《人与文化》一书中，韦斯勒提出了"文化特质"、"文化丛"（Culture Complex）、"文化类型"（Culture Type）、"文化区域"、"文化带"（Culture Zone）和"文化中心"（Culture Centre）等概念，并在此基础之上系统地构筑了文化区域的理论框架。他认为，"文化区域"中包括若干个"文化丛"，而"文化丛"又包含着许多"文化特质"，因此，"文化特质"是文化的最小单位。文化的发展，其实就是"文化丛"由发源地向其周边地区逐步扩散的过程。② 梁钊韬等人认为，作为一个叙述性的概念，文化区域理论的提出，有助于文化的调查和分类，但由于相关学者对于文化区域的划分往往只侧重于地域空间的分类，因而难以厘清不同文化区域之间的边界。与此同时，韦斯勒等人关于文化发展的观点，由于"忽视了文化传播过程的错综复杂性和吸收一方的自身的文化机制的作用"，未能"真正提示出文化发展的实质和规律"，更看不到"文化区域的多重结构及其发展"，因而与文化传播论的观点没有本质上的区别。③

周振鹤认为，我国的区域可以分为自然区域、行政区域和文化区域，它们之间相互影响。自然区域是指自然地理区域，是地理学家对自然环境进行的科学性的区划。行政区域（行政区划）是指在自然地理环境的背景下所划定的政治空间。行政区域虽由现实的政治需要而确定，但要受制于历史传统与自然环境，而历史传统中既包含历史自然环境变迁的因素，也包含历史文化区域的因素。文化区域则由文化因素的综合性来确定，具有感知的性质，当选取不同的文化因子作为划分文化区域的标准时，其范围也会有不同的形态。④

---

① Wissler, Clark, *The American Indian: An Introduction to the Anthropology of the New World*, Oxford University Press, 1922, pp. 217-218.

② Wissler, Clark, *Man and Culture*, Tomas Y. Crowell Company, 1923, pp. 172-173.

③ 梁钊韬：《文化人类学》，中山大学出版社 1991 年版，第 175 页。

④ 周振鹤：《中国历史上自然区域、行政区域与文化区域相互关系管窥》，见：http://www.plansky.net。

我们认为，文化区域的讨论，只有放在更大范围的地理区域之中才有可能得到更好的解释。因为，纯粹意义上的文化区域，不仅难以厘清区域内部文化的多样性特点，同时也无法说明不同文化区域之间的互动关系。而这一问题的根本性难题，似乎就在于，我们不能离开具体的自然地理区域和族群去研究所谓的文化区域。因此，我们就不得不涉及与此相关的另一个重要概念，那就是区域文化。①

（二）区域文化

区域文化，在研究中更主要地是指在具体的自然地理空间之中的族群文化的总称，在一定程度上，它甚至还包括不同的文化区域。就其内部的组成状况而言，区域文化并不是均质化的文化整体，不同的族群以及不同的文化区域之间存在着某种程度的差异性——尽管这种状况的现实存在并不是隔绝它们之间的交流与互动的主要障碍，也并不排斥区域文化内部所可能出现的某些相近或者相似的文化特征。我们认为，区域文化内部这种文化格局的形成，既受到地理环境的影响，同时也是人类社会活动的结果，因而是自然、历史与文化的混生物。在区域文化中，最凸显的文化特质是生产类型和民间仪式，考察这二者的文化内涵，就能大致梳理某种区域文化最显著的特质。

在我国漫长的历史发展进程当中，在某些特定的地理、政权区域之内，曾形成过许多不同的区域文化。在春秋时期，当时各地的习俗，即有"域风""国风"之说。《诗经》中的民歌，就是根据地域性风俗的特点进行收集和分类整理的，故而有"十五国风"之分。一些古代文献探讨了各地风俗习惯得以形成的具体原因。《汉书·地理志》中说："凡民函五常之性，而其刚柔缓急，音声不同，系水土之风气，故谓之风；好恶取舍，动静亡常，随君上之情欲，故谓之俗。"自然环境、政治势力以及人的性情对于区域文化形成的重要影响由此可见一斑。

---

① 周大鸣、吕俊彪：《珠江流域的族群与区域文化》，中山大学出版社 2007 年版，第4—5页。

　　近现代学者主要根据地理方位、经济生活状况以及行政区划对我国的区域文化进行划分和研究。梁启超所谓的"亚洲东西南北各自成一小天地"，以及李约瑟对于中国的北方文化、西北文化、西方文化、南方文化和东南文化的文化地域的划分，无不体现这一原则。20世纪50年代，苏联学者托尔斯托夫、列文和切博克萨罗夫提出了"经济文化类型"这一著名的民族学概念。根据托氏等人的定义，所谓的经济文化类型，是指居住在相似的自然地理条件之下，并有近似的社会发展水平的各民族在历史上形成的经济和文化特点的综合体。① 林耀华对经济文化类型概念进行了修正，并把我国各民族分成三种经济文化类型组，即采集渔猎经济文化类型组、畜牧经济文化类型组和农耕经济文化类型组。尽管从表面上看，托氏等人对于经济文化类型的划分，并没有突出强调自然地理因素的重要性，然而就其实质内容而言，这些类型的划分都带有明显的地域性特点，因而可以看作是一种区域文化的分类。与托氏等人在区域文化的划分上对于区域的历史、经济与文化的重视不同，李桂海关于我国区域文化类型可以分为河谷型、草原型、山岳型和海洋型的观点②，则是以地形作为主要的划分依据。从某种意义上讲，类似于李桂海这种基于地形、地域等自然地理空间上的特点所进行的区域文化划分方法，虽有简约化的嫌疑，但相对而言，却更为生动形象且易于把握，因而在实证性研究当中得到了更为广泛的采用。③

（三）流域文化

　　由一条河流流经之处形成的流域文化，是串联该区域内各种文化事项的主要方式。犹如线穿珍珠，将某一范围内的文化用流域的视角进行重新的审视，不仅可以在理论上回答产生区域文化同质异构现象的原因，更能从实践中解决区域文化散、乱、杂的问题，为其发展与传承奠定坚实的

---

① 林耀华：《民族学通论（修订本）》，中央民族大学出版社1997年版，第80页。
② 李桂海：《对我国地域文化发展特点的一点思考》，《云南社会科学》1989年第3期；徐亦亭：《中国古代文化区域和民族关系》，《中央民族学院学报》1992年第5期。
③ 周大鸣、吕俊彪：《珠江流域的族群与区域文化》，中山大学出版社2007年版，第5—7页。

基础。

人类历史实质上就是"流域文化"的变迁史,人与流域的关系——即俗话说的"一方水土养一方人"——是发展的主线。原始文明时期,由于生产力低下,人类只能顺从于流域环境,人与流域处于原始和谐状态。随着原始农业的出现,人类改造流域的能力得到提高,人类开始在流域内开垦土地,种植庄稼,为了自身的生存发展,开始治水,大禹治水的传说反映的就是这一时期人与流域的关系,人类已开始发挥主观能动性来改造流域。农业文明时期,灌溉农业的出现使粮食产量增加,为人类的发展提供了物质基础,促进了水利事业的繁荣。工业文明时期,从依靠水作为动力的机器,到蒸汽机、电气、计算机等,人类对流域的依赖性进一步弱化,人类在与流域的关系中处于主导地位。但是,流域资源的过度开采,使得资源的瓶颈制约了人类社会的发展;工业化造成的污染导致流域环境恶化,人类的可持续发展遭遇前所未有的危机。生态文明的提出,为人与流域的关系勾画出一个崭新的前景,而流域生命健康是生态文明建设的基石和途径。

一切文化过程和现象都有其自身发展的历史,并具有继承性,流域文化的变迁轨迹同样也是在不断的发展变化中形成的。在人类社会发展的不同阶段,流域文化经历着不断的变化,流域内人与水的关系是流域文化变迁的主线,人类因水而生、因水而名、因水而兴,当然也可能因水而衰。水是生命的摇篮,是文明的渊薮,早期人类择水而居,既是人类亲近自然的本性,也是人类生存必然的选择。

人类文化的发展实质上就是"流域文化",是一种动态变化发展的过程,其演变经历了原始文明、农业文明、工业文明、生态文明,呈现了人类进步的状态。而人类文明的发展历程无一不与流域密切关联。如果没有流域,原始人不可能进行渔猎和采摘;如果没有流域肥沃的土壤、有利的地形和便利的水源,人类的农业也就无从谈起;如果没有流域的水能,瓦特发明的蒸汽机也无用武之地,工业革命也就失去了发展的驱动力;而生态文明建设,如果没有健康的流域支撑,必将是无源之水无本之木,只能成为海市蜃楼般美丽的空想。

旧石器时代，生产力极其低下，人类没有改变自然环境的能力。人们逐水草而居，择丘陵而处，主要是通过采摘、狩猎或捕捞在流域内获取食物。人类对大自然没有一点主动性，完全是被动地适应流域环境，对流域环境的影响与其他生物一样没有大的区别，人类活动完全受制于流域环境，对流域环境只能趋利避害，消极适应。

新石器时代，原始农业和养畜业开始萌芽，人类与流域的关系翻开了新的篇章。黄河、辽河和海河流域，出现了原始旱地农业，是粟、黍等旱作农业的起源地，也是世界上最早饲养猪、狗、牛、羊等家畜的地方之一。这一时期人类与流域的关系在包括大地湾遗址（甘肃天水）、半坡遗址（陕西西安）和大汶口遗址（山东泰安）等考古遗址中，得到了很好的证明。长江流域的中下游地区，出现了水田稻作农业，是稻作农业的重要起源地，饲养猪、狗、水牛和羊等。有河姆渡遗址、江西万年仙人洞及吊桶环遗址、湖南道县玉蟾岩遗址、浙江余杭良渚遗址等足以证明，其中，距今 7000 年前的河姆渡遗址，出土物中发现水稻遗存，证明了长江下游及其附近地区是中国也是世界水稻栽培的起源中心。

治水是流域文化的发端，遍布黄河流域、淮河流域、长江流域的治水传说，寄托了人们对拥有丰功伟绩的治水英雄的景仰和思念，也是对这一时期人类为了自身的生存发展，凭借不畏艰险的伟大精神与流域内发生的洪水进行抗争的真实写照。由于生产力水平低下，早期人类只能顺从自然，视洪水为猛兽。随着原始农业的发展，人类在流域内广阔而肥沃的土地上生产、生活，开辟农田、种植庄稼，既希望靠近河流湖泊，又担心洪水的危害。早期人类在巨大的自然灾害面前并不是听天由命，而是同大自然展开了英勇的搏斗。由于人类既没有在流域内围湖造田的能力，同时也对大自然怀有敬畏之心，因此流域内湖泊兴盛，开创了人类与流域环境原始和谐的第一阶段关系。

人类与流域环境第二阶段关系的核心是兴修水利，而兴修水利的主要目的是进行农业灌溉。人类进行灌溉有悠久的历史，据史料查证已有 5000

多年。水利是流域文化发展到较高阶段的产物，由于生产力水平的提高，在与自然的斗争中，人类逐渐取得了一定的主动地位。在农业文明阶段，各流域的灌溉工程，主要是引泉、引河、引洞水的灌溉。在历史长河中，特别是先秦、两汉、隋唐、北宋、明清等国力强大的朝代，中国的水利事业一度繁荣昌盛。虽然人类对流域开发利用的能力不断加强，但人类对河湖还是充满敬畏，能够顺应自然，这通过随处可见的河神庙、湖神庙、龙王庙以及祈雨的祭祀活动可以反映出来，这个阶段人与流域的关系基本还是和谐的。

工业革命实现了从传统农业社会转向现代工业社会的重要变革，人类进入到工业文明时期。工业革命的开始与水密切相关，1712 年英国人汤姆斯·钮可门获得了蒸汽机的专利权；1768 年英国人阿克莱特发明了水力纺纱机，但是一旦天气干旱，河流枯竭，机器就不能运转了；1769 年英国发明家瓦特改良蒸汽机为"单动式蒸汽机"，1776 年制造出第一台有实用价值的蒸汽机，以后又经过一系列重大改进，1782 年改良蒸汽机为"联动式蒸汽机"，1785 年投入使用使之成为"万能的原动机"，在工业上得到广泛应用。蒸汽机的使用开辟了人类利用水资源的新时代，标志着工业革命的开始。工业革命使社会生产力迅速提高，人类在对流域资源的开发和利用上占据绝对主导地位。"人定胜天"的观念成为主导思想，人类开始征服自然，以自然的主人自居。然而，随着人类对流域内资源的过度开发，各种环境问题不断涌现。工业文明引起的环境问题对人类的生存发展带来了严重的危机：大规模的环境污染，以流域为单元不断向外扩散，局部地区的严重环境污染导致"公害"病和重大公害事件的出现；过度开采流域内的各类资源，使自然环境遭到破坏，造成资源稀缺甚至枯竭，出现区域性、流域性生态平衡失调现象。这导致当前出现了生态环境日益恶化，污染范围扩大、难以防范、危害严重，流域环境和资源难以承受高速工业化、人口剧增和城市化的巨大压力，各类灾害事件和极端气候事件显著增加等问题。由于人类对流域环境的肆意污染和破坏，最终也遭到了来自流域的报复，引发各种流域问题，人与流域的冲突日益尖锐，影响到了人类的生存和发展，人与流域的关系处于极度紧张的状态，流域文化陷入前所未有的危机之中。

工业文明给人类带来了前所未有的物质财富，但是进入 21 世纪后，由于人类长期对流域的过度开发和利用，使得流域的生态功能退化，流域健康出现严重的危机，今天几乎所有流域的河流都面临着断流、河床萎缩、湖泊干枯、水污染加剧、生物多样性减少、生态功能降低、系统稳定性日趋脆弱、流域灾害剧增等问题。同时流域的文化也因此而退化，甚至消失，文明古国的衰落就是明显的证据，流域文化似乎走到了尽头。

面对这些危机，现代人类社会开始反思自己的发展历程和行为，迫使人类重新看待流域资源的价值和内容，重新认识人与流域关系，强调流域资源的可持续利用，强调人与流域和谐相处。人类的发展必须以流域的资源、环境作为支撑系统，以提供人类生存的必要条件。流域内的各种资源，特别是水资源，是生命之源，其在人类发展历程中的作用是其他资源所不可替代的。然而由于经济社会的快速发展，人口的急剧增加，特别是人类一些不当的社会活动和经济活动，带来了资源短缺、环境破坏等一些问题。很多地区的经济社会发展规模超过当地的水资源承载能力，带来一系列问题，严重影响着人类生存和发展的安全。流域资源是复杂生态大系统运转的基本支撑条件，它为人类生存和经济发展提供必不可少的原料。但是，它的承受能力是有限的，这就要求人们不能过度消耗资源。

"人"是社会、经济活动的主体，"流域"是人类赖以生存和发展的空间，流域资源是人类社会发展的基础性和战略性支撑。在人与流域的关系中，人类社会系统是主导系统，处于主导地位。在开发利用流域资源的过程中，人类出于不同的态度，通过自己的实践活动干预或影响水系统的发展。比如盲目追求经济增长的发展模式将带来流域资源短缺、环境污染等一系列问题，直接威胁着经济的增长、社会的发展、人类的生存，这就逼迫人类寻找新的可持续发展模式。对流域资源采取开发与保护并重的举措，才能走人与流域和谐的道路，是流域文化发展的必由之路。

历史发展到今天，我们必须开始从生态的视角，也就是说从流域整体和系统的视角，而不是单一的区域经济社会发展的视角，重新认识流域的作用和价值。当然，在面对经济发展与保护环境这一问题的时候，我们往往选择了前者，而将环境置之脑后。流域的价值太容易被人类的经济价值所掩盖，这是当前流域系统从健康不断走向恶化的症结所在。流域是有生命的，奔腾不息的河水，就像人体的血脉，源源不断地输送着物质和能量，滋润着流域内生物的多样性。一旦血脉被堵或发生改变，流域的健康将出现问题，流域生态系统将紊乱，随之而来的将是灾难和悲剧的发生。长期以来，人类活动已经严重危害流域系统的健康，干预了流域的生命过程，阻碍了血脉的畅通，扼杀了流域的生命。流域健康是生态文明建设的基石，维护好流域系统的健康生命，人类社会才能可持续发展。这是人类对流域的尊重，也是人与自然和谐相处的基本诉求，更是建设生态文明，建设美丽中国，实现中华民族永续发展宏伟目标的基础①。

四、乌江流域文化及流域节日文化传承与保护体系

文化是民族的血脉，是人民的精神家园。全面建成小康社会，实现中华民族伟大复兴，必须推动社会主义文化大发展大繁荣，兴起社会主义文化建设新高潮，提高国家文化软实力，发挥文化引领风尚、教育人民、服务社会、推动发展的作用。在新的时期，全面总结中华传统文化的内容，充分认识其当代价值，借鉴历史上文化传承的经验，建立科学的传承与保护体系，对于促进当今中华优秀传统文化的有效传承与保护，建设社会主义文化强国具有重要意义。本书期望通过对乌江流域少数民族传统节日文化的传承与保护体系的研究，在理论上达到厘清乌江流域少数民族传统节日的类型，进而归纳其文化功能，揭示其社会价值，传承民族的传统美德和民族精神，为建设社会主义核心价值体系服务；在实践层面，通过本课题的研究，为少数民族传统节日文化知识的开发、利用、保护、传承与产

---

① 王尚义、孟万忠：《流域文明变迁的轨迹：治水—水利—和谐》，中国地理学会 2013 年（华北地区）学术年会文集，第 777—783 页。

业化发展寻求切实可行的具体对策和措施。

本书的核心概念有二——流域文化及节日文化的传承与保护体系。其中，研究流域文化的价值追寻和重要意义在于，以往对由一条河流形成的流域文化的研究，主要有两种取向：一种研究取向是以行政区域，如以省、州、县或者村寨等为对象进行研究，主要围绕某个行政区域下的文化、历史和现状进行调查、分析、总结和探讨；另一种研究取向则以民族/族群为研究对象，侧重研究流域内各少数民族文化的历史和现状。当然，在一些研究当中，也有这两种研究取向相结合的情况。其中，相关学者对于珠江三角洲和广东各民系的研究，对于广西壮族和侗族的研究，对于贵州苗族和瑶族的研究等，都取得了较为丰硕的成果，这些研究成果为进一步研究流域文化奠定了良好的基础。然而，由于受到理论视角和研究方法的限制，大部分的研究忽视了从更加广泛的视角进行相关问题探讨的可能性。例如，从全流域的角度，探讨流域范围内族群和区域文化的总体特征；从族群理论的角度，更新审视流域内各族群的文化认同和族群边界等等。

概言之，以往对流域文化的研究重心，主要集中于大河流全流域的文化研究和探讨，此类研究已经在国际上获得了丰富的研究成果，原因在于河流与人类群体生存有着密切的联系。国际学术史上对两河流域、尼罗河流域和恒河流域的文明发展史研究，以及对南美几大河流的族群与区域文化的研究就是这方面的典范。我国学者对黄河流域、长江流域的研究，在考古学和历史学的研究角度上，也有着全流域研究的开阔视野。其中李学勤先生主编的《长江文化史》，全面介绍了长江流域自旧石器时代至近代的文化历史，堪称大河流全流域文化历史研究的典范之作。但该书的重点在于文化历史研究，对于长江流域的族群和区域文化则没有着意论述。司徒尚纪先生的《珠江文化与史地研究》在珠江全流域的文化和史地研究方面做了很多非常有价值的尝试。然而，《珠江文化与史地研究》的研究区域仅限于西江以东的部分，主要关注的是"岭南"的范畴，而没有涉及自云南东部至广西的珠江中上游流域地区，因而在地域上未能涵盖珠江文化的全貌。此外，出于学科领域上的侧重点不同，该书的研究主要聚焦于珠江文化地理的发展与演变，而较少关注珠江流域内不同族群的传统文化。

从某种意义上说，在国内学术界中，对大河流进行族群和区域文化全流域研究的专门成果，至目前为止尚未看到，而对于乌江流域这类区域范围内较小规模的区域文化，尤其是聚焦流域内节日文化传承保护与开发利用研究的成果，更是学术界较少涉足的领域。

（一）通过流域的研究形塑流域文明生态与文化资源的格局

根据国内外对流域文明和文化的研究情况，本研究的开展，在通过流域研究形塑流域文明生态与文化资源的格局方面有着重要的理论价值。

首先，对于乌江流域进行以少数民族传统节日为代表的文化发掘保护与开发利用研究，可以更进一步推动国内对于河流文化与文明，尤其是区域范围内流域文化的研究。从乌江流域的视野，可以深入探讨乌江流域这一西南少数民族中心地区的自然地理、历史文化与族群和区域文化的关系，从而可以把握该地区的族群和区域文化发展的历史过程和现状，探寻乌江流域族群与区域文化的区域性特征。而这正是传统学术上一直持有却没有得到有效论证的重要论点。其次，本研究应用相关民族理论，重新梳理乌江流域少数民族传统节日的文化特征，并通过乌江流域丰富的民族和区域文化资料，发展和丰富了民族学理论。最后，本研究扩充和丰富了乌江流域文化研究的内涵。本研究不仅关注乌江流域的少数民族族群，也同样关注乌江流域的汉族族群。在乌江流域地区，文化特征与秦汉以来汉人不断西迁有着密切的联系。在某种程度上甚至可以说，乌江流域的文化特征是汉人和其他各个族群互动而导致的结果。因此，本研究将突破以往研究的局限，把汉族作为民族文化的共同创造者和传承者，直接纳入考察范围之内。

（二）通过文化资源的开发引领连片特困地区扶贫攻坚的实现

乌江流域少数民族传统节日文化发掘保护与开发利用研究有利于通过文化资源的开发，在新的起点上引领集中连片特困的武陵山片区的"五区"

战略目标和扶贫攻坚的实现。

将集中连片特殊困难地区作为扶贫开发的主战场，是党中央、国务院作出的重大战略举措。《武陵山片区区域发展与扶贫攻坚规划（2011—2020年）》提出了要在新的起点上实现把武陵山片区建设成"长江流域重要生态安全屏障区、集中连片特殊困难地区扶贫开发示范区、协作发展创新区、旅游经济示范区、民族团结模范区"（简称"五区"）的战略目标。

"五区"建设战略目标包括了生态建设、扶贫开发、经济发展、民族团结等几个方面，既相辅相成，又自成体系，都分别制订了专项实施方案，涵盖了包括贵州、湖南、湖北、重庆三省一市武陵山民族地区的经济社会文化发展的各个方面，是下一阶段该地区区域发展与扶贫攻坚的重要指导性政策。

在此基础之上，实现武陵山民族地区的"五区"战略目标，就必须深入推进以宣传教育、专题活动、典型培养为主的民族团结进步创建；以坚持和完善民族区域自治制度、加强民族乡建设、加大少数民族干部人才培养力度、加强对少数民族流动人口的服务和管理、促进少数民族文化事业繁荣发展为主的贯彻落实党和国家的民族政策法规；以建立健全组织领导机制、建立健全应急维稳机制、建立健全协调配合机制、建立健全监督检查机制、建立健全条件保障机制为主的加强和创新社会管理等重点工作。这些工作的全面推进对于武陵山连片特困民族地区的扶贫开发具有实践层面的可操作性意义。乌江流域横贯武陵山片区的中心地带，世居着苗族、土家族、侗族等数十个少数民族。深入开展乌江流域文化发掘保护与开发利用研究，对于建立和完善推进民族事业体制机制，丰富创建活动内容、手段和方法，着力解决影响民族团结、社会和谐、民生改善等方面存在的突出矛盾和问题，着力提高各族群众的科学文化素养、思想道德素质和法治意识，积极推动社会主义精神文明建设，夯实民族团结进步的政治基础、物质基础、制度基础、思想基础和群众基础，具有较强的现实意义。

（三） 通过文化生态构建少数民族地区生态文明先行示范区的核心

乌江流域少数民族传统节日文化发掘保护与开发利用研究有利于将生态文明先行示范区核心的建设与民族地方实践，通过文化生态的构建有机地结合起来。

乌江流域少数民族地区是中国经济最为落后的区域之一，要打造重要的生态文明先行示范区，必须有相应的政策、机制作为支撑，不然主体功能区的建设就会成为镜花水月。应着力打造乌江流域生态文明先行示范区，并将其定位为国家重点生态功能区与重要生物多样性保护区、武陵山绿色经济发展高地、重要生态屏障、生态民俗文化旅游带和扶贫开发示范区、少数民族集聚区，加强扶贫开发与促进民族地区发展相结合，引导人口相对聚集和超载人口有序梯度转移。

乌江流域少数民族传统节日文化发掘保护与开发利用研究与生态文明先行示范区的主要任务中"大力保护生态环境；加强基础设施和公共服务基础设施建设，大力改善群众生产生活条件，着力提高基本公共服务水平；发展环境友好型特色产业；大力发展民俗生态旅游业，将旅游业打造成为支柱产业；积极培育旅游经济强县；建设武陵山扶贫开发示范区，大力实施高山生态扶贫搬迁；调整人口布局，重点引导区域内超载人口向'一圈'转移"等方面息息相关，是功能片区发展与地方具体情况进行有机结合的重要切入点。

（四） 通过民族文化资源的开发构筑区域社会经济发展的基石

乌江流域少数民族传统节日文化发掘保护与开发利用研究还有利于通过民族文化资源的开发，促进区域地方的社会、经济、文化、旅游等各项事业的发展，从而构筑区域社会经济发展的基石。

本书的另一个核心概念是"节日文化的传承与保护体系"，这既是本书研究的重难点，也是创新之处所在，其重要意义在于，传统节日文化传承与保护体系既是中华优秀传统文化传承体系的重要组成部分，其自身也是一套由多种元素和环节组成的复杂系统。节日文化传承与保护体系各要素、各环节之间是一种相互影响、相互制约的多重关系。传承与保护体系的有效运行是体系中各种元素、各个环节的有效整合，各种元素、各个环节功能的充分发挥是整个体系功能发挥即体系良性运行的前提。节日文化得以传承和保护的关键在于文化传承与保护体系的统筹建设。

具体而言，本书的研究对象是乌江流域少数民族传统节日。乌江流域是我国西南少数民族的主要聚居区，境内世代杂居着土家族、苗族、侗族等30多个少数民族。由于山高林深、道路险阻，乌江流域的少数民族自古就处于相对封闭的生态之中，形成了独具特色的少数民族传统节日文化。然而，在全球化背景下的当代社会，以民族节日为代表的中华优秀传统文化传承面临着外来文化冲击、生活方式改变、文化生态变迁、传承方式不当等困境。导致许多优秀传统文化事象消失、消解、扭曲、变异等，对传统文化的保护、发展和创新产生了消极影响。因此，本书对于加强传承与保护体系的研究和建设，具有理论和实际应用的双重价值。第一，促进民族共有精神家园建设。文化具有历史传承性，民族文化的持续发展是在既有的文化传统基础上进行的。否定传统，隔断历史，民族的精神家园就没有依托。少数民族传统节日文化是各民族几千年共同创造的文化遗产。建设民族共有的精神家园，必须继承和弘扬少数民族传统节日文化。第二，促进优秀传统文化的有效传承，推动民族文化的创新与发展。传统文化是一个民族的"根"，是文化发展进步的基础。文化发展与创新必须在继承传统的基础上进行，离开传统文化，文化的发展与创新便是无根之木，无源之水。要发展、创新民族文化，首先必须继承民族优秀传统文化。优秀传统节日文化的丰富内容和独特方式体现出民族的风格。加强民族优秀传统文化的传承与保护体系建设，促进民族优秀传统文化的不断传承，是民族文化发展创新的需要。第三，开发利用文化资源，发展文化产业。文化具有多种属性，少数民族传统节日文化是优秀的文化产品来源，能够形成丰富高产的文化产业。西方国家文化产业发展起步早，目前已成为这些国家国民经济的支柱产业，创造了大量财富和收入。我国文化产业目前只处于起步阶段，文化产业发展水平不高，但以少数民族传统节日文化为代表的文化资源丰富，文化产业发展前景十分广阔。随着经济的快速发展，人民群众对文化产品的需求与日俱增，大力发展文化产业可以满足人民群众日益增长的文化生活需求。少数民族传统节日文化中许多内容都可作为文化产品开发，是发展文化产业的重要资源。传承与保护少数民族传统节日文化，是文化产业发展的重要基石。

由于气候、地理、历史等原因，乌江流域是我国少数民族血统分布最多的地区之一，各民族共同创造了多元的区域民族文化，传统节日是其中特征最为显著的代表。乌江流域少数民族传统节日文化的传承与保护体系是中华民族优秀传统文化传承体系的重要组成部分，是民族群众适应本民族社会文化、确认自身民族身份的基础，也是维系本民族文化传统和精神，发展民族地方社会的重要方式。因此，探索乌江流域少数民族传统节日的传承与保护体系，能为中华民族优秀传统文化的传承提供借鉴和启示，亦能为各级地方政府和文化机构对民族非物质文化遗产的开发与利用提供可行的思路。

从创新之处来看，首先，本书将民俗学中的节日理论与社会学中的系统论和控制论进行了学理上的交叉，是在边缘学科领域开展的理论探索；其次，本书探究了少数民族传统节日文化传承与保护的体系，即一个系统（少数民族传统节日文化传承与保护系统）、双重控制（文化传承场与文化保护场）、三段传承（从传入到控制性传承再到接受）、四大要素（传入者、场域中的多种传承内容与传承方式、接受者）；最后，本书探索了少数民族传统节日传承与保护体系对民族传统文化资源和非物质文化遗产开发、保护与利用方面的意义，在多个层面开展卓有成效的社会、文化、民俗理论与非物质文化遗产保护实践相结合的研究。

本书属民俗学、社会学、民族学、人类学等学科的综合研究，内容主要有：第一，基本理论、概念与方法的阐释与梳理，包括乌江流域少数民族、节日文化、文化传承与文化保护、文化场域、系统论与控制论方法等；第二，少数民族传统节日文化传承与保护体系的组成要素研究，包括节日文化传承人的传入方式与选择机制，节日文化的传承内容（文化知识、民族精神、伦理道德、习惯法规、生产技能、生活经验等）与传承方式（民间歌舞、口承叙事、习惯规约、民间工艺、游戏游艺、民俗消费等），影响、制约和控制节日文化传承的场域，以及节日文化接受者的接受方式和选择机制等；第三，少数民族传统节日文化传承与保护体系的运作模式研究，包括影响方式、制约手段、运行机制、维系手段，以及评价方法等；第四，最终落脚于乌江流域少数民族传统节日文化传承与保护体系的实践，探索非物质文化遗产开发、保护、传承与利用的可行性道路。

　　本书研究的重点和拟突破的难点有三：一是乌江流域少数民族传统节日传承与保护体系的内在结构，组成要素及各要素之间的互动关系；二是深入探求和辩证分析乌江流域少数民族传统节日传承与保护体系的维持机制、运作方式和客观价值等内容；三是从中华民族优秀传统文化传承的角度探讨少数民族节日非物质文化遗产的开发、利用与保护等相关问题。

　　根据上述研究内容，本书拟综合运用社会科学研究最基本的研究方法——田野考察法、文献法、比较法、个案研究法等研究方法，并将社会学、民族学、民俗学、文化学及政治学等学科的基本理论与本课题紧密结合，探讨乌江流域少数民族传统节日民俗在知识传承方面的结构体系和组成要素，最终落脚于少数民族节日非物质文化遗产的保护对策，为促进民族地区社会经济文化发展，构建民族地区的社会主义和谐社会，加强民族团结和中华民族的内在凝聚力服务。全书的具体研究思路如图 0-1 所示。

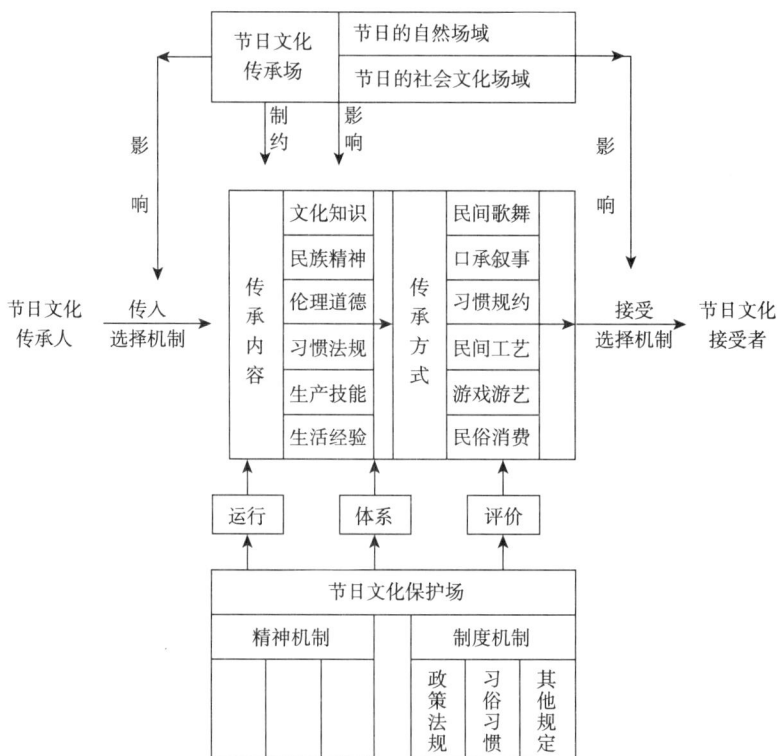

图 0 - 1　本书的研究思路图示

第一章　体系之实：乌江流域少数民族
传统节日文化的内容

　　乌江流经云南、贵州、湖北、重庆4省市，流域内生活着以苗、布依、
仡佬、土家、彝为代表的30多个少数民族。对乌江流域少数民族传统节日
的概括性总结和类型化梳理，不仅可以厘清本地区众多少数民族的传统节
日的类别和性质，更能够从中总结其特征和内涵，从而进一步挖掘其文化
根源，以便从文化发生学、民族学和民俗传播学角度开展对少数民族传统
节日的深入研究。乌江发源于云贵高原乌蒙山东麓三岔河，流经云南、贵
州、湖北、重庆4省市，55个区、县（包括自治县、市），在重庆市涪陵城
东汇入长江，全长1050公里，流域总面积达到87920平方公里。乌江流域
是我国西南少数民族的主要聚居区，境内世代杂居着土家、苗、侗、彝、
白、布依、哈尼等30多个少数民族，人口1800余万。由于山高林深、道路
险阻，乌江流域的少数民族自古就处于相对封闭的环境之中，汉族节日流
传到此地的时间较晚，同样因为交通不便，一些汉族业已消亡的传统节日
传入乌江流域少数民族地区并与本地民族民俗传统节日结合后，便长期的
保留了下来。

第一节　乌江流域少数民族传统节日概览

　　乌江流域少数民族遍布全流域，从具体分布来看呈现出大分散、小集
中，或各少数民族成片聚居、多民族交错杂居的特点。"从少数民族分布的
总体情况看，苗族除主要集中在松桃苗族自治县、黄平县、务川县、思南

县、水城县、彭水苗族土家族自治县、酉阳土家族苗族自治县、秀山土家族苗族自治县、恩施市等地，在安顺市、黔西北的毕节地区也有一定数量。土家族除主要集中在石柱土家族自治县、黔江区、酉阳土家族苗族自治县、秀山土家族苗族自治县、利川市、咸丰县、恩施市、沿河土家族自治县、印江土家族苗族自治县、德江县、思南县等地，在遵义地区东北部也有部分分布。彝族主要集中在毕节地区和六盘水市，安顺地区西部也有一定数量。布依族主要集中在安顺地区的镇宁布依族苗族自治县、关岭布依族苗族自治县、平坝县、安顺市、普定县、六枝特区、水城县、贵阳市郊区及清镇市、开阳县，毕节地区的威宁、织金、金沙、赫章、大方等县。回族散居在威宁、平坝、水城、安顺和贵阳市区各地。仡佬族除集中分布于遵义地区的道真、务川、正安诸县外，还分布于遵义、安顺、毕节地区各县和六盘水市东部。满族主要分布在毕节地区的黔西、大方和金沙诸县。白族则主要分布在毕节地区的威宁、纳雍、大方、赫章各县。蒙古族主要分布在毕节地区的大方。毛南族主要分布在黔南州的都匀市一带。从总体分布情况看，苗族主要居于乌江流域中下游，布依、彝、白、满、回、蒙各族主要分布于乌江流域上游，土家族主要分布乌江流域下游，仡佬族则分布于乌江流域中游的狭长地带。"①

根据汉族节日传入乌江流域后与本地少数民族民俗节日的结合情况，大致可以将本地区的少数民族节日分为以下三种形态：第一，原生态节日，指乌江流域少数民族自身的传统节日，节期多以本民族立法或者汉族的农历确定，节日内容与汉族或其他民族地区的民俗节有很大的不同，这类节日有都匀苗族的"迎雷节"、大方苗族的"采花节"、惠水布依族的"六月六歌节"、兴仁布依族的"火箭节"、水城仡佬族的"火把节"、普定仡佬族的"拜树节"等；第二，次生态的节日，指汉族或其他民族地区的节日民俗传入乌江流域少数民族地区后与本地少数民族传统节日相结合而产生的节日形态，此类节日的节期多以汉族的农历为准，节日内容上既有少数民

---

① 李良品等：《乌江流域民族史》，中央文献出版社 2007 年版，第 33—34 页。

族传统节日的各类活动，又包含汉族或其他民族地区传统节日的民俗活动，如乌江流域各地区的农历春节期间的民族节日、织金苗族的"三月花场"、惠水苗族的"采菜节"、布依族的"七月半"节、纳雍彝族的"祭山节"等；第三，再生态的传统节日，指汉族地区或其他少数民族地区的节日民俗传入乌江流域少数民族地区后与本地少数民族传统节日相融合，并最终取代本地少数民族节日后的节日形态，此类节日的节期和节日内容与汉族地区或其他少数民族地区已无太大区别，包含的少数民族传统节日民俗活动的内容较少，如三都苗族的"玩节"、恩施土家族的"社日""清明节"等。表1-1将乌江流域贵州地区的少数民族传统节日进行了节日形态上的分类：

表1-1　乌江流域少数民族传统节日形态分类表（贵州省部分）

民族	分布地区	节日名称	节日主题	节日活动元素	节日形态	节期
苗族	凯里	舟溪芦笙会	农历春节相关	跳芦笙、赶集、爱情	次生	农历正月十六至二十
	黔西	化屋花坡节	农历春节相关	风景、植物、爱情、跳芦笙	次生	阴历正月初三、九、十五、十六、二月二十
	织金、六枝	岁首串寨节	农历春节相关	吹"撵冉"、串寨、爱情	次生	正月初四到十五
	大方	牛场、法乐跳花坡	农历春节相关	植物、爱情	次生	正月二十六、二月十四
	贵定	仰望"坐花场"	农历春节相关	"坐花场"、爱情	次生	农历正月初一至十五
	龙里	跳正月场	农历春节相关	集会、爱情、吹芦笙	次生	农历正月初九至十二
	惠水	跳花场	农历春节相关	集会、植物、爱情、娱乐	次生	阴历正月初三至十三
	黔西	铁石跳年场	农历春节相关	集会、还愿、爱情	次生	正月初六至初八

民族	分布地区	节日名称	节日主题	节日活动元素	节日形态	节期
	丹寨	兴仁跳月节	农历春节相关	跳芦笙、集会、对歌、爱情、竞赛	次生	正月十四（十五）至十七
	遵义	踩山	农历春节相关	花竿、爱情、传说	次生	正月初一至初六
	贵阳高坡	跳硐	农历春节相关	集会、吹芦笙、风景	次生	正月初四、初六、初七、初八
	安顺	跳花	农历春节相关	集会、交往、农事、植物	次生	正月初四至初九
	金沙	麻啄坡踩山节	农历春节相关	花竿、风景、传说、竞赛、爱情	次生	正月初三至初七
	松桃	赶祠堂	农历春节相关	上刀梯、竞赛、集会、爱情	次生	农历正月初九
	水城	马场歌节	农历春节相关	集会、爱情	次生	正月初一
苗族	盘县	滑石板踩花洞	农历春节相关	集会、风景	次生	正月初一至初三、正月十五
	贵定	定东"跳月"	农历春节相关	植物、集会、爱情	次生	正月初二至三十
	水城	祭山节	上巳节相关	祭山、禁忌、饮食	次生	古历三月三日
	施秉、台江	清水江龙船节	端午节相关	祭祀、划龙船、禁忌、爱情	次生	农历五月二十四至二十七日
	赫章、水城	轿顶山花场	端午节相关	植物、芦笙舞、爱情、集会、风景	次生	端阳节时
	大方	八堡跳花节	端午节相关	集会、爱情、吹芦笙	次生	农历五月初五
	纳雍	"神仙坡"节	端午节相关	传说、集会、爱情、饮食、风景	次生	古历五月初五端午节
	松桃	赶社	社日相关	禁忌、祭祀、舞狮、苗族武术、爱情	次生	立春后第五个戊日
	锦屏	重阳节	重阳节相关	集会、谢桥祭树、牛打架	再生	农历九月九日

民族	分布地区	节日名称	节日主题	节日活动元素	节日形态	节期
苗族	三都	玩年	农历春节相关	祭祖、吹芦笙、集会、竞赛、对歌、爱情	再生	农历正月
	都匀	坝固"迎雷节"	祭祀	祭雷神、对歌、爱情	原生	第一声春雷后
	福泉	干坝斗牛节	民族体育	斗牛、风景、爱情、传说、吹芦笙	原生	正月初九、十九、二十九
	丹寨	翻鼓节	民间信仰	归家、禁忌、翻鼓	原生	农历二月、九月第一个猪场天
	大方	显母采花节	民族传说	集会、爱情、吹芦笙、结婚	原生	农历二月十一至十三，五月端阳
	织金	二月花坡	迎春集会	植物、爱情、集会、祈子、竞赛、芦笙	原生	农历二月十一至二十一
	施秉	白洗二月爬高坡	民族传说	集会、爱情、吹芦笙、祈丰、禁忌	原生	农历二月中、下旬午日
	平塘、惠水	"撵虫蚁"节	祭祀	扫墓、集会、风景、跑马	原生	阴历二月第一个狗天
	剑河	"努碾栋"节	祭祀	祭祖、饮食、禁忌	原生	交春后头个或第二个卯日
	施秉、台江	"噜嘎粮"姊妹饭节	民族传说	吃姊妹饭、回娘家、饮食、爱情	原生	农历二月十五日起三天
	松桃	接龙	祭祀	祭龙	原生	农历二月、十月
	凯里	"闹冲"	农事	闹虫、集会、爱情、斗牛	原生	农历二、三月间的鼠日、马日
	大方、金沙	"赶苗场"	集会	赶集、爱情、对歌	原生	阴历二月初八、七月初三
	六枝	祭神树	祭祀	植物、祭树、禁忌	原生	阴历二月初一至初十的龙场天
	织金	三月花场	祭祀集会	祭山、赶集、爱情	原生	农历三月第一个龙日开始，三天的后马日至蛇日
	惠水	板长"射花"节	交往	射花、爱情、风景	原生	农历三月的马场天或牛场天
	福泉	杀鱼节	民族传说	杀鱼、禁忌、爱情	原生	农历三月三

民族	分布地区	节日名称	节日主题	节日活动元素	节日形态	节期
苗族	惠水	九龙乡摔跤节	集会交往竞技	赶集、摔跤、爱情	原生	农历三月初三、六月初六
	惠水	采菜节	农事交往集会	采菜、回娘家、饮食、爱情	原生	农历三月十三至十四
	黔东南	五岔路爬山节	民族传说集会	爬山、赶集、对歌、爱情	原生	农历三月下旬马场天
	黄平	爬高坡	农事集会	爬山、赶集、竞赛、爱情	原生	农历三月
	贵阳	四月八	民族传说	赶集、交往、祭祖	原生	四月八
	黄平	飞云崖集会	祭祀集会	风景、饮食、竞赛	原生	农历四月初八
	贵阳	"敲巴朗"	祭祀	杀牛祭祖	原生	鼠、龙、马、狗年除初四、十四、二十五外的龙场天、鼠场天
	松桃	六月六	交往集会	对歌、赶集、爱情	原生	农历六月初六
	镇远	踩鼓节	集会交往	踩鼓舞、赶集、走亲访友	原生	六月第一个卯日起三天
	三都	香炉山爬坡节	民族传说	风景、爬山、集会、敬老、	原生	农历六月十九
	三都	都江吃鸭节	农事	吃鸭、跳月场、禁忌	原生	农历六月插秧结束后兔场天、狗场天
	织金	青山花场	民族传说	风景、集会、爱情	原生	农历七月十三后羊日起三天
	雷山	西江吃新节	农事祭祀	吃新、祭祖、斗牛、游方、传说	原生	古历七月卯日、八月卯日
	都匀	吃新节	农事祭祀	吃新、祭祖	原生	农历七月至八月间水稻成熟之前的龙日或蛇日
	丹寨	吃灰节	民族传说	集会、祭祖、吃灰、斗牛、游方	原生	古历七月头个兔（卯）场天
	松桃	赶秋	民族传说	集会、交往、秋千	原生	农历立秋日

民族	分布地区	节日名称	节日主题	节日活动元素	节日形态	节期
苗族	松桃	吃猪	祭祀	祭祖、禁忌	原生	农历八、九（二、三）月份
	黄平	芦笙会	祈颂集会	吹芦笙、斗牛、竞赛、对歌、访友	原生	农历九月初七、九、二十三、二十五、二十六、二十七
	雷山	鼓社节	祭祀	祭祖、跳芦笙、铜鼓、对歌、爱情	原生	从虎年到虎年十三年一次的九月卯日开始
	剑河	岩寨鼓藏节	祭祀	杀牛祭天地、禁忌	原生	七年一届
	贵定	云雾"牛打场"	祭祀	杀牛祭祖、斗牛	原生	六十年一大祭、十三年一中祭、七年一小祭
	雷山	西江苗年	庆丰祭祖	跳芦笙、铜鼓、竞赛，游方、对歌、爱情	原生	农历十月上旬卯日，十月二卯日起三天，冬月二十起三至五天
	施秉	廖洞三寨"闹鼟"节	祭祀	杀牛祭祖、集会、禁忌	原生	每十三年的虎年十月初十
	丹寨	芦笙节	民族传说	集会、跳芦笙、对歌、爱情	原生	阴历冬月第二个猪场天
	丹寨	南皋苗年	民族春节相关	跳芦笙、竞赛、扫寨、祭祖	原生	阴历冬月第一个龙场天起半个月
布依族	独山、都匀	麻坡歌节	农历春节相关	集会、对歌纪念民族英烈、爱情	次生	农历正月初一至十五
	惠水	翁吟河"跳花场"	农历春节相关	集会、植物、农事	次生	正月初四至初六
	盘县	花包节	农历春节相关	集会、爱情	次生	阴历正月初三至十五
	水城	过了年	农历春节相关	家庭聚会、饮食、供老人	次生	整个正月
	贵阳	可龙"玩红灯"	农历春节相关	集会、花灯	次生	农历正月初九到十五

续表

民族	分布地区	节日名称	节日主题	节日活动元素	节日形态	节期
布依族	威宁	蚂螂节	农历春节相关	集会、对歌、打蚂螂、爱情	次生	正月初一、初二、初三、十五
	平塘	清水乡"嫩信"节	农历春节相关	年货、植物、铜鼓、聚会、饮食、爱情	次生	腊月二十五至来年正月三十
	贵阳	三月三地蚕会	上巳节相关	祭地蚕、祭天、传说、禁忌、对歌	次生	
	三都	周覃投石节	模拟战争	投石	次生	农历四月初八
	福泉	马场坪"看会"	祭祀	祭二郎神、赶集、求雨	次生	农历六月二十四至二十六
	六枝	玩山节	集会	赶集、风景、爱情、鬼节	次生	七月十三至十五
	惠水	羡塘"七月半"	祭祀	祭鬼、对歌、打香仗	次生	七月十三至十五
	惠水	新寨"糯米坡"	集会交往	赶集、风景、对歌、爱情	原生	农历四月八日
	水城	六月六布依年	民族春节	祭祀、饮食、火把节	原生	农历六月六至七日
	惠水	董朗桥六月六歌节	民族传说	集会、对歌、爱情、风景	原生	农历六月初六
	惠水	老鹰坡歌会	民族传说	集会、对歌、爱情、风景	原生	农历六月第二个子日
	兴仁	大兴寨火箭节	纪念	火箭、对歌、扫寨、祭祖	原生	古历七月十五
	都匀	祭祖节	祭祀	祭祖、招魂、打香瓜仗、祀野鬼	原生	农历七月十三
	都匀	富溪"扫火灾星"	祭祀	祭神、仪式、会餐	原生	农历九月初九
	三都	别雅蛔	祭祀	祭青蛙、板腰竞赛	原生	农历十二月初八至十一
仡佬族	仁怀	灯杆节	农历春节相关	赶集、立灯杆、竞赛、对歌、芦笙舞、祈神	次生	正月初一到十五
	遵义、仁怀	歌节	农历春节相关	祈丰、歌舞、集会	次生	正月初一到十五
	仁怀	仡佬年	民族春节相关	祭神、祭祖、歌舞、饮食	原生	古历三月初三
	水城	祭山节	祭祀	祭山	原生	农历三月

续表

民族	分布地区	节日名称	节日主题	节日活动元素	节日形态	节期
仡佬族	六枝	祭树节	祭祀	祭树、饮食	原生	阴历三月第一个虎场天到龙场天
	水城	火把节	民族传说	火把、扫寨	原生	农历六月初六
	金沙	永丰村吃新节	农事	吃新、竞赛	原生	农历七月初七
	仁怀、遵义	牛王节	祭祀	祭牛王	原生	阴历十月一日
	六枝	小年节	祭祀	祭祖、集会、饮食	原生	冬月第一个猴场天至狗场天
土家族	德江	阳灯节	农历春节相关	放阳灯	次生	农历正月初一至三十
	思南	抬甩神	农历春节相关	抬甩神游行、祭祀	次生	农历正月十四
	印江	过赶年	农历春节相关	民族传说、祭祀	次生	腊月二十八、九
	印江	春节	农历春节相关	打扬尘、祭祖、禁忌、饮食、玩龙唱灯	再生	腊月二十至正月十五
	印江	祭风神	祭祀	祭土神和苗神、风神	原生	古历六月上旬或中旬
	沿河	偷瓜节	民族传说	偷瓜送子	原生	农历八月十五
彝族	水城	野鸡坪歌节	交往集会	对歌、风景、爱情、竞赛	次生	春节、十五、端午
	盘县	祭小白龙	农历节日相关	祭小白龙、饮食	次生	农历二月初二
	纳雍	祭山节	社节相关	祭山、歌舞、禁忌	次生	农历三月初三
	盘县	扎毛人	社节相关	扎毛人游寨、谢饭	次生	农历三月初三
	盘县	扫火星	祭祀	扫火星、防火	原生	农历正月间
	威宁	百草坪赛马节	体育集会	赛马、赶集、歌舞、爱情、风景	原生	农历五月初五
	威宁	俄嘎歌场	民族传说	集会、对歌、爱情、风景	原生	农历五月初五
	纳雍	火把节	民族传说	火把、晒衣、驱瘟神、蝗虫	原生	古历六月初六
	盘县	祭青苗土地	祭祀	祭青苗土地	原生	农历六月初六

民族	分布地区	节日名称	节日主题	节日活动元素	节日形态	节期
彝族	大方	天宝村彝族年	民族春节相关	集会、饮食、交往	原生	农历十月初一
	水城	偷打望	农事	祭畜、饮食	原生	农历十月初一
	水城	祭山林	祭祀	祭山林、农事、饮食	原生	农历二月初六龙场天

资料来源：表1-1节日材料总结自贵州省文化厅群文处、贵州省群众文化协会编：《贵州少数民族节日大观》，贵州民族出版社1991年版。

　　表1-1按照民族、主要流传地区（以县为单位）、节日名称、节日主题、节日活动元素、节日形态和节期七个类别对贵州省乌江流域少数民族地区传统节日进行了归类，其中有几点需要说明：第一，在民族分类方面，表中列举的是贵州乌江流域传统节日较多、节日民俗较为丰富的苗族、布依族、仡佬族、土家族和彝族，其他如侗族、水族、白族、毛南族节日或因为不在乌江流域，或由于民族特色的传统节日较少，未一一列举；第二，在主要流传地域方面，表中列举的是以县为单位的代表性地区，但并不意味着其他地区没有同样或相近的民族传统节日，也不排除一个地区流传着多种民族传统节日的现象；第三，在节日名称方面，表中列举的乌江流域少数民族传统节日大多以代表性节日活动为名，也有一部分节日借用了汉族或其他少数民族地区传统节日的名称；第四，在节日主题方面，表中的"某某节日相关"指在节期、节日民俗或节日形式上与汉族或其他少数民族地区传统节日类似，是这些外地传入乌江流域少数民族地区的节日的民族化形态；第五，在节日活动元素方面，表中以最简单的词或词组的形式提炼概括了乌江流域少数民族传统节日民俗的活动内容，如"爱情"代表节日民俗活动中有男女交往恋爱的元素，"饮食"代表节日中有民族特色的食品或饮食民俗形成，"竞赛"指节日中有各种民族特色的竞技或比赛的内容，"禁忌"指节日期间需要依据民族的崇拜或信仰遵守某些行为活动的规

范等等；第六，节日形态方面，所谓的原生、次生或再生的形态都不是绝对的，相当一部分民族传统节日民俗中既有原生态的民族原始崇拜因子，又有次生态的节日民俗互动，也不排斥再生态的汉族或其他少数民族地区的传统节日民俗，因此表中对节日形态的标定只是代表该项少数民族传统节日在乌江流域少数民族地区核心民俗活动的形态，而这些节日的非核心节日民俗或在其他民族地区的节日民俗活动不在此处节日形态的考查范围之内；第七，节期方面，表中列举的的节期主要指该项节日的核心民俗活动开展的时间段，而乌江流域少数民族很多传统节日还有漫长的准备时间，如苗族的鼓社节、"闹軰"节等甚至长达数年，由于篇幅所限就不能详细列出了。

从表1-1我们可以大致得出乌江流域少数民族传统节日在节日形态方面的三点特征：第一，越是边远闭塞、远离汉族聚居地的少数民族地区的传统节日越接近原生态，反之越是与汉族聚居地临近，甚至与汉族杂居的少数民族地区的传统节日越接近再生态，这一特点与民族文化的融合与传播是密切相关的；第二，从原生态到次生态到再生态的传统节日，反映了汉族地区节日民俗传入乌江流域少数民族地区，与少数民族传统节日民俗相结合，并最终取而代之的过程，同时也是乌江流域少数民族文化汉化过程的体现；第三，这三种少数民族地区传统节日形态是按时间顺序渐次产生的，但一种形态的产生并不意味着前一种形态的完全消亡，乌江流域很多少数民族地区并存着三种节日形态的传统节日，在重视传统的基础上包容新鲜事物是少数民族节日文化的另一大特点。

第二节　乌江流域少数民族传统节日的特征

通过表1-1对乌江流域少数民族传统节日的民族、主要流传地区（以县为单位）、节日名称、节日主题、节日活动元素、节日形态和节期七个类别的直观呈现，我们可以对这一少数民族地区的传统节日民俗做出一些规律性的特征总结。这些特征的总结可以从表1-2对乌江流域少数民族传统节日民俗关键词的比较开始。

表 1-2　乌江流域少数民族传统节日民俗关键词频率表

民族＼关键词	春节	祭祀/禁忌	传说	饮食	农事	乐器/歌舞	集会	爱情	植物	风景	竞赛	战斗
苗族（66）	19	28	16	5	9	28	30	37	9	13	11	0
布依族（20）	8	8	3	4	1	9	12	8	2	4	1	3
仡佬族（9）	3	6	1	3	2	3	3	0	0	0	2	0
土家族（6）	4	4	2	1	0	0	0	0	0	0	1	0
彝族（12）	1	8	2	4	2	4	4	3	0	3	2	0
合计（113）	35	54	24	17	14	44	49	48	11	20	17	3

资料来源：根据表 1-1 整理。

　　从表 1-2 的统计可以得出有关乌江流域少数民族传统节日的几点结论：第一，汉族地区的传统节日，尤其是春节的强大辐射力，对乌江流域少数民族地区的传统节日产生了深远的影响。"春节"直接作为关键词出现的频率超过了 30%，而且还有很多民族地区传统节日在节日日期的规定，节日民俗活动的开展和节日心理的接受上受到了汉族地区春节各方面的影响。第二，乌江流域少数民族传统节日深受民族原始宗教和信仰崇拜的影响，部分节日民俗带有强烈巫术因子，"祭祀/禁忌"类关键词的出现频率接近半数的现象就是最好的说明。这些巫术性质的原始宗教的信仰崇拜不仅表现在"祭祀/禁忌"的仪式、活动和规范中，也通过民族传说、饮食习俗、植物祭祀、竞技活动等体现在民族节日生活的方方面面。第三，乌江流域少数民族传统节日根植于乌江流域少数民族广大民众的日常生活之中，是广大民族群众日常生活状态的集中表现，节日民俗活动与民族大众的生活是息息相关的。表 1-2 的统计表明乌江流域少数民族节日民俗中与民族群众日常生活衣食住行密切有关的"饮食""农事"和"风景"类关键词出现频率加起来超过了 45%。第四，乌江流域少数民族传统节日活动中的民族音乐和舞蹈是重要的组成部分，以芦笙、"擀冉"、对歌等为代表的民族音乐和以跳月、跳场、踩鼓舞等为代表的民族舞蹈充实了民族节日民俗活动的内容，是民俗意象表达的重要实质载体。第五，乌江流域少数民族传统节日是本地区少数民族群众交往集会的重要场合，赶集交易和谈情说爱几乎是本地区所有节日中都会出现的活动，也从社会交往方面说明了乌江流域少数民族传统节日的重要作用。

根据从表 1－2 的统计数据分析得出的结论，我们可以初步总结乌江流域少数民族传统节日的基本特征：

一、乌江流域少数民族传统节日体现了少数民族民众有神论的思维模式

1. 乌江流域少数民族传统节日中有很多是直接祭祀神灵的

如苗族有祭雷神的迎雷节、祭山祭树的节日、祭牛神的"四月八"等，布依族也有祭地蚕的三月三地蚕会、祭二郎神的马场坪"看会"、祭火神的富溪"扫火灾星"等，仡佬族有祭山祭树的节日，还有祭牛王的牛王节等，土家族传统节日也祭祀土神和苗神、风神、甩神等，彝族传统节日祭祀山林、小白龙、青苗土地等。

2. 乌江流域少数民族传统节日祭祀的神灵种类繁多、类型丰富

乌江流域少数民族传统节日中祭祀的神灵包括祖先神（如苗族、布依族、土家族祭祀家祖、先人）、动物神（如苗族、仡佬族祭祀牛王、布依族祭青蛙等）、自然神（如苗族、布依族、仡佬族、彝族的祭山祭树、土家族的祭风神）、民族英雄神（如苗族祭祀古波养六、布依族祭祀杨元保、彝族祭祀安坤等）、农事生产神（如苗族祭土地、土家族祭社神、彝族祭青苗土地等）……这些神灵的原型既有真实的历史人物，也有民族宗教传说中的虚构神仙，还有的来源于原始信仰中的自然崇拜。

3. 乌江流域少数民族传统节日的民俗活动深受有神论思维影响

苗族、布依族、仡佬族等少数民族在祭祀神灵的过程中有各种禁忌。

如苗族杀鱼节的清晨妇女忌讳出门背水、洗菜，因为在路上碰到男人就不吉利，不是杀不到鱼，就是回不了家；又如布依族在过三月三毛杉树歌节的时候参加祭山的人陪神吃饭或是各家各户吃过节饭的时候，不能让汤或食物滴落在衣裤上，否则以后上山干活时将遇到豺狼或其他动物的袭击，牲畜也会受到虎豹的伤害。这些在理性逻辑上看似毫无关联的事件，正是在民族群众原始思维模式下有神论联系的结果。

二、乌江流域少数民族传统节日是与民族群众的生活息息相关的，是民众集体对生产生活经验的科学总结

1. 乌江流域少数民族节日中许多活动是具有民族特色的生活民俗

如苗族的吃鸭节、杀鱼节、吃猪节，布依族的过了年、"嫩信"节，仡佬族的仡佬年、祭树节、小年节等无一不是以民族风味浓郁的会餐作为节日的主要活动；而无论是苗族盛大的春节花坡还是布依族的歌节，或者土家族的春节，都是最隆重最具民族特色的服饰展示大舞台；而以民族地区代表性风景名胜点为中心的民族节日大集会正是民族群众每年最为重视的出行活动。

2. 乌江流域少数民族节日的时间规定和活动设置体现了少数民族群众对农事生产的认识和规律总结

苗族、仡佬族的吃新节、布依族的"打保符"都是既从正面总结一年农业生产的经验，祈求来年的丰收，又从反面吸取生产活动中的教训，规避或者清除阻碍生产活动的事物。更具特色的是布依族的老鹰坡歌会，本来节期在农历六月初六的歌会为了不误农事，寨老们商定将歌节定在农历六月内按甲子推算的第二个子日，得到了广大民族群众的拥护。这表明乌江流域少数民族地区虽然民族节日丰富多彩、热烈隆重，但相较于有关温饱的农业生产，民族群众还是清楚孰轻孰重的。

三、乌江流域少数民族传统节日的体系是相当复杂的

1. 乌江流域少数民族传统节日数量众多

表1-1所列仅贵州五个少数民族的传统节日就达到了113个，如果再加上乌江流域的重庆、湖北、云南等省市的少数民族传统节日，更是数不胜数。

2. 乌江流域少数民族传统节日的内容驳杂

如表1-2所列贵州五个少数民族的传统节日就包括了春节、祭祀/禁忌、传说、饮食、农事、乐器/歌舞、集会、爱情、植物、风景、竞赛、战斗十二方面的主要内容，而且还有许多民族节日特有的内容未出现在表1-2的统计之中。

3. 乌江流域少数民族传统节日的历史悠久

最早的如苗族的牛王节、"敲巴朗"、鼓社节、鼓藏节，布依族的"更健节""别雅蝈""嫩信节"，仡佬族的"灯杆节"、牛王节等都可以追溯到原始时代的民族起源期，更难能可贵的是部分节日在漫长的历史流传过程中还基本保留了节日起源时候的原貌，对后来的节日研究具有重大的历史意义。

4. 乌江流域少数民族传统节日的系统是基本明确的

虽然乌江流域少数民族的传统节日数量众多、内容驳杂、历史悠久，但作为少数民族传统文化的重要载体，乌江流域少数民族传统节日的系统基本是按照民族历法和汉族农历两条脉络传承下来的。从表1-1所列的得节日时间上我们可以看到，除了按照农历日期计算节日时间，还有许多节日规定在某月第一个猪场天、某月第一个狗场天或者某月第一个猴场天至狗场天，这些以动物名称来标记的日期，一方面反映了少数民族的动物崇拜观念，更为重要的是它是少数民族地区民族历法的遗存，从中可以梳理出乌江流域少数民族传统节日的另一条时序线索。

四、乌江流域少数民族传统节日的功能是多样的

1. 乌江流域少数民族传统节日具有心灵慰藉、情感寄托的功能

无论是对祖先的祭祀、对民族英雄的纪念，还是对自然神灵、虚构神仙的崇拜，都是少数民族群众在热烈的节日气氛中安慰自己对先人逝去的悲痛和对可歌可泣的民族历史英雄的怀念，也是广大民族群众对风调雨顺、安居乐业的美好生活向往的最佳寄托，表达了乌江流域少数民族群众质朴、真挚的感情。

2. 乌江流域少数民族传统节日是民族行为规范、规约的集中体现

正如前文所列举的祭祀/禁忌的例子，乌江流域少数民族传统节日是少数民族群众集体从正反两方面对在节日这一特殊的时期应该做和不能做的事情的严肃规定，民族内部的所有成员都是必须严格遵守的。这些节日期间的特殊规定不仅能够长期地影响非节日时期的日常生活，也是对日常生活中民族群众行为规范的标准化示范，具有民族习惯法的功能和作用。

3. 乌江流域少数民族传统节日具有民族文化整合、民族特征体现和民族情感表达的功能

由于乌江流域少数民族传统节日包含丰富的民族文化元素，具有深邃的民族文化内涵，所以不仅是民族群众的集会娱乐，更是少数民族群众在民族认同基础之上集体无意识的表达方式。因此在乌江流域少数民族传统节日文化形成的过程之中，一方面不断整合本民族内部的支系的节日文化成为整个民族的文化表达方式；另一方面还不断与周围其他民族的文化发生碰撞和交流，而在这一过程中民族特征得以凸显，民族情感特色也得以展现。

4. 乌江流域少数民族传统节日还具有满足少数民族群众实际需要，解决少数民族群众生活实际问题的实用功能

乌江流域少数民族地区地理环境恶劣，交通十分闭塞，为数众多的传

统节日集会既是民族群众进行物资流通的农贸商品市场，又是以物易物、出卖劳力的集市，还是群众交流、男女恋爱交往的重要场所，在某种程度上既考虑到了民族群众的物质需求，也满足了民族群众的精神需要。

第三节　乌江流域少数民族传统节日的思想根源

任何一种文化的形成都有其根源，恩格斯从经济基础和上层建筑两方面强调了文化根源的决定因素，他说道："根据唯物史观，历史过程中的决定性因素归根到底是现实生活的生产和再生产。无论马克思或我都从来没有肯定过比这更多的东西。如果有人在这里加以歪曲，说经济因素是唯一决定性的因素，那么他就是把这个命题变成毫无内容的、抽象的、荒诞无稽的空话。经济状况是基础，但是对历史斗争的进程发生影响并且在许多情况下主要是决定着这一斗争的形式的，还有上层建筑的各种因素……这里表现出一切因素的交互作用"。①

同样，乌江流域少数民族传统节日也具有经济基础与上层建筑两方面深刻的思想根源。

一、乌江流域少数民族传统节日体现了以农为本的农耕文化根源

乌江流域少数民族地区由于山高林深、交通不便，先进的生产工具和生产方法流传缓慢或者不适应本地生产，造成了经济社会发展相对迟滞和缓慢的现象。因此，在这种经济基础条件下，满足民族群众温饱的农业生产活动具有重要的地位，在传统节日中体现为对农事活动全过程的密切关注。在每年的农事活动开展之前，乌江流域少数民族有众多祈求农业生产活动顺利成功的节日。如六枝特区的苗族在每年阴历二月的祭神树中要由

---

① 《马克思恩格斯选集》第 4 卷，人民出版社 2012 年版，第 604 页。

主持者揭开龙潭石板观察水的多寡，如上年所盛水仍满，预示着今年风调雨顺、无灾无难，反之如水不满，则按照水的深浅告示广大族众风雨不调，将有旱象，严防火灾；荔波、独山一带的布依族每年农历二月初二要全家大小带着自制的"香藤粑"上山游玩，标志着每年"动土的日子"，自这天以后，人们心往山上想，劲往地头上使，为丰收全力以赴；仡佬族将古历三月三定为仡佬年，世居高山区的仡佬人民总结出农历三月以后草木开始萌动的生产规律，在春耕前夕举行盛大节日祈求祖宗、山神、土地保佑新的一年诸事如意、五谷丰登，节日以后便投入热烈的生产劳动之中。同样，在每年农业生产结束之后还有节日欢庆丰收。雷山县西江苗寨和都匀市王司、坝固一带的苗族每年在新粮收获的时节都要过吃新节，过节时将田间的水稻秧苗扯来祭祀祖先，并将新收获的粮食拿来做成米饭食用。一方面告知先人后代没有偷懒，用一年的辛勤劳作换来了温饱的生活；另一方面炫耀庆贺粮食丰收，全族人民衣食无忧。同样金沙县永丰村的仡佬族也在每年即将吃到早熟作物、待熟作物也要相继成熟的农历七月初七全家出动，一边观赏田里庄稼的累累秋实，一边在田间地头开展吃新的庆丰活动。乌江流域少数民族地区每年岁末春节时间段内的众多节日更是与农耕生产活动密切相关。无论是苗族的芦笙会、跳花场、斗牛，还是布依族的赛歌会、过了年、花包节，抑或仡佬族的灯杆节、歌节，都包含着在一年农业丰收的喜悦中纵情狂欢、歌舞庆祝的意味，一些民族地区的春节还有许多生产生活经验的交流总结活动。所以说乌江流域少数民族的传统节日都是围绕着农业生产这一文化根源开展的。

二、乌江流域少数民族传统节日还有深厚的原始民族文化和民族民间宗教信仰根源

乌江流域的少数民族由于历史和文化原因，比较完整地保留了原始的民族宗教信仰，在传统节日中体现在以下几个方面：

1. 对祖先的信仰和崇拜

祭祖在乌江流域少数民族传统节日中是最重要的活动之一，包括祭祀

民族先祖、家族先人和祖坟三种形式，而无论哪种形式都反映了少数民族民众在观念中对祖先神灵般的信奉。例如在土家族人民心目中，祖先神"帕铺帕帕"是除天地之外最大最好也最有本事的神灵，他无时无处不在，保佑着他的后代子民免受苦难；苗族过的"撵虫蚁"节是为了不让蛇虫蚂蚁侵犯死去的老人，把它们撵到外地去，而剑河清水江两岸的苗族的"努碾楝"节是为了纪念他们从江西迁徙而来的先祖；都匀的布依族每年七月十三的祭祖节除了"为老祖宗送行并赠钱物"外，还有招魂祭野鬼的风俗。

2. 民俗节日活动中巫术思维的影响

在乌江流域少数民族传统节日活动中，原始巫术思维中相似律和接触律的影响随处可见。如在苗族的"敲巴朗"节的杀牛祭祖活动中，解完"巴朗"后的酒席中要摆十二个碗、十二个大饭团，表示一年之中的十二个月和本民族中的十二个支系，地上还要放许多一尺来长的细竹子，一根细竹子代表一位祖宗。这种祭祖形式就是原始巫术思维中以数量相同或相近的一事物代替另一事物或虚构的神灵祖先的相似律的具体表现。相似律的影响还表现在布依族蚂螂节用碎布捆扎的圆球模拟蚂螂（蝗虫），拉龙扫寨用草龙模拟真龙等传统节日民俗活动中。而原始巫术思维的接触律影响更大。如苗族的吃猪节中从舅舅家带回的部分猪肉称为忌肉，忌肉在背回途中人人都要回避，背回家后视忌肉多少请族中老少自带米饭碗筷，聚集在一起把忌肉一次吃完，不准余留，吃完后参加聚餐的全体族人必须将碗筷拿去河边冲洗，并且漱口洗手，所余骨头也必须投入河里，不留痕迹。这一系列的活动就是民族群众在原始巫术思维接触律支配下，认为之前举行过设坛装像、焦牲献熟仪式后的猪肉具有了某种神秘的巫术力量，而通过食用或者接触这些猪肉可以使这种巫术力量得以传达，这是接触律积极的保护方面的体现。而在布依族"打保符"节日中，举行过一系列巫术仪式后由青壮年和屠夫将祭供的猪、牛拉到桌前宰杀，杀后将猪、牛的鲜血接到同一个木盆内混合搅拌，再将猪和牛的尾巴砍下，用九张纸钱裹着尾根，蘸着血逐一洒在各户用白纸制成的"青杠竹叶剑"（"秧标"）上，以示将变为损害庄稼的蚂蚱的"拱标精"杀死，而"拱标"变的蚂蚱看到田里插的"秧标"好似"青杠竹叶剑",就不敢来吃庄稼了,今年的收成就会好。这些节日活动中既表现了用"秧标"模拟"青杠竹叶剑",用"拱标"模拟蚂蚱的相似律,又是以粘上猪、牛血的物品具有辟邪巫术能力的接触律的体现。

3. 原始自然崇拜的遗留

原始社会的先民由于征服和改造自然的能力有限,于是对神秘莫测的大自然产生了崇拜,虽然后来随着社会历史的发展和人类能力的增强,自然崇拜的心理和行为逐渐消失,但是在相对边远闭塞的乌江流域少数民族地区一些传统节日中还是能够找到一些自然崇拜的痕迹。例如在各地苗族新年时候举行的花坡节和跳月活动中都会在花场的中心树立一根花竿,黔西县化屋的苗族在跳花坡前三天,花坡主持人就要带领芦笙手和小伙子们上山砍来又高又直的常青树(如松、竹、冬青等),剥下树皮,保留树冠的枝叶,上挂珍贵物品及红绸一条,然后栽在花坡上。主持人放炮三响,芦笙手吹响芦笙,小伙子们围绕花树跳起芦笙舞,几曲之后共饮栽花酒,这才算完成花坡节的准备工作。这些节日将隆重装饰的花竿作为活动的中心,正是原始的自然崇拜中花神崇拜的遗留。而在乌江流域少数民族其他的节日中也有一些在特定地点举行的节日,如苗族的"跳洞"、踩山、踩花洞,布依族的毛杉树歌节、玩山节,彝族的野鸡坪歌节、百草坪赛马节等都有大量的自然崇拜中洞穴崇拜、植物崇拜、山陵崇拜的遗留痕迹。

三、乌江流域少数民族传统节日还具有以人为本的中国传统文化根源

乌江流域少数民族地区虽然地处边远山区,民族众多,民俗各异,但是强大的文化向心性使得乌江流域少数民族传统节日文化在民族"汉化"的大背景中受到了许多汉族文化的影响,集中体现为乌江流域少数民族传统节日对中华民族人本文化的接受和吸收。

1. 在乌江流域少数民族传统文化与汉族传统文化的交流和碰撞中体现了对人自身的繁衍和发展，即种和后代的延续的重视

在中国传统文化中，原始初民在与严酷自然斗争过程中对于生存和发展的企盼最初的表现是自身的群体壮大。而在单位生产效率相对低下的时代，种族个体数量的增加无疑是壮大本族群的最佳途径。因此祈子和求多子成为了中国传统文化中最重要的意向之一。这一点与乌江流域少数民族地区诸民族渴望族群壮大和自身发展的要求不谋而合，体现在传统节日民俗中即为对男女交往和种族繁衍生息的重视。乌江流域少数民族地区几乎所有的传统节日都是未婚青年男女交往恋爱的场合，作为婚姻生活最重要的第一步和家庭传播延续最重要的基础，充满爱情的自由恋爱在乌江流域少数民族地区得到了强调。而对众多神灵祭祀的目的，除了希望神灵们保佑来年风调雨顺，庄稼获得好的收成，也希望在他们的护佑之下民族发展壮大，绵延不绝，更出现了以土家族的偷瓜送子节为代表的专门祈子的民族传统节日。

2. 在乌江流域少数民族传统文化与汉族传统文化的交流和碰撞中体现了对以宗族和血缘为核心的民族集体生活与以亲情和团圆为核心的家庭生活的双重重视

相对于生产方式更为先进的汉族地区，乌江流域许多少数民族地区还处于不完善的小农经济时期（体现为很多少数民族地区并不能完全靠以家庭为单位的小农生产方式实现自给自足），因此原始的自然经济生产方式还是乌江流域少数民族民众重要的经济补充。所以在乌江流域少数民族传统节日中，既有许多以血缘关系为纽带的宗族性质的节日活动，如苗族最重要的祭祀节日鼓藏节就是以寨或宗祠为单位分别举行的；又如布依族的投石节，仅在覃、周两大姓之间开展。也有不少以亲缘关系为纽带的家庭性质的节日活动。如苗族的吃猪节在举行完宗族的祭祀仪式之后，各人还要回到家中举办家庭仪式和聚会。又如各族节日中的饮食民俗大都是以家庭会餐为主要形式出现的。

3. 在乌江流域少数民族传统文化与汉族传统文化的交流和碰撞中还体现了少数民族文化对汉族儒家文化中忠孝节义、温良恭俭让等优秀文化因子的吸收

乌江流域的少数民族由于生存环境恶劣，历史上民族之间的征伐不断，因此民族性格勇敢剽悍、豪放不羁，形成了以尚武崇勇、直爽热情为主基调的民族文化。随着以儒家核心价值观为主题的汉族传统文化在民族地区的流传，乌江流域少数民族传统节日也逐步从潇洒狂放走向文质彬彬。乌江流域少数民族传统节日对汉族春节、重阳节、清明节等代表汉族儒家优秀文化的传统节日的接受和民族化改造就是这一转变过程的外在表现。

乌江流域少数民族的传统节日体系复杂、功能众多，是广大乌江流域少数民族民众对生产生活经验的科学总结，也是少数民族地区民众有神论的原始思维下的产物。这些少数民族传统节日具有深厚的历史文化根源，是汉族传统文化与少数民族传统文化在社会和历史发展过程之中不断交流碰撞与互相吸收融合的结果。少数民族传统节日是少数民族优秀文化的代表，也是中华民族传统文化重要的组成部分，具有极大的文化学、民族学和民俗学的研究价值。

第二章　体系之意：乌江流域少数民族 节日文化的内涵

　　人类在社会活动中创造了文化，同时也生活在文化之中。文化的内涵丰富，至今仍是一个充满争议的概念，英国人类学家泰勒的定义颇具代表性，即"文化或文明，从其广泛的民族志意义上而言，它是一个错综复杂的总体，包括知识、信仰、艺术、道德、法律、习俗和人作为社会成员所获得的任何其他能力和习惯"[①]。本书也是在这一涵义的基础上，将文化中的传统节日文化定位到乌江流域后展开分析的。乌江流域的少数民族有着悠久的历史，丰富的节日民俗文化内容是少数民族人民世代传承并自觉遵守的规范。当然，如今的乌江流域少数民族的节日民俗文化在一定的历史条件、自然环境和经济状况的影响下也发生着变异。现在的乌江流域少数民族地区，似乎没有了过去的浓厚民族色彩。与南方汉族地区的景象似乎没什么两样，好像乌江流域少数民族文化的特征已逐渐淡化。但乌江流域少数民族丰厚的传统义化积淀和顽强的自身文化适应能力，让他们在各种外来文化的渗透之中保留着自己文化的生命力。在人们的生产生活、行为举止之中，仍带有少数民族传统的文化基因，折射出乌江流域少数民族传统节口民俗文化的影响。

---

① 　E. B. Tylor, *The Origins of Culture*, New York：Harper and Brothers Publishers, 1958, p. 1.

第一节 乌江流域少数民族传统
节日的族群认同内涵

　　一个族群的节日习俗通常是其重要的客观文化特征，不仅是族群成员自身归属的认同依据，也是外族群"他者"认知的依据，更是个体对民族文化的一种皈依，表现了个体文化的认同和文化对个体的塑造。不同的族群常常有一些特定的节日和仪式活动，传统节日的形成过程，是一个族群历史文化长期积淀凝聚的过程，对于乌江流域的少数民族也同样如此。考察少数民族地区的民众如何过节，尤其是如何过汉族或汉地流传而来的节日，对辨清少数民族族群认同在节日文化方面的表现，有重要的意义。具体而言，汉族地区流传到乌江流域少数民族的传统节日主要有春节、清明节、端午节、中秋节等。但是在我们所考察的村落里，就当前而言，许多被认为是节日的日子实际也没多少节日的气氛了。在 1949 年以前，当地的传统节日包括春节、清明、端午、七月半（盂兰盆节、鬼节）、八月十五（中秋）等。虽然现在依然认可这些节日的存在，但是除了春节，其他的许多节日已经在很大程度上失去了传统的节日习俗。

　　乌江流域少数民族的传统节日，是在改土归流后逐渐传播开来的。像庆元宵、春节拜年、清明扫墓、中秋祭月、中元焚赗祭祖等汉族年节在乌江流域少数民族地区也开始盛行。如：

　　　　元旦夜半，肃衣冠，具香烛，放炮竹，开门，拜天地、家龛，男女以次叩贺尊长。向吉方行，拜喜神，诣祠堂祀祖先，上祖墓。至族戚贺岁，谓之"拜年"。远者及邻戚，他日次第贺之。城市多以小红刺书"某恭贺"，入门，不必躬拜。客至，主人设果盘、汤圆款之，谓之"纳财"。①

---

① 段超：《改土归流后汉文化在土家族地区的传播及其影响》，《中南民族大学学报（人文社会科学版）》2004 年第 6 期。

事实上，汉文化在乌江流域少数民族地区的传播，是族群长期互动的结果，亦成为了当地社区集体文化记忆的组成元素。

一、乌江流域少数民族地区的春节

春节在乌江流域少数民族地区是个非常重要而且隆重的节日，人们很早就会开始为这个节日忙碌，准备年货、食物等。即使在20世纪50—70年代，春节依然是当地社区的一个隆重的节日，但是当时准备的年货和过年的内容与现在略有不同。

真正的开始忙年，一般是从腊月二十五左右开始，一直持续到除夕。年三十的时候需要做豆腐，杀鸡杀鱼，炖猪脚。男人们一早起来就开始忙着杀鸡杀鱼，烧猪脚，贴对联，贴年画等。女人们则开始进行各种洗涤工作和做菜做饭，她们将屋里的所有脏衣服全部洗干净，将铺盖拆下来洗，因为铺盖在整个正月里是不能洗的。除此之外，人们还要给自己沐浴。而且，年三十这天还需要对自己家里的各个角落、房前屋后进行打扫，据说如果不打扫，家人便会在来年生病。

正月初一早餐吃汤圆，汤圆由糯米面做皮，用芝麻、核桃、花生、红糖等做馅儿。初一晚上有一道菜是必需的，叫做油团子，这种食物也是由糯米面做成的，把柔软的糯米面揉成面团子，然后放入油锅里面炸。油团子没有馅儿，往用于炸油团子的油里面放一些红糖，这样使得刚放进去的油团子不会粘在锅上，同时也会给油团子增加甜味。

过年的时间大约从腊月三十算起，直到第二年的正月十五为止，这段时间被认为是过年的时间，但是并不意味着这段时间人们都不做农活。事实上，有些农活比较多的家庭可能在正月初二就开始下地干活了。这个大约15天的时间段被认为是过年的时间，不在于休闲，而在于有些需要在过年期间完成的重要事情都可以在正月十五之前完成。其中比较重要的，就是拜年和走人户。

拜年的活动大多是从正月初二开始的，对于那些需要到多处拜年的家庭来说，他们可能从正月初一就开始进行拜年的活动了。拜年的最主要对象就是一个家庭女主人的娘家。在过年期间，必须去这个家庭拜年，甚至是整个拜年活动的第一站。出嫁了的女儿回到父母家里来拜年，需要准备一样固定的礼物，那就是一块割成圆形的大约六七斤重的猪后腿肉。她的家庭不仅要来父母家里拜年，同时也会到她的叔伯家里拜年。通常的情况下，这一次的拜年需要在父母家里住一宿。当然，这要视情况而定，譬如来拜年的这个家庭可能还有许多需要去拜年的地方，包括他们的干亲那里，以及嫁出去的姑娘那里等。而且，出去拜年的家庭也极有可能需要接受别人的拜年，所以有些家庭出去拜年只是吃一顿饭就回来了。根据日常关系的亲疏，有些家庭拜年的对象也有广窄之分。譬如，从外乡嫁到村里的两姐妹，她们的孩子会在过年期间相互去姨娘家里拜年，但并不是必须拜年的对象，到姑姑家里拜年远比到姨娘家里拜年的频率要高。拜年活动伴随着压岁钱的发放，通常，接受别人拜年的人都会给予拜年者一定的压岁钱。不过，压岁钱并没有直接给予来拜年的成年人，而是给那些辈分更小的孩子们，尽管如此，这些压岁钱也被视为给了这个家庭而不是这个孩子自己。

在所有的拜年活动中，我们发现拜年与接受拜年的关系大多都是以婚姻关系为基础的。因为，一个家庭不会去给男方的叔伯拜年的，但给姑娘拜年却是常见的事情。到岳父母家里拜年是最重要的拜年活动，因为这是最重要的姻亲关系。年轻的家庭不仅要到岳父家拜年，而且还要到这个男主人的外婆家里拜年，如果他的外公外婆已经不在世，那就会到他的舅舅家里拜年。如果他或他的妻子有干亲的父母，也会到那里去拜年。假如他们有了孩子，这个孩子又有了干亲父母，他们也要带着孩子到其干亲父母家里拜年。这种拜年活动虽然都由孩子的父母安排，不过，孩子的父母也仅仅是随行人而已，真正拜年的是孩子。因为，在拜年的习俗中，同辈之间一般不会相互拜年，拜年者首先在辈分上小于接受拜年者。而且正如前文所说，拜年活动的双方以婚姻关系为基础。不过干亲通常也是拜年的对象。对于这种现象的解释，村里人认为是婚姻居住方式所引起的，因为普遍的婚姻居住方式是从夫居的，所以人们除了女性父系亲属之外，男性父系亲属与自己的居住地域很近，他们经常可以在日常生产生活中进行互动，包括换工、借东西、串门、会头互助等活动。但是女性父系亲属因为女性外嫁，他们之间缺乏许多这样的互动，母系亲属也具有同样的特点，即在地域上居住得比较远，干亲在很大程度上也有这种特征。可是这种解释似乎并没有能够完全解释这种现象，一个上门女婿很少会在过年的时候回到老家给自己的父母拜年，即使他们在过年的时候带着各种礼物回到老家看望自己的父母，也并未被认为这是拜年活动。并且，婚姻发生在同一个村落的情况并不少见，婚姻使双方亲戚之间在日常生产生活中也存在广泛的互动，但是在过年的时候，拜年活动也是少不了的。有些人们的干亲父母与自己居住在同一个村落，拜年的活动同样不可缺少。

春节期间还要给祖先上坟祭祖，有些人家是在大年三十的上午去上坟，有些已经搬迁到其他地方的人家，会在大年二十八和二十九的时候回来上坟，然后再回去。虽然这种驱车数百里回来上坟的行为看上去浪费时间和精力，但是它却是塑造家族宗亲乃至族群认同的关键因素。过年祭祀祖先的习俗，在大江南北的汉族地区长期存在。改土归流以后，汉族的过年习俗在乌江流域少数民族地区得到进一步传播，亦被当地社区吸纳到原有的庆年岁活动中，而后又被现在的居民所继承。

二、乌江流域少数民族地区的清明节

清明节是乌江流域少数民族祭祖上坟的一个重要节日。在清明这一天，人们会买上香、烛、纸、酒还有火炮，到坟上去拜祭祖先和已经去世的亲人，他们会把白纸剪成长长的条状，用竹竿或树枝等挂起来，叫做"挂青"，用来寄托对祖先还有对去世亲人的哀思。

清明节曾有扫墓挂青的活动，但是现在，清明节已经没有这些祭祖的活动了，只有那些到外面生活的人偶尔会在清明节的时候回到家乡为自己的祖坟挂青。人们这样解释这种变迁的原因：

祭祖活动在 1949 年以后受到强力的政治打压，不仅仅是清明节的祭祖活动，其他节日中的祭祀活动也都被压制了，例如七月半的祭祀活动、春节的祭祀活动等。而且对于农民而言，清明不仅是一个祭祖的节日，更是一个安排农事的重要节气。清明是二十四节气之一，农民在这个节气前后要忙于春耕工作。但是已不从事农业生产在外面工作的人则不存在这样的情况。他们在清明节的时候能够获得节假日，所以他们可以在这天回家乡祭祖。当然，不难理解的是，在别的地方还盛行着清明挂青的习惯，他们外出工作之后，也难免会受到这些地方传统的影响，在祭祖活动已无政治压力的情况下，他们也想要恢复为自己的祖坟挂青的习俗。

除了春节之外，正如清明一样，这些在1949年以前曾经一度包含有祭祀活动的节日在今天已经看不到祭祀的影子。在1949年以前，七月半的时候，人们会写一些袱子烧给已故的亲属。所谓"袱子"，犹如一个信封，上面写明已故亲属的名字。可在今天，完全没有这种现象了，人们只能够在葬礼上看到袱子。至于七月半要烧袱子的习俗，只有那些年长者才能够回忆起来。

三、乌江流域少数民族地区的端午节

端午分为五月初五的小端午和五月十五的大端午。在桥头，小端午有回娘家、驱蚊虫、插艾草的习俗。人们已经难以回忆起端午和八月十五是否曾经具有某些祭祀活动，但是这两个节日中有些饮食习俗现在都还在人们的生活中出现。在20世纪50—70年代，这些习俗一度因为"破四旧"而消失了一段时间。现在，人们又慢慢地开始继续这些饮食习俗以及与婚姻礼仪结合在一起的"端午回娘家"。

喝雄黄酒：那些平时并不喜欢喝酒的人在这一天也多少会喝上一些，孩子们通常是被禁止饮酒的，但是在端午这天，他们也被允许少量地喝一点。人们不仅将雄黄酒喝下，还会在脸上、身上涂抹，将雄黄酒撒一些在屋子的周围。在这里，雄黄被赋予了一种能力，它能够驱除蚊虫和蛇，而

且可以抵御一些邪魔，小孩会变得勇敢，夜晚不会害怕。

驱蚊虫：因为环境关系，把酒擦在脸上防蚊虫叮咬。吃过午饭，人们还会把雄黄放在竹筒里，在屋里的每个地方放雄黄烟，还会撒大蒜水在四面墙角，这些是用来驱蛇的。

插艾草：艾草主要是家里种的，大端午早上起来就出去采艾草回来。有的自己家里没有种的，就去别的人家"拼"（要别人送），拿回来后插在门上。过了这天拿下存起来，以后可以作为药材来用。当地人认为，小孩子肚子痛，把艾草碾碎了贴肚子上，止痛效果很好，只有端午这天采来的，才具有药效，其他时间都不会采艾草止痛。此外艾草会散发一种香气，这天年轻女孩还会把艾草插在自己的辫子上，包头巾的女性则把艾草裹在头巾里面。

端午回娘家：已经取得同意即定亲的男女，五月初五这天女方邀请男方到女方家里做客，而女方的家人要赠送男方伞和草帽。这天女方家人也可随自己的意愿请自家的亲戚过来，亲戚一般也会赠送伞和草帽给男方。不仅长辈要送，同辈的人，如女方的兄弟姐妹也可以送。男方过来的时候要带一点礼品，比如酒、白糖等，现在也有人带牛奶和水果。男方走的时候女方还会送麻花、馒头等"干盘"（当地人称送人的一点小食品为干盘）。

婚后，如果有了小孩，外婆在小孩到来的第一个端午要给小孩红包。有了小孩之后，男方一般都不会再得到草帽和伞了。给外孙或外孙女的红包视自身情况而定，有的每年都要给，有的就只有第一年给。

如果夫妻双方在外打工，距离较远，很多时候端午都不回家，但是新婚后的第一个端午都是要回娘家的。也有的两家距离较近的，外婆在这天有时也会把外孙（女）接到家里团聚。爷爷奶奶会为孩子准备馒头、麻花等带去外婆家，同样孩子也会从外婆家里带回干盘。

相比小端午，大端午在乌江流域少数民族地区并不很受重视，并不像小端午一样庆祝。传统上来说，大端午这天，已订婚的男女，男方会邀请女方到家里做客。端午节在汉族地区也是非常盛行的，并且还有诸如白蛇传等与之相关的神话传说。端午节是何时传入土家地区，尚无法作出详细考证和结论。但是有一点可以看出，端午节在土家地区还结合了当地的婚嫁传统，使其具有了一定的特色，并且也成为当地文化记忆的元素之一了。

四、乌江流域少数民族的其他节日

六月十九拜菩萨也是乌江流域少数民族比较重要的节日习俗。六月十九相传为菩萨生日，所以这一天人们要去祭拜菩萨，表示对菩萨的敬意，并求得家人的安康、生意的顺利、生活的兴旺等。除了准备香烛，当地人还会去裁缝店扯来白布敬献菩萨。白布的长度不定，视自己的经济状况和对菩萨的诚意，可长可短，也可以不准备。但是长度必须要为三的倍数，一般人扯三尺，而准备六尺和九尺的人也有。例如，石柱县在藤子沟水电站建设之前，那里曾经有一个观音洞，里面摆放着几座菩萨石雕。在凤凰山的山腰，有一个"仙岩鸟洞"，传说早年是观音菩萨住过的岩洞，又称"观音洞"。该洞为石岩上的天然洞，洞中常有白鸟飞出，当地人认为要进洞只有神仙飞鸟可至，故又称"仙岩鸟洞"。后经开凿，人们可入洞中朝拜。洞内有观音菩萨和宗教塑像。观音洞有很多传奇色彩的传说：

> 很久以前，有兄弟二人在此洞下面的龙河上打渔，不觉天黑，无法回去，露宿河边灌木丛中。至夜深，忽闻山腰轰然声，随后群鸟飞出，盘旋一会儿又回到林荫之中。兄弟二人喜出望外，以为山间有人户烟火，于是攀登山峰。终于寻得鸟声，却不见人家，只有洞中旋绕着香气，闪着余火。在此坐下后，他们不知不觉慢慢地进入梦乡。睡梦中一菩萨姗姗前来，轻声细语道"我是南海观世音，这是我住过的地方。我知道你二人要来这里，故空出此洞，留下余火，供你们过夜，从明早起，你二人可以不打渔了，上游不远处，有一块好地方，在那里辛勤耕作，成家立业，繁子衍孙，多造桥梁，以后就叫那里为'桥头坝'吧"。不觉天亮，打渔兄弟醒来，按照菩萨梦中指点，沿上游而上，果然找到那块宝地。经过数十年的辛苦，打造了桥头坝场，两兄

弟再也不打渔。为报观音菩萨之恩，两兄弟凿通至洞小道，塑造观音金身。为后人写下了仙岩鸟洞的美丽传说。

在藤子沟水电站建成之后，"观音洞"被水淹没，人们主要在现今的瓦屋和长沙村的活菩萨处祭拜。六月十九拜菩萨，一度是当地很重要的公共活动，但是现在慢慢地变成了个体活动，信众有什么需求，就直接到土地庙去拜一拜，而不再是一个集体的民间宗教活动了。

八月十五打糍粑，这是当地传统的饮食习俗。在这一天，人们将糯米蒸熟，再放到碓里面舂。糯米舂好之后将其分开做成粑粑，上面撒上一层熟豆面，一方面减少了糍粑的黏性，另一方面也会增加糍粑的口感。人们通常也会在八月十五前几天从市场上购买月饼，并且月饼越来越有代替糍粑的趋势，有些家庭已经多年没做糍粑了，他们嫌太麻烦。

在汉族地区，往往是以月饼、赏月等活动作为中秋节的主题内容。可以看出，中秋节在传入土家地区后，结合了当地的饮食文化，构建了当地的文化认同。

以上论及有关乌江流域少数民族节日习俗为代表的文化特质是当地人在生产生活实践过程中不断累积锤炼而成，渗透着深刻的价值观、伦理观、审美观等意识形态内涵，并通过代际间的传递，延续着活力，也凝聚着生活在这片土地上的少数民族人。周大鸣先生曾说，任何族群离开文化都不能存在，族群认同总是通过一系列的文化要素表现出来，族群认同是以文化认同为基础的，因此这些文化要素基本上等同于族群构成中的客观因素。大多数研究者在谈论族群认同时也就是在谈论对族群文化的认同，而这些文化要素主要指的就是一个族群的语言、宗教、习俗等。在日常生活中，人们常把这些外显的文化要素作为辨识族群的首要标准，许多人认为不同族群的人就应该是各自讲自己的语言，穿自己的服装，以此来相互区别的。尤其是在以往民族互动相对较弱时期，各地风俗差异性大，这些风俗就成为重要的区别"我族"与"他族"的标志，发挥着认同与认异的功能。可见，独特的族群文化是构成一个族群的核心要素，也始终是被看成一个族群的天然边界符号，是一个有机的综合体系，不仅凝聚着多方面的族群传统，更重要的是蕴含着本族群独特的精神内涵，且在人们直接或间接的联系中，人与人之间亲近感的产生更直接的是来源于彼此相通的族群文化，虽然个人未必对自己所属族群之外的文化有充分的了解，但从这一层面上讲，这些文化要素也显然是具有凝聚族内人，区分族外人的作用的，也就是我们所说的族群认同的功能。

第二节　乌江流域少数民族传统节日的生态美学内涵

乌江流域少数民族传统节日有丰富的生态内涵，通过对这些生态内涵的研究，可以对生态美学研究中少数民族传统节日文化的维度进行开拓，一方面丰富了生态美学的研究领域，使生态美学跳出原有的单一研究领域；另一方面也为少数民族传统节日在转型社会的可持续发展找到了生态生存的道路。

一、乌江流域少数民族传统节日文化中的生态内涵

生态通常指生物在一定的自然环境下生存和发展的状态，也指生物的生理特性和生活习性。"生态"一词源于古希腊字，意思是指家或者我们的环境。简单地说，生态就是指一切生物的生存状态，以及它们之间和它与环境之间环环相扣的关系。生态学（Ecology）的产生最早也是从研究生物个体而开始的。1869 年，德国生物学家 E. 海克尔（Ernst Haeckel）最早提出生态学的概念，它是研究动植物及其与环境间、动物与植物之间及其对生态系统的影响的一门学科。20 世纪 90 年代，以曾繁仁为代表的中国学者提出"生态美学"，将环境科学领域的生态观念引入人文社会科学领域，是美学学科在当前生态文明新时代的新发展、新视角、新延伸和新立场。生态美学视野中的"生态"，不仅包含了生态一词的原意，更将其内涵升华到文化生存状态的高度。

生态美学中的生态原意在乌江流域少数民族地区的节日文化中体现为传统节日中的生态与环境保护元素。

1. 传统节日宗教崇拜中的生态与环境保护元素

乌江流域少数民族地区由于山高林密、道路阻隔，在相对封闭的文化环境中形成了一系列以原始宗教与自然崇拜为精神基础的传统宗教节日文化，而在这些基于万物有灵思想的传统节日宗教文化中，生态与环境保护元素得到了原始的、朴素的、自发的强调。如乌江流域内的布依族认为在自己生活范围内的土地、高山、大石、岩洞、水井、大树等都具有神性，可以护佑一方平安，因此衍生出了很多以特定景物为核心的节日，如麻坡歌节、翁吟河"跳花场"、马场坪"看会"、董朗桥六月六歌节、老鹰坡歌会等；又如乌江流域内的苗族的原始宗教意识中，相信"树大有神、石大有鬼"，在阴历二月初一至初十的龙场天六枝特区的苗族要举行祭神树的节日，向大树献祭祈求它保佑家族平安，风调雨顺；黄平的苗族在每年的农历四月初八也要在飞云崖举行盛大的祭祀集会，以求这个有神性的地方能够保佑他们得到好运。

2. 传统节日仪式文化中的生态与环境元素

乌江流域少数民族在节日举行的过程中都有一套比较严谨的仪式程序，包含了节前的准备、节日期间活动举行的顺序、节日后的生产生活安排以及整个过程中的禁忌等内容。虽然随着社会和文化的发展，一些仪式的原始思想涵义已经脱落，但是乌江流域特殊的地理历史环境使得很多在现在看来已经没有意义的仪式形式保留了下来，而其中的一些仪式就折射出了乌江流域原始民族的生态观。如在苗族很多节日将隆重装饰的花竿作为活动的中心，例如黔西县化屋的苗族在跳花坡前三天，花坡主持人就要带领芦笙手和小伙子们上山砍来又高又直的常青树（如松、竹、冬青等），剥下树皮，保留树冠与枝叶，上挂珍贵物品及红绸一条，然后栽在花坡上。主持人放炮三响，芦笙手吹响芦笙，小伙子们围绕花树跳起芦笙舞，几曲之后共饮栽花酒，这才算完成花坡节的准备工作。举行如此慎重的砍树立花竿的仪式，从一个侧面反映了苗族人民对花竿和作为花竿的植物的重视，其思想根源虽然可以追溯到原始社会万物有灵观中的自然崇拜，但在长期的社会历史发展中由于人类思维的进步，原始的自然崇拜内核已经失去了，只遗留下了节日仪式活动的形式外壳。

3. 传统节日生活民俗中的生态与环境元素

乌江流域少数民族传统节日有许多与日常生活相关的节日活动，产生了许多具有民族特色的生活民俗。如苗族的吃鸭节、杀鱼节、吃猪节，布依族的过了年、"嫩信"节，仡佬族的仡佬年、祭树节、小年节等等无一不是以民族风味浓郁的会餐作为节日的主要活动；而无论是苗族盛大的春节花坡还是布依族的歌节，或者土家族的春节，都是最隆重最具民族特色的服饰展示大舞台；而以民族地区代表性风景名胜点为中心的民族节日大集会正是民族群众每年最为重视的出行活动。这些与少数民族群众衣食住行息息相关的节日民俗，以约定俗成的规约形式规定了少数民族群众在一年的什么时候进行相应的活动，而在什么时候哪些活动又是被禁止的，这是少数民族群众在长期的与自然的相处中总结经验、吸取教训后得出的有利于本民族可持续发展的生态规律。

将生态美学中的文化生存状态具体到乌江流域少数民族地区的节日文化的研究中，体现为根据汉族节日传入乌江流域后与本地少数民族民俗节日的结合情况，乌江流域的少数民族节日呈现为以下三种生态：第一，原生态节日，指乌江流域少数民族自身的传统节日，节期多以本民族立法或者汉族的农历确定，节日内容与汉族或其他民族地区的民俗节有很大的不同。这类节日有都匀苗族的"迎雷节"、大方苗族的"采花节"、惠水布依族的"六月六歌节"、兴仁布依族的"火箭节"、水城仡佬族的"火把节"、普定仡佬族的"拜树节"等。第二，次生态的节日，指汉族或其他民族地区的节日民俗传入乌江流域少数民族地区后与本地少数民族传统节日相结合而产生的节日形态，此类节日的节期多以汉族的农历为准，节日内容上既有少数民族传统节日的各类活动，又包含汉族或其他民族地区传统节日的民俗活动。如乌江流域各地区的农历春节期间的民族节、织金苗族的

"三月花场"、惠水苗族的"采菜节"、布依族的"七月半"节、纳雍彝族的"祭山节"等。第三，再生态的传统节日，指汉族地区或其他少数民族地区的节日民俗传入乌江流域少数民族地区后与本地少数民族传统节日相融合，并最终取代本地少数民族节日后的节日形态，此类节日的节期和节日内容与汉族地区或其他少数民族地区已无太大区别，包含的少数民族传统节日民俗活动的内容较少。如三都苗族的"玩节"、恩施土家族的"社日""清明节"等。

乌江流域少数民族传统节日在节日生态方面有三点特征：第一，越是边远闭塞、远离汉族聚居地的少数民族地区的传统节日越接近原生态，反之越是与汉族聚居地临近，甚至与汉族杂居的少数民族地区的传统节日越接近再生态，这一特点与民族文化的融合与传播是密切相关的；第二，从原生态到次生态到再生态的传统节日，反映了汉族地区节日民俗传入乌江流域少数民族地区，与少数民族传统节日民俗相结合，并最终取而代之的过程，同时也是乌江流域少数民族文化汉化过程的体现；第三，这三种少数民族地区传统节日形态是按时间顺序渐次产生的，但一种形态的产生并不意味着前一种形态的完全消亡，乌江流域很多少数民族地区并存着三种节日形态的传统节日，在重视传统的基础上包容新鲜事物是少数民族节日文化的另一大特点。

二、开拓生态美学研究中的少数民族传统节日维度

对乌江流域少数民族传统节日生态美学内涵的探讨，使我们可以大致摸索出一条对少数民族传统节日这一生态美学对象的研究道路。从生态美学的意义上来说，可以使生态美学跨出单纯研究自然的存在方式或单一的人与自然的关系状态的桎梏，使其研究对象不再停留在环境污染、土地沙化等具体层面上，而深化为关于自然美的存在状态或者人与自然关系的状态，以及包括人类社会存在的生态化问题，让人们告别"祛魅"的世界，重新回到人类栖居的"诗意"的大地上。

从生态美学的基本范畴上考察少数民传统节日维度的研究可以彰显其

意义和价值①: 第一, "生态论的存在观" 是生态美学观基本的哲学支撑与文化立场。当代生态美学观又称作当代生态存在论美学观, 是主张人与自然以及人文主义与生态主义相统一的生态人文主义。少数民传统节日文化体现的是少数民族群众原始纯朴的存在观(即生存主义)与"万物有灵"的自然观念的和谐融合。第二, "四方游戏说"是生态美学观主要的美学范畴。海德格尔提出的"天地神人四方游戏说"是作为"此在"之存在在"天地神人四方世界结构"中得以展开并获得审美的生存的必由之路。少数民族传统节日文化是"天地神人"之纯一性的映射游戏, 是"此在"在世界之中的生存状态, 也是与真理同格的美在四方"亲密性"关系中自行置之其中, 走向人的审美生存的载体。第三, "诗意地栖居"与"技术地栖居"相对, 将审美引向人的审美的生存, 其核心是人与自然的亲和友好关系。而少数民族传统节日文化体现的正是前工业文明时代人与自然和谐相处的典范模式。第四, 生态美学观中的"家园意识"针对现代社会人的茫然之感, 具有本源性特点, 而"场所意识"则与人的具体生活环境及对其感受息息相关。少数民族传统节日通过一系列的节日民俗活动加强了民族群众对民族或族群的认同感, 强调了民族群众对自身家园的回归和民族活动场所的维护。第五, "参与美学"反映了生态美学以主体所有感受力参与审美建构的特点。在少数民族传统节日文化中, 全族参与(很多传统节日还欢迎其他民族群众的参与)是民族传统节日得以存在和传承延续的基础, 而参与人数的多少往往也是衡量一个少数民族节日影响力大小的重要指标。第六, "生态批评"是生态美学观的实践形态。在少数民族传统节日文化中, 这一实践形态是以民族规约和参与者的社会舆论的形式存在的。

总之, 对生态美学在少数民族传统节日文化研究上的开拓, 无论是在生态美学的纵深发展, 还是民族节日文化的内涵升华方面都具有极其重要的理论意义。在实践层面, 由于生态美学为人与自然和谐关系的建构提供

---

① 曾繁仁: 《当代生态美学观的基本范畴》, 《文艺研究》 2007 年第 4 期。

了重要的理论支持和理论借鉴，坚持以生态美学作为处理人与自然关系的原则，才能在构建和谐社会的进程中处理好人与自然的关系，所以生态美学在少数民族节日文化对象上的开拓，也为少数民族传统节日在当下这一转型期的社会中的生存找到了一种方式，即在处理好人与自然的和谐关系基础上的可持续发展。

第三节　乌江流域少数民族传统节日的民俗审美文化心理内涵

　　本节研究乌江流域少数民族传统节日的民俗审美心理的发生过程，通过将乌江流域少数民族传统节日民俗划分为人的民俗、美的民俗、自然的民俗三个层次，深入探讨民俗审美文化心理在乌江流域少数民族传统节日中的作用机制和运行模式，为进一步揭示民俗美学的作用规律奠定了基础。

　　根据曾繁仁先生的观点："审美心理是一个审美的情感体验与审美的理性评价直接统一的过程。"这一观点包含三个要素，审美的情感体验、审美的理性评价和二者的直接统一。"审美体验是一种不同于生理活动、认识活动与道德活动的特殊的审美活动。它同任何心理活动一样，表现为层次分明的、由低到高逐步发展的过程。只是它由始至终都贯穿着肯定性的情感体验，而且离不开具体可感的形象。"审美体验的具体过程可描述为"审美感知是审美体验的开始，审美联想是审美体验的发展，审美想象是审美体验的深化"。审美评价是审美心理过程中一种寓情于理的特殊的理性因素，它凭借审美体验中的形象做出情感的评价和判断，体现了理性因素直接渗透于审美体验之中并以理性积淀的特殊形式发挥作用的特点。代表理性因素的审美评价直接渗透、融化于审美体验之中，就是审美的理性评价与审美的情感体验的直接统一。于是，整个审美心理过程就是形象逐步鲜明的过程，也是情感逐步发展的过程，同时也是理性因素逐步加深的过程。形象、情感、理性三者融为一体，情感与理性又都寄寓于形象，形象是审美的心理活动所凭借的主要手段，而情感则是审美心理活动的最根本特征①。

一、节日民俗审美文化心理中"人"的层次

按照人类对民俗活动的审美体验来分类，包括人的民俗、美的民俗和自然的民俗三个层次的审美文化心理类型。这里的"人"首先指人文，人的民俗即体现以人为本精神的民俗活动和民俗事象，这里的"人"的范围是随着历史社会的发展不断扩大的。在国家和阶级出现以前的原始社会，人文中的人主要是指个体的人或者狩猎团队、氏族群中的人们。这一层次存在的时间段由于生产力水平的低下，原始人们缺乏征服和改造自然的能力，人与自然的关系是相对紧张的，在大多数情况下，原始人类虽然从自然界中取得食物和其他生活必需品，却对大自然的威力产生了巨大的敬畏，人们认为一切自然现象都是各种强大的神灵意愿的表现，于是产生了基于万物有灵思想的自然崇拜。此时的人文是个体和小团体的人本主义，由于每个人和小团体所处的自然环境和思维方式都不同，使原始时期的民俗千奇百怪、五花八门，以至于有些就算保留到现在其源头也很难辨析。随着时代的发展和国家的建立，阶级随之产生，之所以说封建阶级国家在建立之初是先进的，一方面原因是它代表了先进的生产力；另一方面从其人文本质上看是封建阶级国家把个人和小团体的人文集中成为国家意志的人文，其建立之初的人文主义代表的是相对大多数人的意愿。虽然后来随着政治特权和经济基础向极少数上层统治阶级集中，广大民众的人文变成封建君主的家天下、一言堂，此时的人文主义处于低潮，人文的民俗自然也处于封建统治者的个人利益和个人喜好之下，一些民俗甚至沦为封建统治者愚民的迷信工具，但是由少数人的人文向多数人的人文的集中，是封建制度对人文精神进步的贡献。可以预见的是，在将来的后阶级共产主义社会，人文主义又会变为代表个人精神的人文，但这不是历史和社会的倒退，因为在共产主义社会，个人的意愿就代表最广大民众的意志，这种人文是最

---

① 曾繁仁：《美学之思》，山东大学出版社 2003 年版，第 52—65 页。

先进、最完美的人文主义，是人文主义的最高追求。

"人"还代表人性主体，人的民俗即在民俗活动中，以人为中心和目的，突出强调主体的地位，提倡尊重人的主体价值，发挥人的主体力量。民俗审美不能离开人这一主体而存在，美永远是一个相对于人而言的关系规定。传统美学往往是忽略人这一审美主体的，如实践美学以实践为逻辑起点研究审美活动，把审美活动当作一般的实践活动来考察，这就使审美活动带有了浓厚的理性、现实性、目的性和物质性的色彩；而审美活动不同于物质生产活动的特质——它的精神性、超功利性、感性等都被掩盖了。而民俗审美以人为逻辑的起点则不同，它是把参与审美活动的人放在民俗活动中来考察，把审美活动当作人的生命活动中最高的精神活动来研究，审美活动的各种特质，如它的感性、个体性、精神性就能得以彰显，审美主体才能真正回到它的本质面貌上来。在民俗审美的观念中，实现审美价值主体性的基本途径是人的体验与实践。在人的体验与实践中，民俗审美的价值得以揭示民俗审美的内在运动过程，把握民俗审美精神世界的复杂和神秘。

这一层次人的民俗比较单纯和朴素，表达的是人类内心深处最原始的本能，距今年代相对久远的习俗人的美学意味更为浓烈。主观上，生命的本能是延续、繁衍和生存，从最低等的细菌和真菌到最高等的灵长类动物，种的继承和发展始终是生命存在的唯一意义；客观来说在人与自然关系相对紧张的远古时代，由丁人类缺乏征服和改造自然的能力与手段，一个人群种族强大与否的唯一标准就是个体的数量多少，此时人类本身的生产比物质资料的生产要重要得多。在这种情况下，不能够承担延续后代功能的个体，往往不能为整个社会的道德标准所接受，而在生理知识有限的古代，无子的全部责任都归结到女性身上，"七出"之说证明，相对于夫妻之间的感情，子嗣的生产无疑更为重要。人的民俗的审美内涵在乌江流域少数民族传统节日文化中主要体现在以下几个方面：

第一，人的民俗始终体现着一种自省意识和对现实的批判精神，在寻求不断反省人的缺陷时，理性地引入非理性，在自然环境对于人的自身发展不利时，人类更加强调的是自身的生产和后代的繁衍，通过对自己所在种群的理性改造增强在严酷环境下的生存能力。在乌江流域少数民族传统文化与汉族传统文化的交流和碰撞中体现了对人自身的繁衍和发展，即种和后代的延续的重视。在中国传统文化中，原始初民在与严酷自然斗争过程中对于生存和发展的企盼最初的表现是是自身的群体壮大，而在单位生产效率相对低下的时代，种族个体数量的增加无疑是壮大本族群的最佳途径，因此祈子和求多子成为了中国传统文化中最重要的意向之一。这一点与乌江流域少数民族地区诸民族渴望族群壮大和自身发展的要求不谋而合，体现在传统节日民俗中即为对男女交往和种族繁衍生息的重视。乌江流域少数民族地区几乎所有的传统节日都是未婚青年男女交往恋爱的场合，作为婚姻生活最重要的第一步和家庭传播延续最重要的基础，充满爱情的自由恋爱在乌江流域少数民族地区得到了强调。而对众多神灵祭祀的目的，除了希望神灵们保佑来年风调雨顺，庄稼获得好的收成，也希望在他们的护佑之下民族发展壮大，绵延不绝，更出现了以土家族的偷瓜送子节为代表的专门祈子的民族传统节日。

第二，人的民俗体现着以人为本的思想，强调人作为万物之灵的本体地位，强调人性是总体的价值标准，实现对人的终极关怀。在乌江流域少数民族传统节日文化中，着眼于民族群众衣食住行的生活节日民俗是以人性为本位意愿的体现。如苗族的吃鸭节、杀鱼节、吃猪节，布依族的过了年、"嫩信"节，仡佬族的仡佬年、祭树节、小年节等无一不是以民族风味浓郁的会餐作为节日的主要活动；而无论是苗族盛大的春节花坡还是布依族的歌节，或者土家族的春节，都是最隆重最具民族特色的服饰展示大舞台；而以民族地区代表性风景名胜点为中心的民族节日大集会正是民族群众每年最为重视的出行活动。

第三，人的民俗强调个人的自由与尊严，每个人都有其独特的生命价值，使主体意识得以高扬，使个体的能力能在良好的人际关系中得到释放，倡导个性合理化发展。乌江流域少数民族传统节日文化中带有极强巫术性质的民俗活动本身就是主体生命价值直接诉求的表现，它使用较能为原始民众观念接受的巫术仪式向所谓的自然神或祖先神要求人的自由和尊严的实现，而节日场合本身也是一场盛大的社交活动，在活动中释放能力强大个体的全部体能、智能和潜能以获得更好的人际关系。

二、节日民俗审美文化心理中"美"的层次

随着生产力的发展，人类初步具备了认识自然和改造自然的能力，此时人与自然的关系基本处于一种对立中的平衡状态，虽然在大多数时候人类能够与自然和谐相处，但也有不能为人类认识的自然现象和规律，人对自然的巨大威力尚存敬畏。在这种客观条件下，人性的追求得到极大的满足，民俗主体开始进入审美心理中追求美的层次。美的民俗是人的民俗实现之后审美内涵的全面升级状态：美的民俗首先来源于人的民俗，没有人性的充分释放和人文精神的张扬，没有人的自由和尊严的实现，美就是无源之水、无根之木，因为美不能够脱离主体而只存在于客观世界中，审美活动没有作为主体的自由的人的参与，是不能成立的。其次，美的民俗包含了人的民俗所有的审美内涵，美来源于主体和客体又超越了主客体关系，由审美活动的特质即它的感性、精神性、个体性所决定，美感不存在本质，美本质就是美现象本身。对审美活动的考察也不能像对自然科学活动的考察一样，可以用理性逻辑分析即追问本质（通过存在追问本质，通过现象追问普遍）的认识论方法来获得。美是在高于主客体关系层面上连接主客体的桥梁，主体通过审美活动进入客体世界实现自身扩展的解放，同时客体通过审美活动在主体世界留下自己的投影，延续了客体的生命。最后，美的民俗是人的民俗与自然的民俗的中间状态，起到了人与自然完全和谐过程中的承上启下的作用，人与自然的完全和谐即主体与客体的完全交融，此时主体和客体已经没有明显的界限，亦即所谓的"物我合一"状态，在实现这一最终状态的过程中，美不断参与修正主客体之间的关系，弥合主客体之间的区别，最终也完全融入主客体之中，成为自然的民俗的一部分。审美活动的自由不同于人在物质生产劳动过程中即实践中的自由，实践的自由是对客观规律和客观必然性的把握，是人的活动合目的、合规律的自

由。审美活动的自由是超越于这种自由之上的，它是一种在人的生命活动中产生并在审美活动中得到实现的自由。审美自由并不是对客观和必然的认识和把握而产生的自由，审美的自由应该是对于这种自由的超越，是超越必然的自由即。从人的自由到美的自由是必要条件但不是充分条件，即只有充分满足了实践活动中人的合目的性、合规律性的自由，才有实现审美活动自由的条件，但要实现审美活动的自由，只有实践活动中的自由是不够的，这其中还有主体的参与。审美的自由不是在物质生产实践中由于对客观规律的认识、对必然本质的把握而产生的相对自由，审美自由是在这种自由基础上产生的一种更高层次的自由，是自由的更为广阔的空间，因此审美的自由实现起来比实践的自由更为复杂，也因此美的民俗比人的民俗更加高级也更难实现。

正是由于美的民俗处于人的民俗与自然的民俗之间这样一个特殊的位置，所以在乌江流域少数民族传统节日文化中，民俗主体对美的追求体现为原始自然崇拜的遗留。原始社会的先民由于征服和改造自然的能力有限，于是对神秘莫测的大自然产生了崇拜，虽然后来随着社会历史的发展和人类能力的增强，自然崇拜的心理和行为逐渐消失，但是在相对边远闭塞的乌江流域少数民族地区一些传统节日中还是能够找到一些自然崇拜的痕迹。例如在各地苗族新年时候举行的花坡节和跳月活动中都会在花场的中心树立一根花竿，像黔西县化屋的苗族在跳花坡前三天，花坡主持人就要带领芦笙手和小伙子们上山砍来又高又直的常青树（如松、竹、冬青等），剥下树皮，保留树冠与枝叶，上挂珍贵物品及红绸一条，然后栽在花坡上。主持人放炮三响，芦笙手吹响芦笙，小伙子们围绕花树跳起芦笙舞，几曲之后共饮栽花酒，这才算完成花坡节的准备工作。这些节日将隆重装饰的花竿作为活动的中心，正是原始的自然崇拜中花神崇拜的遗留。乌江流域少数民族其他的在各个特定地点举行的节日，如苗族的"跳洞"、踩山、踩花洞，布依族的毛杉树歌节、玩山节，彝族的野鸡坪歌节、百草坪赛马节等等都有大量的自然崇拜中洞穴崇拜、植物崇拜、山陵崇拜的遗留痕迹。

三、节日民俗审美文化心理中"自然"的层次

自然的民俗是审美心理的最高状态，也是最完美的状态，这里的"自然"，不是单指客观的自然世界，而是主体和客体以审美为唯一标准，完全和谐地融合在一起的抽象自然。自，自己，非他因而自有；然，这样，这样的状态。自然指相对于人主观意识的客观存在。中国传统文化中的"自然"最初的含义指非人为的本然状态。如《道德经·二十五章》："人法地，地法天，天法道，道法自然"。亚里士多德认为，自己如此的事物，或自然而然的事物，其存在的根据、发展的动因必定是内在的，因此"自然"就意味着自身具有运动源泉的事物的本质，《形而上学》说"本性就是自然万物的动变渊源"，从而从原始的"自然"含义引申出作为自然物之本性和根据即"存在"本身的自然概念。在近代，"Nature"则主要指存在者之整体，即自然物的总和或聚集。在这个意义上，它与"自然界"同义。如恩格斯在《自然辩证法》中说："整个自然界形成一个体系，即各种物体相互联系的总体。"随着人类的社会实践、工业和技术活动的深入展开，自然概念获得人与自然相互作用而产生的自然，即马克思所说的"人化的自然界"的新内容。民俗活动按照审美心理的阶段来分类，人的民俗代表了原始的人文主义精神，是最低层次的人性基础需要的满足，属于对客观世界被动接受阶段；美的民俗是人与自然初步融合的成果体现，是满足基本人性需要后向人类精神世界作出的有益探索，也是人类开始根据自身的审美需要吸收和体验客观世界阶段的反映；而自然的民俗是在人的物质和精神追求得到充分满足以后，主观能动地与人化的自然完美和谐地融合在一起的最终状态，是人性的完全自由解放和客观世界完全的进入人的主体意识和性格的表现。

自然与人在民俗世界的和谐在乌江流域少数民族节日中凸显为以农为本的农耕文化。乌江流域少数民族地区由于山高林深、交通不便，先进的生产工具和生产方法流传缓慢或者不适应本地生产，造成了经济社会发展相对迟滞和缓慢的现象。因此，在这种经济基础条件下，满足民族群众温饱的农业生产活动具有重要的地位，在传统节日中体现为对农事活动全过

程的密切关注。在每年的农事活动开展之前，乌江流域少数民族有众多祈求农业生产活动顺利成功的节日。如六枝特区的苗族在每年阴历二月的祭神树中要由主持者揭开龙潭石板观察水的多寡，如上年所盛水仍满，预示着今年风调雨顺、无灾无难，反之如水不满，则按照水的深浅告示广大族众风雨不调，将有旱象，严防火灾①；荔波、独山一带的布依族每年农历二月初二要全家大小带着自制的"香藤粑"上山游玩，标志着每年"动土的日子"，自这天以后，人们心往山上想，劲往地头上使，为丰收全力以赴；仡佬族将古历三月三定为仡佬年，世居高山区的仡佬人民总结出农历三月以后草木开始萌动的生产规律，在春耕前夕举行盛大节日祈求祖宗、山神、土地保佑新的一年诸事如意、五谷丰登，节日以后便投入热烈的生产劳动之中。同样，在每年农业生产结束之后也有欢庆丰收的节日。如雷山县西江苗寨和都匀市王司、坝固一带的苗族每年在新粮收获的时节都要过吃新节，过节时将田间的水稻秧苗扯来祭祀祖先，并将新收获的粮食拿来做成米饭食用，一方面告知先人后代没有偷懒，用一年的辛勤劳作换来了温饱的生活；另一方面炫耀庆贺粮食丰收，全族人民衣食无忧。同样金沙县永丰村的仡佬族也在每年即将吃到早熟作物、待熟作物也要相继成熟的农历七月初七全家出动，一边观赏田里庄稼的累累秋实，一边在田间地头开展吃新的庆丰活动②。乌江流域少数民族地区每年岁末春节时间段内的众多节日更是与农耕生产活动密切相关。无论是苗族的芦笙会、跳花场、斗牛，还是布依族的赛歌会、过了年、花包节，抑或仡佬族的灯杆节、歌节，都包含着在一年农业丰收的喜悦中纵情狂欢、歌舞庆祝的意味。

四、民俗审美文化心理研究的区域范式

美是一种自由的生命活动。它是人类自远古就努力创造和不断培育起

---

① 贵州省文化厅群文处、贵州省群众文化学会编：《贵州少数民族节日大观》，贵州民族出版社1991年版，第72页。

② 贵州省文化厅群文处、贵州省群众文化学会编：《贵州少数民族节日大观》，贵州民族出版社1991年版，第115—294页。

来的旨在使生命意义趋向永恒的文化现象。美与民俗具有同构关系。作为与人类相伴孪生的民俗，一直是人类适应自然，改造生存环境，企望生命永恒的一种生存方式。尽管许多民俗事象在社会传承中发生了诸多变异，假恶丑陋现象不断衍生，但民众在民俗活动中努力追寻的却是善与真，所渴望实现的是超越生命的有限，实现生命意义的永恒①。在世界民族之林，中国人的审美心理具有鲜明的地域特征和民族特色，普列汉诺夫对民族审美心理的形成提出了一个著名的看法："任何一个民族的艺术都是由它的心理所决定的，它的心理是它的境况所造成的，而它的境况归根到底是受它的生产力状况和它的生产关系制约的。"② 从发生学角度说，有什么样的生存环境才会有什么样的生产生活方式，也才会有相应的审美心理③。所以从某种意义上来说，民俗既是一种物质的实在，又是一种文化和信仰，它本然地具有物质和精神的双重性质。它以独特的氛围，借助音乐、舞蹈、文字、仪式等形式，承载着人类的历史变迁，表现出广大民众对人生的思考，对生命的探究和内在心灵的"向美"追求。区域民俗在本质上是一种生活态势的文化，因而对于民俗的发展和开发，不仅要遵循民俗传承和发展的历史、现状的规律，更要遵循区域民俗作为生活态势文化层面的特殊的精神特质的规律。民俗以它特有的形式承载着民众对真、善、美的追求和社会主体人作为个体的"心理完形"，表现了民俗所特有的"美"的特性，在文化的层面上凸显了其审美性的特征，为区域民俗的审美提供了内在行进的基础和动力机制，成为了理解区域民俗审美活动本质特性的内在需要④。

因此，将乌江流域少数民族的传统节日作为民俗审美文化心理的区域范式，可以从本质上将民俗文化与审美心理统一到人的社会实践的产物、人的本质的对象化，以及真与善的内容同和谐的形式相统一的、丰富独特

---

① 赵德利：《民俗审美论纲》，《新疆大学学报（哲学社会科学版）》2005 年第 4 期。

② 曹葆华译：《普列汉诺夫美学论文集》，人民出版社 1983 年版，第 350 页。

③ 肖远平：《生命美学的直觉体——彝族苗族虎故事审美心理比较探寻》，《贵州民族研究》2008 年第 5 期。

④ 刘兴东：《区域民俗审美的特征性初探》，《广西大学学报（哲学社会科学版）》2006 年第 2 期。

的、能引起人的愉悦心情的生活形象的高度。换言之，乌江流域少数民族传统节日民俗文化体现了审美心理的基本特征，即在时间和空间上是客观性与社会性的统一、内容上是形象性与理智性的统一、功能上是真实性与功利性的统一、本质上是内容美与形式美的统一。总之，乌江流域少数民族传统节日的民俗文化的审美心理，是基于客观世界主观内化的，包含人的民俗、美的民俗和自然的民俗三个心理层次的审美的精神过程，其审美文化彼岸是通过追求人、美、自然的和谐统一，实现人的终极价值和完全的自由状态。

第三章 体系之承：乌江流域少数民族节日文化的载体

综合前文所述，乌江流域少数民族传统节日文化传承与保护体系的建构，首先是以传者与受者为中心，即节日中的"人"是传统节日文化传承与保护的发起点与落脚点。传统节日只有在有人参与的前提下，才有可能存在、发展、传承和保护起来，没有人的节日是不存在的。在这个基础上，才能够讨论所谓的传统节日的内容与内涵。强调节日中人的主体地位，不仅是我们应该遵循的传统节日传承与保护的基本原则，也是下一步制定相关传承与保护政策首要考虑的工作重点。"节日中的人"作为一个相对比较抽象的概念，是通过一系列载体来发挥功能和体现其主体地位的，在乌江流域少数民族传统节日文化中，主要体现在口承叙事、民间歌舞、民间工艺、游戏游艺、民俗消费等方面。

第一节　口承叙事载体

民间叙事的概念包括两个范畴：一为民众的行为方式；一为民众艺术叙事，即行为叙事和口头叙事。民间口承叙事指的是民众的艺术叙事，是广大民众集体创作、口头承传的一种语言艺术，是运用口语的形式叙述故事，反映人类社会生活以及民众的理想愿望的口头文学作品。

民间口承叙事作品具有一些一般的特征，从创作及流传上来看，口承叙事作品首先具有集体性特征，民间口头叙事是一种集体创作、集体流传的特殊形式；其次具有口头性特征，民间叙事在口头上进行创作，通过口耳相传得到加工和传播，并在口头传承中被保存；再次还有变异性特征，指作品在流传过程中，从形式到内容的各种因素，如语言、情节、人物甚至主题都有可能发生变化；最后还有传承中的相对稳定性特征，民间叙事作品在不断变化的过程中，积淀下来一些相对稳定的因素，包括叙事作品中的传统观念和传统审美意识以及口头创作的手法和比较固定的艺术形式。

从内容特征上来看，幻想是民间口承叙事内容的重要特征。幻想是人的一种特殊的心理活动，是与现实生活愿望相结合，并不断指向未来的一种创造性想象。口承叙事作品在反映人与自然的关系时，借助一些古老的、初级形态的幻想，表现"人为万物之灵"，在自然界压力面前克敌制胜、无坚不摧的豪迈气概；口承叙事作品在反映阶级社会的关系时，借助"超现实"或立足于现实生活基础，然而却是超阶级的幻想表现社会大众对统治制度及压迫剥削者的反抗与斗争，抒发社会民众不满现状、要求变革的愿望以及对幸福生活的追求；口承叙事作品在反映人与人之间关系时，着重于人性及伦理道德的评判，表达不同的社会阶级及阶层的伦理道德观念。

从艺术特征上来看，口承叙事作品的叙事主人公多是泛指的，时间、地点也多是模糊含混的；口承叙事作品的人物设置与情节结构具有程式化特点；口承叙事作品的叙事情节具有类同性特点，形象塑造多体现"二元对立"的美学原则。

从传承特征上来看，口承叙事作品是民间自发的，没有固定的时间与场所；口承叙事作品的传承线路主要是家族传承与社会传承；口承叙事作品的传承人一能讲较多数量的故事，在当地有较大的影响，受到当地听众的普遍认同和喜爱，具有较高的讲述技巧，有独特的风格与创造才能，有自己的传承路线。正如瑞典学者卡尔·威廉·冯·赛多指出，民间故事"在很大的程度上是以一种散漫的状态流传的，只有极少的有好记忆、生动的想象力和叙述能力的积极的传统携带者们才传播故事，仅仅是他们才向别人讲述故事。在他们的听众里，也只有极少的一部分人能够收集故事以便讲述它。而实际上这样去做的人就更少了，那些听过故事并能记住它的大部分人保持着传统的消极携带者状态，他们对一个故事的连续生命力的重视程度主要取决于他们听一个故事然后再讲述它的兴趣"。

民间口承叙事作品具有多方面的的价值。首先，民间口承叙事作品具有文化价值；其次，民间口承叙事作品具有教育价值，体现于直接和间接两个层面，直接价值体现于各种知识的传授，间接价值体现于对社会成员的习俗养成及道德规范培养；再次，民间口承叙事作品具有心理补偿价值，主要不是官能享受的快感，而是进行生存、积极进取的欢乐。

民间口承叙事作品由以下几大类型组成：（1）神话。神话是在人类社会早期出现的一种以神格为中心的语言艺术。是人类共同体（氏族、部落）在氏族时代以原始思维为基础，将自然现象和人类生活不自觉地形象化、人格化，从而集体创造、代代相承的一种以超自然神灵为主角、表征着特定群体的神圣信仰的语言艺术。（2）民间传说。民间传说是民众创作的与一定的历史人物、历史事件和地方古迹、自然风物、社会有关的故事，它们或是记叙某个知名的历史人物的立身行事；或是再现某一重大历史事件发生、发展的过程或片断；或是解释某地、某自然物、人工物或风俗习惯的成因和来历。民间传说，是社会民众"口传的历史"，它也是一种民间叙事，并不等于历史，更非信史。（3）民间故事。狭义的民间故事指神话、传说以外的那些富有幻想色彩或现实性较强的口头创作叙事。我国民间故事可以分为四大类：幻想故事、生活故事（写实故事、世俗故事）、民间笑话、民间寓言。（4）民间歌谣。民间歌谣是劳动人民集体的口头诗歌创作，属于民间文学中可以歌唱和吟诵的韵文部分。它具有特殊的节奏、音韵、章句和曲调等形式特征，并以短小或比较短小的篇幅和抒怀的改天换地与史诗、民间叙事诗、民间说唱等其他民间韵文样式相区别。（5）史诗。史诗产生于各民族形成的童年期，主要反映远古时期的生活。它用诗的语言，记叙各民族有关天地形成、人类起源的传说，以及关于民族迁徙、民族战争和民族英雄的光辉业绩等重大事件，所以，它是伴随着民族的历史一起生长的。从某种意义上来说，一部民族史诗，往往就是该民族在特定时期的一部形象化的历史。

节日中的民间口承叙事往往是以节日起源神话、传说、故事的形式表现出来的，在交通不便，相对较为封闭、原生态的乌江流域各少数民族节日中，表现得更为明显。

如流传在乌江流域贵阳一带苗族人民一年一度的传统节日"四月八"，贵阳喷水池地区的苗族、布依族群众流传着这样的起源传说：很早以前，贵阳叫"黑羊大箐"，苗语称"戛勒戛桑"。这里有一个苗族部落，其首领为古波养六。勤劳的苗族人民在其首领古波养六的率领下，劈山开路，开垦良田。苗族人民起早贪晚、勤经营、善管理，庄稼长得很好。但这里人烟少，森林多，经常有野兽出没，糟蹋庄稼，偷吃牲畜。古波养六组织苗家晚间轮流看护庄稼。这一天轮到古波养六家看护，到夜里，有一黑色巨兽向庄稼地爬来，古波养六一箭射中巨兽，那巨兽翻滚几次便死在田坎，他的儿孙把巨兽抬回家去，原来是一条母猪婆龙（扬子鳄的民间称呼），古波养六抛开龙膛，取出一颗红彤彤的龙心，古波养六高兴极了，他听长辈说过，龙心是个宝，泡在水中，天就下雨，放在干处，天就放晴。于是，他就把龙心放在棕包里收好。古波养六带领全寨人到嘉坝西（贵阳市喷水池一带）开了一个跳场，让子孙后代载歌载舞庆贺丰收，小伙子和姑娘们选择伴侣。黑羊大箐一带苗族人民安居乐业，生活一天比一天好。古波养六得到"龙心宝"的事，被住在黔南的阿雾都头人胡丈郎知道了，他忌妒古波养六部落的富有，带领人马攻打古波养六。古波养六得到消息后，急忙把龙心放入水缸，天下大雨后又下大雪，冻死了胡丈郎很多人马，保住了黑羊大箐。胡丈郎看不能硬攻，便派人化装成货郎，到黑羊大箐卖货，探听到"龙心宝"放在什么地方，趁人不注意，用棕包换了龙心，急忙回阿雾都。胡丈郎又来攻打古波养六。古波养六立即把"龙心宝"放到水缸，天非但没有下雨雪，反而天气温和，阳光灿烂，双方打了三天三夜，古波养六终因寡不敌众，叫部落人向坡坝沟撤退，他在后面掩护，当撤到嘉坝西时，古波养六中箭身亡，这天正值农历四月初八，苗族人民掩埋了自己尊敬的首领，离开了黑羊大箐。九年之后，苗族中武艺高强的祖德龙联合附近几个寨子攻打胡丈郎，为祖先报仇，苗家人民家家蒸做五色糯米饭给士兵吃，希望几个寨子人民齐心协力，共同杀敌，夺回"龙心宝"。祖德龙在正要出兵时，却被暗箭射中身亡，这天也是农历四月初八。苗族人民思念故乡——戛勒戛桑，想念祖先古波养六，每年农历四月初八，苗家的后生和姑娘们成群结队来到嘉坝西，把跳场改为纪念祖先的"四月八"活动，他们用歌舞来表达对祖先的敬仰和怀念①。

又如清水江苗族龙船节起源的传说，也是乌江流域少数民族传统节日文化口承叙事载体的代表：传说很久以前，清水江边有父子两人打鱼为生。父亲名叫保，儿子名叫九保（苗族兴父子连名制）。有一天，父子俩正在江中打鱼，突然儿子被恶龙拖入水中。父亲潜水找到龙洞，见儿子已被恶龙害死。他悲愤至极，毁了龙洞。此后，一连九天天昏地暗，大雨滂沱，人们很是发愁。有一天，胜秉寨的一个妇女带儿子去河边洗衣。天真的孩子用洗衣棒击水，一边念叨"咚咚咚！咚咚咚！"说也奇怪，天渐渐亮了。那恶龙的尸体浮在水面上。人们发现后，便来分龙肉。胜秉寨来得最早，抢到龙头，平寨得了龙胫，塘龙得了龙身，施洞晚去一步，得了龙尾，杨家寨去的最晚，只分得龙肠子。分龙以后，恶龙给人们托梦说："我害了老人的独子，我已赔了性命。愿你们看在我往年兴云布雨的好处，用杉树仿照我的身躯，在江上划几天，我保你们人口平安，五谷丰收。"于是，各寨都做起龙舟，按分龙的先后顺序，五月初五在胜秉，初六在平寨划……以此类推，最后一天在施洞划。因此时正是插秧时节，以后各寨又商量，将划龙船的日期推到五月二十四日至二十七日。次年，恰遇大旱，大家认为是改变日期造成的，又商议五月初五在胖秉划一天后即停下来，到插完秧时再从五月二十四日开始接着划四天。这样，划龙船的风俗就流传下来了②。

---

① 贵州省文管会办公室、文化厅文物处，中央民族学院民族学系、民族研究所编：《贵州节日文化》，中央民族学院出版社1988年版，第161—162页。

② 贵州省文管会办公室、文化厅文物处，中央民族学院民族学系、民族研究所编：《贵州节日文化》，中央民族学院出版社1988年版，第110—111页。

第二节　民间歌舞载体

　　民族民间歌舞源于日常生活、婚姻爱情、民风民俗、民族宗教文化等，它是各族人民千百年来生活习俗的缩影，它通过动态的、夸张的、载歌载舞的形式展现最富有代表性的民族生活篇章，是民族文化最生动的动态表现形式，是反映各民族特有文化的典型代表形式。

　　歌舞文化的载体是歌舞行为，根据文化人类学的基本理论和方法，要研究其文化必须研究其行为。学界对于"行为"一词的认识大体一致，如行为主义心理学者把人与动物对刺激所作的一切反应称之为行为；格式塔心理学认为行为是指受心理支配的外部活动；而《现代汉语词典》把"行为"界定为："受思想支配而表现出来的外表活动"①。不同于现代人类对自然环境的独立性和控制欲，在长期的民族发展过程中，乌江流域少数民族先民"狩猎""农耕"为主的生活行为方式使他们一直与邻近的土地、气候、植物以及动物种群发生着密切的关系，从而对自然环境产生了极强的依赖性和从属性，因此乌江流域少数民族民间歌舞行为在形成的过程中，具有了建立于自然生态基础上的独特的解释系统，以及特定的个性内容和传承方式。在所有乌江流域少数民族民间歌舞行为的表现手法和歌颂内容中，基于和谐的观念，呈现出对多样性的自然生存环境的崇拜和眷恋，从而表达了乌江流域少数民族人们对生存环境和生存方式的讴歌和热爱，以及对生活的希望。

　　在民族生态多元，民间文化丰富的乌江流域，每逢节日活动，最引人注目、让人欣悦、令人振奋的是活跃于街市、剧场、乡村的民族民间歌舞。它作为节日活动中的娇子，在节日文化的衬托下，以人体动态的实践形象，独占鳌头，呈现出蓬勃的生机。就节日活动而言，它的本质是一种综合性的文化现象。虽然在一定的时令举行，其活动的形式是多种多样、丰富多

---

　　① 李礼：《我国民族声乐的传承与发展》，《理论界》2007 年第 1 期。

彩的，其内容也是包罗万象的。特别是一些重大的节日，几乎是政治、经济、生产、生活（衣食住行）、宗教信仰、文化艺术、民族心理等的综合反映。纵观社会舞蹈生存的轨迹，不难发现，它在节日活动中得到传承、变异和发展。少数民族民间歌舞具有传承性，这种传承在很大程度上得益于节日的作用。如广泛分布于乌江流域的苗族，重大节日期间，以歌代言、以舞传古，是古老的传统。苗族的寨老是以歌传古的好手。如民间流传的《季节歌》，大意是：正月牛天开始下种，二月初二搭桥，三月泡种、撒谷种。四月打田，五月插秧，六月六晒龙衣龙袍，七月要割完田边地角草，免得虫来吃青苗。八月牛日为最好，九月所有粮食收进屋。十月开始煮酒，准备嫁女、接媳妇。用酒糟喂猪，催肥后好来待客。这首歌准确的概述了苗族一年的生产活动、生活习俗，用口头文学形式，给后人留下了宝贵的经验。苗家以能歌善舞闻名，歌舞种类繁多、内容广泛，古歌、情歌（游方歌）、酒歌、开亲歌等与传统节日文化息息相关。每每歌手相逢，便要唱上几天几夜，难舍难分。苗族作为一个没有文字的民族，却将民族历史文化和道德传统很好地延续了下来，很多就是依靠节日期间以歌舞为载体的节日传承。如苗族寨老唱的古歌中，将混沌初开、天地分成、山水形成、人类繁衍全部演唱出来，是一部形成民族文化传统的叙事史诗。其歌词大意是：从前，一个母亲生了四块石头，雀也孵不开，老鹰孵了三个半月仍未出壳，正当不再抱希望的时候，忽听石子在里头说："再增十五天就出来。"老鹰听了又接着孵，满了四个月，崩出姊妹。四个要分家，一番争吵后，最后决定，张果老在楼上，盘王在底下，龙王居大江大海，兰妹妹随着母亲走。那时，天合着地，地合着天，天地生在一起。老奶奶烧火抬不起头来，簸米都得弓着腰。天地由葡萄藤紧紧相连，几公和抽公一人砍，一人锯，才把藤条弄断。刹时天摇地动，不一会儿，天自然往上升，地往下沉，抽公把天抽了上去，九公也把地铺平了。保秧公是个大力士，生有八只脚、八只手，两只手种田种地，两只手写字，两只手撑天撑地，还有两只手扛柴火，柴火大到可以戳天戳地。包公出现后，吃了九桶生米，还要吃九糟粑粑、九斤盐，能背三窑瓦上山。后来出现了牛公，安排上山坡，山上开始有了果木、庄稼。王理公来评理，花太太打鼓，滚公生起了火，嬢给山公拿起烟杆来断理。神仙从坡上下来，阴阳公从东方来观察水文地理，将九坡连在一起，又将九条河相缠连，这时大地上有了树木、山水。

关于人的繁衍，传说有个种田人叫董永，七仙女下凡洗澡时，由牛做媒，二人成了婚。婚后生了两个儿子就要带着上天，王母娘娘不让仙女的儿子进天宫，只得让孩子转回人间。临走前，仙女让孩子拿菜籽三步丢一窝，两个孩子一步就丢了一窝；嘱咐遇到石头不要指，哪想兄弟不听，乱指石头，石头蹦了起来，于是跳出老鹰老虎，吃光了地上的人，吓得哥俩四处逃。弟弟在逃难中正好碰到在河上的两姐妹，便躲在船中；而哥哥则被石头压住，幸好让一只老鼠救了。开始，得救后的哥哥答应在田里留下三行庄稼给老鼠吃，以报恩德，最后田边什么也不给老鼠留的时候，老鼠只好到家里吃。逃到山上的哥哥与猴子成了亲，弟弟与船上的妹妹成亲后来找哥哥，看到哥哥所过的生活，下决心要带哥哥下山。当母猴知道他们的心思后，便将孩子从石崖摔下，自己走了。被带回的哥哥与船上的姐姐成了亲，生养了几个儿女，兄弟两家开亲，才有了后来的人。他们就这样一代一代地开亲，过了许多年后，遍地都是他们的子孙，大地上人越来越多了①。

节日中的民族民间舞蹈顺天时，合地理，遵风俗，能较全面集中而形象地反映人们的共同心理素质、性格特征和心理愿望，进而激发人们的情感，因此对舞蹈的审美就更能促进其有力的发展。从民族民间舞蹈自身的审美来看，它是欣赏者直接观看的对象，其本身就有很高的审美价值。正是基于此，民族民间舞蹈在节日活动这种特殊的环境中，通过人体动态美的表现形式，唤起了人的审美感情。民族民间舞蹈这种特殊的表现形式，在节日中最能表现创造主体的感情，也由于它吻合了人们的心理因素，故能唤起欣赏主体的感情。节日活动中群体的心理因素，彼此是较为统一和积极的。这就为审美主体创造了有利的主观条件。节日期间，当人们在欣

① 贵州省文管会办公室、文化厅文物处，中央民族学院民族学系、民族研究所编：《贵州节日文化》，中央民族学院出版社1988年版，第174—176页。

赏民族民间舞蹈的表演时，很自然地产生联想，形成了与欣赏对象相适应的审美能力①。乌江流域少数民族不仅善歌，同时也是能舞的民族。他们舞姿婀娜、风格朴实，有很浓的民族色彩和民间审美情趣。如乌江流域渝东南秀山的花灯舞，就是源远流长的民间歌舞形式。花灯，顾名思义，有花也有灯。花，金花、银花、茶花、莲花、牡丹花……镶在灯上，五彩缤纷，戴在头上美丽动人。灯，一盏金花灯（金花小姐），一盏银花灯（银花二娘），主灯两盏是灯神。正月初三出灯前，设神位，摆供品，求祖师，降福音。还有牛灯、马灯、羊灯、兔灯、红苕灯、萝卜灯、白菜灯，白蛇传、闹天宫、八仙过海神话故事灯。灯用竹篾扎，清明纸糊，着彩画，贴金边，挂彩带，分为四、六、八方形，动物、植物、人物惟妙惟肖，形象逼真。花灯象征光明，花灯象征喜庆，花灯送来吉祥，花灯撵走瘟神。白天用它来开道，夜晚用它来照明，共同一个心愿，祈盼吉祥如意，五谷丰登。扇，"蒲扇折扇两把扇，舞动起来眼花乱，跳灯必须先学扇，耍好扇子会一半。"双扇不但制作讲究，耍扇功夫要求也非常严格。桌子（大方桌），是原始跳花灯的重要表演场地，花子、妹子在桌上翩翩起舞，名曰"高台花灯"。两张以上方桌重叠跳灯，称为"跳宝塔"。花灯班子，"两个三花脸，四个穿彩裙，四个打锣钹，两个拉丝弦，逗拢十二个，一行十二人。"后来又增加掌调师一人，下灯帖一人，执灯、帮腔一大群，计有三十余人之众。村村寨寨出灯，家家户户迎灯，男女老少唱灯，热热闹闹过新春。花灯班子走村串户，日不归家，夜不宿寝，白昼少眠，夜以继日。直到正月十五元宵夜，花灯班子在宽畅的河坝上举行隆重的送灯仪式，唱送灯调，然后烧灯，一年一度的跳花灯活动才宣告结束②。

又如，与土家族生态文化有着密切联系的土家族摆手舞。由于离不开大自然，参与摆手仪式的成员都是当地从事农耕劳动和狩猎的农民。摆手舞不管是从舞蹈形式、领唱形式、锣鼓伴奏，还是基本的舞蹈动作来看，

① 熊松青：《节日文化：民族民间舞蹈传承与发展的契机》，《四川戏剧》2013年第8期。
② 姚祖恩：《独具特色的民间歌舞艺术——秀山花灯探源》，《中国民族》2005年第11期。

都源于土家族先民的劳动生产活动，其中多数内容反映了古老的土家族以原始农耕劳动和捕捉野兽为生的生活状态。他们在长期劳动和狩猎过程中，十分熟悉劳动和捕猎的技能，在劳动之余，为了追忆战胜自然、征服自然的过程，模拟动物形态舞之蹈之，成为一种减轻疲劳的娱乐形式。而另一方面，作为土家族直接先民的古代巴人，为了保护其生存空间和获得更多的生存环境，在民族发展和迁徙过程中历经大规模征战，在此期间创造了"巴渝舞"。《晋书·乐志》中就有舞蹈道具"矛渝""弩渝"的记载，可见古代巴人歌舞行为是离不开武器的，故摆手舞也应为古代的一种战舞，这种战舞逐渐演变成土家祭祀活动，每年的正月初三到正月十七在"摆手堂"里，齐集众多族人，鸣响锣鼓，模仿战争动作，唱歌跳舞，表现了巴人为生存而战的宏大场面①。

总之，乌江流域少数民族民间歌舞的文化内涵极为深厚，对民族文化研究和艺术创作都具有重要的意义和价值。但随着社会经济的发展，这些优秀的民族艺术形式有的已逐渐失去了传统的民间传承方式，其生命延续系统发生了缺失。不过这种现象已经引起人们的关注，我们在众多优秀的乌江流域少数民族民间歌舞艺术研究成果中欣喜地看到，作为一项复杂而长期的系统工程，乌江流域少数民族民间歌舞的优秀资源正被政府、学术界和艺术工作者所关注。作为节日活动中最活跃的艺术形式，民族民间歌舞在其生存轨迹中受到经济、政治和社会心理等因素的影响以及大众审美的积极推动，在节日活动中得到传承、变异和发展。民族地区的民间歌舞戏剧都是通过民间艺人一代一代传承传习的。要大力培养民族民间歌舞艺术人才，应保障民间艺人的生活和知识产权，尊重他们的劳动，分期分批授予各类民间艺人荣誉称号，并给予他们适当的生活补贴，通过对民间老艺人的关爱和重视，引导一部分人加入到民间文化传习的队伍中来，保证民间文化后继有人。各地政府可通过多种形式广泛开展民间文艺活动，恢

---

① 陈海珍：《从文化人类学视角解读渝东南土家族民间歌舞行为》，《中国音乐》2009年第3期。

复民族民间文艺会演，有意识地恢复民族民间文艺活动，使民族优秀传统文化得到社会的重视和认同，通过社会舆论导向引导人们加入到民间文化传习队伍中来。此外，还要充分重视学校教育的力量，将优秀民族民间文化作为素质教育的重要内容列入教学大纲，开设普及优秀民族民间文化尤其是介绍本民族、本地区民族民间文化表现形式的课程，让少儿从小就了解本民族悠久的历史和灿烂的文化，并通过教育的方式传习民族民间技艺，让民族民间文化后继有人。

第三节　民间工艺载体

近年来，在节日经济大发展背景下，承载着厚重历史的民俗传统除旧布新，经历着深刻的变革。众多的传统民间工艺和美术作品也就此得到发展。民间工艺和美术作为节日文化的表征物，承载着鲜明的文化精神和文化传统。分析目前的文化环境，可以得出民间工艺和美术作品创作和节日文化创建之间存在着良性互动关系。

节日文化是以文化活动、文化产品、文化服务和文化氛围为主要表象，以民族心理、道德伦理、精神气质、价值取向和审美情趣为深层底蕴，以特定时间、特定地域为时空布局，以特定主题为活动内容的一种社会文化现象[1]。通过节日文化弘扬民族精神、发展民族精神、延续民族精神，这既是节日文化自身存在的必然要求，也是当前发展民族优秀文化、保护文化遗产、促进文化事业繁荣振兴的需要。节日文化既是民族精神的结晶，也是其动力和源泉所在。它在振奋民族精神、增强民族凝聚力等方面起着举足轻重的作用。而民间工艺和美术作品作为节日文化的表征，承载着特定的文化精神和文化传统，既是一笔巨大的精神财富，也是一笔巨大的物质财富。将乌江流域民族民间工艺和美术作品作为探讨对象，能够分析民间工艺和美术在当下如何实现可持续发展，并研讨新形势下怎样可以更加合

---

① 高占祥编：《论节日文化》，文化艺术出版社 1991 年版，第 7 页。

理有效地利用节日文化资源，发挥它在传承民族精神中所起的重要作用。

节日适时而兴，因俗而变。当试图对乌江流域民族民间工艺和美术进行深入细致地讨论之时，民俗文化的宏大背景就显现在眼前。没有民俗活动的开展及其背后隐藏着的丰富多彩的民俗文化心理积淀，乌江流域民族民间工艺和美术不可能在新世纪的今天还能老树长青，焕发新的光彩。而乌江流域民族民间工艺和美术也以自身的产生和发展参与了民族文化性格的生成和塑造。

从节日习俗形成的历史背景进行考察。由于中国很早就进入了农业社会，民众的谋生方式与时间观念紧密相联，农事活动决定了人们对自然天时的重视，而这种天时在上古民众的感受中是一种神秘的力量，因此在这些季节变化的点上，人们便以祭祀的形式来确证天人关系，形成了岁时祭祀的传统。节日充分地显现了民众利用自然节令的转变来使自身顺应自然规律的所作所为，也基本显现了民族文化时间意识的基本架构。随着时间的流逝，人们的衣、食、住、行等生活事项及其传承活动都逐渐纳入到民俗节日的范畴。同时，由于造物技术的成熟和思想意识的丰富及审美能力的提高，人们不断地建构着自身的精神世界，并拥有了把丰富的精神生活通过艺术形式表现出来的能力。逐渐复杂的物质生活和精神生活，也提出了把某些文化内涵丰富、附加艺术价值厚重并有特殊意味的器、物品作为装饰、演示、说明和渲染某种文化精神的用品和道具。这样就使某些器物除了具有物质生活的实用意义之外，还有满足精神生活的功能，具备了某些精神教化、社会约束、心理寄托的功用。这些器物一则使社会生活的某些特殊行为获得了庄严神圣的意义，而成为民俗事象；二则在催化或促成这些生活内容获得民俗意义，或表达其民俗意义时，自身也成为具有民俗规范性的表征物质。在不同的民俗活动中，不同的器物以其形象、生动、直观的形式强化着民俗事象的情景，增添了民俗活动的兴味。

从传统的政治—伦理型社会形态角度考察。先秦以降儒家思想逐渐占据了社会意识形态的主导地位。政权的核心人物——帝王，号称"天子"，在封建专制体制中起着决定性的作用，帝王的权力至高无上，处在独裁的顶峰。对于意识形态领域来说，统治阶级的思想就是统治思想。出于维护自身和家族利益的需要，历代帝王们对儒家思想推崇有加。"仁""礼""孝""悌""智""信""义"等观念被演化为诸如"三纲五常"似的道德伦理信条，约束着民众的生活。社会的基层也以家族和血缘为单位践行着这些道德伦理信条。基于严格的祭祀制度，在"尊祖敬宗"的同时，因血缘的亲疏而产生出嫡亲与尊卑的分野；在形成了森严等级制度的同时，也维护着帝王的绝对权力。普通民众在长期地被统治中难以产生疑义，纲常名教成为维护社会秩序、巩固专制政权的最有效工具之一。因此。中国传统价值观念的主流是一种整体文化所体现的群体意识和精神。在它的价值取向构成中，始终把谋求人与自然、社会的和谐统一作为个体理想的主旋律。反对个体的独立意志和锐意进取，压制个体的情感宣泄和个性表现，培养人的顺从诚敬意识和中庸意识。在这种群体价值观念的精神视野下，家国同构，个体处在宗法等级纽带的一个底层位置上，这个位置是个人存在的根据，由此才组成个体与社会的一体化结构。人融化在了自然、家庭、国家之中，个体是社会的人而不是个体独立的人，个人的价值只能在整体社会取向中得以实现。因此，个体的生活非常注重规律性与节制性，注重妥善处理好个体与社会的关系。一个既等级分明又和谐一体的社会那是理想的世界。在此条件下形成的中国传统节日及其文化内涵极为复杂，因为节日既是为着顺应自然界规律，适时地调整生产劳动；又是为着满足民众物质生活和精神生活的需要而人为地、历史地创造出来的一种生活方式，一种风俗习惯，其目的在于使身心得到休息，使精神得到慰藉和补偿。周而复始的各种节日把民众的劳动和闲余生活有机和谐地组织在一起，使人们的生活既有节奏感，又有选择的余地，有效地满足各种需求。节日虽然是一种约定俗成的现象，但由于个体的需求不同，他们各自所企盼的节日也就不同①。不同的节日相应地被赋予不同的文化内涵，民间工艺美术作品

---

① 聂景春、邹秀玉：《节日文化与精神补偿》，参见高占祥编：《论节日文化》，文化艺术出版社1991年版，第52页。

正是这些节日文化内涵的承载者与表现者，担负着确立节日功能、明晰节日意义，以及扩展节日影响的作用。

从民间工艺和美术作品形成的历史原因出发进行考察。"万物有灵"的宇宙观在民间美术的诞生中起到了决定性的作用。由于原始先民对于大自然的一切现象和规律不可能做出近代意义上科学的解释，因此他们就按照自我的经验主要是自我生命活动的经验来想象与附比整个宇宙间的万物，认为万物皆有生命，万物皆有灵魂。这使原始先民与大自然的种种联系都表现为与神灵的联系。灵魂观念成为原始先民物质生活与精神生活之间强有力的纽带，成为原始宗教信仰的起源，构成了原始先民精神生活的环境，构成了他们维护个体与族类生命发展的精神生活方式，并最终形成原始文化的结构模式。由于民俗文化是社群集体从最原始文化开始传承下来的，它保持了原始文化的很多基本观念和思维特征[1]。因而民间工艺和美术作品无论其产生、演变的历程有何不同，它在民众心目中的自我与神灵进行精神交流而互为寄托的媒介作用并未消失。随着生产力发展，人于自然的关系以及人与人的关系日益广泛而深入地展开。原始先民的思维更加复杂，对自己的生活及自然界有了理想的要求和宗教的祈望，有了自然人化的思想加工和人格自然化的心理膨胀，想象力极大地丰富起来。与此同时，劳动能力提高，一方面对物的营造除了实用之外有了更多的审美追求，另一方面也形成了把思想意识深处对外界自然及自身生活的奇思妙想形象化、对象化、艺术化的能力，于是表达美好理想的艺术创作出现。美的创作与追求不断地提高着艺术美的相对独立性，在接受实用性主导，与器用实物相结合的同时，也不时产生了艺术的自律性，发生与实用性相分离或相对立的倾向，以致一些以审美为主导的艺术制品产生[2]。在民间工艺和美术的创作活动中，往往某种观念主导着创作活动的开展，决定着艺术形式的面貌，艺术形式的面貌也体现着创作者主观意愿的表达。此种情况经过漫长

---

[1] 杨学芹、安琪：《民间美术概论》，北京工艺美术出版社1994年版，第12页。
[2] 胡潇：《民间美术的文化寻绎》，湖南美术出版社1994年版，第110页。

的历史已经悄然积淀在民俗文化的深层结构之中，成为民间工艺和美术造型的本质动力。

　　民间工艺和美术造型的文化观念可以概括为"求生、趋利、避害"这三种"恒常的主题"及其相应的功利倾向①。三种功利倾向是：希冀宗族门姓承传延续，家眷亲属增寿延年；期望社稷农事免灾无害，家人牲畜平安无恙；盼求日常生活丰衣足食，门第居位显赫高贵。普通的民间工艺和美术作品造型往往是其中一种主题的显现，而乌江流域民族民间工艺和美术作品往往能涵盖上述全部三种观念，只不过在某件特定的造型中，某一主题略显一些而已。乌江流域民族民间工艺和美术作品所传达的观念除上述三个主题之外，还有一主题，即表现独特自我鲜明个性，美好意识共同心愿。乌江流域民族民间工艺和美术作品的创作虽是一项发自于民众的日常行为的自娱自乐活动，但此项活动却能使人在休息和娱乐中实现最大程度的自我表现，个体的创造性和聪明才智能够充分地凝结于作品之中。因此，人的情绪和欲望被激发起来，不断地投入到新的创造过程中，推动乌江流域民族民间工艺和美术的发展。同时，这种个性化的发挥并没有跨越出民俗观念对民间工艺美术"求生、趋利、避害"意义的理解，其个性鲜明的独创总是不断地被民俗观念所包含和注解，融入进新的民俗生活中去，而被民众赋予更多吉祥意义，成为大众化的审美对象。这也从一个侧面证明了民俗巨大的包容力量②。

　　乌江流域类别丰富、造型各异的民族民间工艺和美术作品是对民间工艺和美术恒常的主题及相对应的功利倾向的完美诠释。而少数民族传统节日往往是这些民族民间工艺和美术作品集中展示的平台，同时，这些承载着民族记忆和民间技艺的工艺和美术作品，本身也是乌江流域传统节日文化的重要组成部分，是传承与保护节日精神的重要载体。其中，遍布于乌江流域的土家族人民，他们的服饰习俗是该区域民族民间工艺和美术水平

---

① 唐家路、潘鲁生：《中国民间美术学导论》，黑龙江美术出版社 2000 年版，第 140 页。
② 梁川：《彩灯艺术发展与节日文化创建》，《乐山师范学院学报》2007 年第 3 期。

和内涵的集大成者。

乌江流域古时的土家人以野麻为布，喜着斑布衣。在日常衣着方面，"改土归流"前男女皆为一式，头裹刺花帕，上着琵琶襟，下穿八幅罗裙；"改土归流"后男女服饰分开，男着长衫，系腰带，长衫为右开襟，妇女穿银钩，银钩为右开襟矮领长袖，沿胸襟边和袖口缀一二寸宽的青布条，靠青布条后边按等距缀上三根五色梅花条，胸前用彩色丝线钩花，衣长至膝，袖口宽大，下装男女皆为大裤脚白裤腰。民国时期，男着对襟或长衫，对襟钉七颗纽扣；女着满襟，配上绣花围裙、青丝帕、绣花鞋。乌江流域的土家人头上包青帕或白帕，男人和未婚女子包"人"字形，已婚妇女梳发髻，插金银首饰，包"锅罗圈"①。

色彩能够表达感情，也可以表达一个民族的审美心理。例如，乌江流域土家族服饰在色彩运用上，注重色彩对比与反衬，强调一种艳而不俗、清新明快和安定调和的艺术效果，体现出土家族豪放、粗犷、大方的民族性格。乌江流域土家族在用色上有个突出的特点就是：尚红尚黑忌白。土家人尚黑忌白的民族审美与民族心理建构有密切关系。盛行"忌白不忌黑"的土家人主要是古代巴人的后裔。公元前316年，秦灭巴，巴人组织了相当规模的反抗。巴人的这次反抗，波及秦、蜀、巴、汉四郡，给后世的土家族人民留下深刻的记忆，所以土家族最恨也最怕白虎，不但有"白虎为凶神，无灾就有祸"的民谚，还形成了一系列别具特色的"赶白虎"的风俗。"忌白不忌黑"是土家族的"赶白虎"民俗的延伸。另外，"尚黑"还跟当地制作染料有关。黑色，土家语读"蓝嘎"，它的染料在民间是柳木球和板栗球壳。用此染料染布，简便易作而且长年不脱，所以此优点也促使了土家族保持"尚黑"的习惯②。乌江流域土家人日常的服饰简洁、朴素、大方，然而到了春节等重大节日时，乌江流域土家族的穿着打扮要隆重、华丽得多。其中，乌江流域土家族春节服饰习俗最集中体现在"西兰卡普"

---

① 《重庆市志·民俗志》课题组编纂：《重庆市志·民俗志》，西南大学出版社2009年版，第178页。

② 王颖、姚建平：《从西兰卡普谈土家族的审美意识》，《美与时代》2005年第6期。

的使用上。"西兰卡普"是土家语称谓。"西兰"是铺盖（被子），"卡普"是花的意思，早先通称"打花铺盖"或"土花铺盖"，后来凡是土家族织锦都统称为西兰卡普。西兰卡普有上千年的编织历史，北宋时，把定居在"五溪"之地西溪（今沅江支流酉水）一带的土家族先民称作"溪洞蛮"，因此，朝廷把他们织的布叫做"溪布"，或叫做"溪洞布"，直到明清时仍称"峒布""斑布"和"土锦"。西兰卡普是"溪布"中最上乘的织锦，数年为"贡品"，图案多达200多种。它是以丝、棉、麻、毛线等为原料，一般以红、蓝、青色（黑色）棉线为经线，自由选择各色棉线、丝线或者毛线作纬线，用古式木织机、桃花刀（竹、牛骨制成），采取通经断纬反面挑织的方法手工挑织而成。土家族少女从十二三岁起，就跟着母亲或嫂、姐学织西兰卡普，长大成人后的陪嫁被面及婚后生小孩摇篮里的小儿被面、盖裙、背袋等物，都得姑娘亲手编织。土家女服具有老、壮、青的年龄之别。老年妇女一般穿青、蓝布短领，滚西兰卡普满襟衣。壮、青年妇女右边开襟，滚西兰卡普花边，衣肩身胸襟及袖口缀一道青布边，约6厘米多宽，边后均等的缀2条或3条五色西兰卡普花条（梅花、菊花图案为主），至胸前到腹部下，还套1件绣花围裙，夏天，穿白汗衣外套青夹衣，俗你"鸦雀衣"（喜雀装）。裤子多为青蓝布，白布裤腰，裤脚多以对衬色布加边10厘米左右，一般以黑色多，边后缀2条或3条均等的西兰卡普梅花条。用西兰卡普花边制作的衣、裤、裙叫"土布花衣"，土家人叫"比兹卡卡普斯巴"[①]。

当代，乌江流域民族民间工艺和美术依然老树长青，焕发着无限光彩。其最根本的原因在于其依托丰富多彩的民族民间节日民俗文化内涵的延续。传统节日主要功能在于协调人与自然的关系，祈福禳灾是传统节日的基本精神指向。民众试图采取种种手段获得神灵的荫庇，种种节俗活动无不围绕着一定的信仰展开，最终心理与生理得到有效调节，获得一种身心放松和精神满足。当代节日的情形与过去相比已大为不同。由于经济的发展、社会的进步、民众的生存方式和生存状态改变，积久成习的文化习俗随之

---

① 向国成、唐洪祥：《西兰卡普简介》，《武汉科技学院学报》2004年第2期。

改变。传统的价值观受到猛烈的冲击，各种异质文化及其价值观念通过强势的传播媒介渗入到传统文化思想的各个层面和领域，功利主义和享乐主义的价值取向蔓延。高度的技术化和信息化趋势，还在不断地推波助澜，促使着民众的价值观和生存面貌发生变化。技术和信息成为了文明创造中最引人注目的东西，改造着世俗的审美趣味。现代节日以此新的社会文化体系为基础，通过节日这个人们共享的文化平台加强个体之间的联系。"现代节日的主题是以公共活动的方式，实现人们之间的情感沟通。"① 活动的中心不再是神灵信仰，虽然还保留了许多传统形式，但其内涵已演化为一般娱乐性质。娱乐成为当代节日的主导原则。现在传统节日蕴涵和承载的文化价值随着节俗的恢复而得以肯定，但此肯定已或多或少地被铜臭熏染。那些重新流行的民俗传统有时并不能反映民俗真实的、本原的生存状态。节俗活动的恢复也更多地出于获取经济效益目的，制造一种回归旧日的情绪而带旺人气。但这毕竟促使了众多民俗事象的死而复生，民族民间工艺和美术创作也由此重新繁荣。节日是文化传统的体现，从行为上和心理上维系着一个民族。利用传统节日创造新的具有中国民族特色和时代精神的新文化已是不争的事实。通过节俗艺术活动"一方面重拾那些已经不再展演但仍存留在民众记忆中的固有节俗活动并加以改造，一方面充分发挥想象力创造新的活动，从而增强节日的吸引力，得到民众的认可与参与"②。这是目前捍卫文化独立的基本手段，也是当前大量民间工艺和美术作品得以重新延续的重要原因③。

第四节　游戏游艺载体

乌江流域少数民族地区的节日游戏游艺民俗文化，是农村基层文化的

---

① 萧放：《岁时传统——中国民众的时间生活》，中华书局 2002 年版，第 239 页。
② 张勃：《从传统到当下：试论官方对传统节日的积极干预》，《民俗研究》2005 年第 1 期。
③ 梁川：《彩灯艺术发展与节日文化创建》，《乐山师范学院学报》2007 年第 3 期。

一个重要组成部分，农村文化是社会主义新农村建设的必要组成，乌江流域少数民族地区是我国少数民族最集中的地区之一，在新的历史条件下，加强对乌江流域少数民族地区节日游戏游艺民俗文化的研究与开发，不断提高乌江流域少数民族地区农民的休闲娱乐水平，不但有利于落后民族地区的经济社会发展，而且对于促进农村的繁荣与稳定也具有积极的意义和重要的价值。

游戏游艺民俗是民俗文化的一个类型，与物质民俗、社会民俗、信仰民俗共同构成了传统民俗文化的基础。根据游戏游艺民俗的性质和特点，可以将其界定为凡是民间传统的文化娱乐活动，不论是口头语言表演的还是动作表演的、或用综合的艺术手段表演的活动，都是游戏游艺民俗。包括在民间层的、世俗生活、非剧场化、非大舞台化、非职业化或半职业的民间文艺家的表演活动①。

根据节日的形成因素，可以将节日分为宗教性节日、生产性节日、年节和文娱性节日四类②。各类型的节日为游戏游艺民俗活动提供了生存和展演的空间，而通过游戏游艺活动的开展也烘托了节日气氛，增加了节日的吸引力。

1. 宗教性节日与游戏游艺民俗

宗教节日一般包括原始宗教节日和完型宗教节日两类。乌江流域少数民族地区的宗教主要以原始宗教为主，受原始宗教信仰特征的影响，乌江流域少数民族的这类节日游戏游艺民俗也带有浓郁的原始宗教色彩。如"四月八"是贵州、湘西、桂北等地的苗、布依、侗、瑶、壮、彝、土家、仡佬等少数民族的传统节日，在这一天，人们会举行各种欢庆仪式，乌江流域贵州松桃的苗族届时要举行上刀梯、舞狮子、打四面鼓、荡八人秋千、跳杀牛接龙舞等游戏游艺活动；彝族的传统节日火把节、十月年、插花节、密枝节、土主会等都是民俗化的宗教节日，赛马、斗牛、斗羊、武术、老

---

① 乌丙安：《中国民俗学》，辽宁大学出版社1985年版，第317—318页。
② 陶立璠：《民俗学》，学苑出版社2003年版，第240—248页。

虎抱蛋等都是节日期间必不可少的游戏游艺活动内容。

2. 生产性节日与游戏游艺民俗

乌江流域民族地区由于自然地理条件多样，不但形成了类型多样的经济生产方式，与之相适应也形成了与采集渔猎、农耕经济相适应的各种节日文化。大量的节日集会是紧密结合农业生产进行的，或组织春耕，或预测年成，或欢庆丰收，具有明显的季节性。如黎平龙额一带侗族、苗族在阴历二月过"春社节"，集会买卖农具，筹备春耕春播；镇远报京一带的侗族和苗族，三月初三过"种树节"，节后青年男女必须全力投入春耕，停止一切有碍生产的聚会；乌江流域有些地方过了"三月三"，谷种下地后禁止吹芦笙，并将芦笙的所有音孔用棉花塞紧，不使漏气，待谷子抽穗后才能启封；在乌江流域的苗族、侗族等以稻谷为主食的民族，在水稻发育孕穗的时候还会过"吃新节""吃苞秧"等，通过新穗的饱瘪来预测丰歉。

3. 年节与游戏游艺民俗

年节是乌江流域少数民族普遍重视的节日，具有辞旧迎新、祈福纳吉的意义。苗族的年节在农历冬月第一个卯日举行，节日期间除了祭祀外还举行跳笙"游年"活动。跳笙时男子在场中吹笙，姑娘们围成圈按笙调跳，整个白天都按一种绕步跳，太阳落山时换成鼓调，一直要跳三天才结束①。此外，侗族的侗年、彝族的十月年、水族的端节等都是较有代表性的乌江流域少数民族的年节，节日期间都要举行许多有趣的游艺活动。

4. 文娱性节日与游戏游艺民俗

文娱性节日是一种集体聚会的节日类型，这类节日多来源于宗教祭祀活动，后逐渐转变为娱乐性较强的以民间娱乐为主的节日。如镇远、三穗、天柱等地侗族的"赶圣德山"，原来是七月十五朝山拜佛的活动，由于侗家喜爱唱歌，男女青年利用"赶圣德山"的机会，在山上对唱山歌，交朋结友，久而久之形成了湘黔交界的万人歌场，后来庙宇倒塌，朝山也已废弃，

———————————

① 杨学政：《中国原始宗教百科全书》，四川辞书出版社2003年版，第464页。

但歌场却一直沿袭至今；又如兴仁布依族的"打火箭"节，原本是为纪念布依族的祖先用火攻打退敌人围攻的历史事件，现在已经演变为以娱乐游戏为主，兼祭祀祖先的节日活动了；另外如布依族的查白歌节、苗族的"踩花节"等歌会也是文娱性较强的节日。

约瑟夫·皮珀认为，"节日的庆祝活动可以说正是闲暇的起源，也是闲暇最内在且是最核心的根源"①，乌江流域少数民族的节日游戏游艺民俗活动，为当地群众的休闲娱乐提供了有力的契机和条件，起到了其他娱乐活动不具备的价值和功能。首先，从内容和形式上看，乌江流域少数民族的节日游戏游艺民俗包含了民间口头文学、民间歌舞、民间游戏、民间竞技和民间杂艺几个方面，无论从内容还是形式都是当地少数民族喜闻乐见的，是当地群众在长期的社会实践中集体创造、享用、传承的文化事象，在当地民众中较有亲和力，认同度较高。其次，从时间上来看，节日游戏游艺民俗与农业生产的节律紧密联系在一起，节日期间举行的各种娱乐活动，实际上是村落民俗在农业活动告一段落后的农闲阶段对人们闲暇时间的一种安排。节日是对大自然节奏的顺应体现，人们欢聚在一起享受节日带来的乐趣，也是顺应大自然的一种表现。在节日期间，人们能从心理上抛开各种束缚，完全沉浸到各种游艺活动带来的欢愉中。再次，从成本上来看，乌江流域少数民族节日中的各种游戏游艺民俗活动，如射箭、舞龙、打秋千、下棋、斗牛、划龙舟等活动，都是各民族群众在适应特定自然地理环境和长期生产生活方式的基础上演变而来的，具有因地制宜、就地取材、简单易行、制作或开发的成本低等优点②。在当前村寨一级休闲娱乐水平难以在较短时间内提高的前提下，加强对当地游戏游艺民俗活动的开发，不但可以降低成本缓解当地政府的投资压力，还可以丰富当地群众的文化生活、繁荣村寨文化。最后，从参与上来看，乌江流域少数民族的节日游戏

---

① 〔德〕约瑟夫·皮珀：《闲暇——文化的基础》，刘森尧译，新星出版社 2005 年版，第 44 页。

② 周智生、邹君：《西部新农村文化建设与游艺民俗资源开发》，《西南民族大学学报（人文社科版）》2009 年第 5 期。

游艺民俗活动多属于户外活动，既有适合年青人参加的赛力竞技，适合儿童参加的各类游戏，适合老人参加的歌舞等娱乐活动，也有适合不同教育层次人需要的智能游戏，能最大程度地吸引各类人群的参与，从而起到集体休闲娱乐的作用。通过集体参与各种游艺活动，能够消除隔阂促进人与人之间的互动与合作，进一步提高当地群众参与公共文化活动的积极性。

乌江流域民族地区的节日游戏游艺民俗文化，是乌江流域少数民族在长期的生产、生活中不断丰富和发展起来的，一直是乌江流域少数民族群众最主要的休闲娱乐方式。节日游戏游艺民俗不但蕴含着丰富的文化内涵，而且具有许多现代休闲娱乐方式不具备的优势。在当前现代化的休闲娱乐方式，如旅游、参观博物馆、听音乐会等在乌江流域民族地区还不能较快普及的前提下，加强对乌江流域少数民族节日游戏游艺民俗资源的开发和保护，对于丰富当地少数民族群众的精神文化生活，促进当地社会的和谐发展具有积极的现实意义①。

第五节　民俗消费载体

新的现实条件下，商品经济迅猛发展，传统社会以道德伦理为基础的个体生存模式已彻底颠覆，人与人之间的关系不同程度地出现了商品化倾向。虽然追求某种完美的社会理想仍占据着人性发展的主流，但对物质和金钱占有的程度已成为当代民众生存价值的判断标准。在传统的生存活动中，对个体的道德感召和伦理净化，被看作是个体价值实现的重要手段和目的。人的感情服从社会理性的要求和群体价值的规范与制约，被视为是个体天经地义的责任和义务，这形成了一种特殊的生存价值评价体系，虽然扭曲但却充满着理想和激情，虽然封闭保守却怡然自得。那时，一般个体缺乏着丰富的感性体验和本能满足享受。当代，个体生存状态及其价值观的改变使个体的物质消费与享受成为必然，民众的生存价值也具有了物

---

① 蒋星梅：《西部民族地区节日游艺民俗与农民休闲》，《贵州民族研究》2012 年第 4 期。

质性的基础和根据。追求感性体验与本能满足的合理性评价更刺激了人们对物质的欲求，在不断满足着物质欲求的同时催生出新的精神崇尚。各种文化生产及其附属产品竭力迎合着这种需求，新的文化消费形态迅速恢复和发展，蔚为大观，甚至前些年被认为是粗俗、落后、愚昧的东西也重新得到认可。这为个体的发展提供了一个更加宽松和自由的价值空间和心理环境。民众的精神性文化消费由此凸显。自觉的娱乐意识不断增强。文化"休闲"成为一种时尚。消费文化成为了当代民众休闲的基本形式之一。文化形态必然显现出迎合此种趋势发展的态势。同时，商品经济的发展也需要依靠文化形式提供温馨热烈的场地，现代节日的经济功能已不容忽视。乌江流域民族民间传统节日因其相对固有的文化内涵，能将民族群众聚拢在一个特别自由活泼的环境中，享受休闲得到满足。此时，人们心情舒畅，较之于平日更具有消费欲求和消费能力，这是获得经济效益的最佳时机。文化活动也能依托经济后盾，取得更大的社会效益。例如，彩灯由于积淀其中的舒缓压抑、抚慰心灵的文化品质，既能给人以激情、冲动、憧憬，又能给人以平和、安详、和谐，使封闭和孤独的心灵找到沟通与交流的场所，因此，民众愿意以更多时间、精力、感情的投入去参与民族民间工艺和美术作品的创作和传承过程之中①。

传统节日从远古流传至今，形式多样，内容丰富，成为广大民众生活中必不可少的组成部分，也成为人们的一种生活节奏和自我调节机制。与此同时，传统节日有着定位清晰、指向鲜明、含蕴隽永的节日文化内涵，其传达的是较直观、质朴、浓郁的人文和情感信息。而节日文化作为民俗文化的一部分，蕴涵着大量历史人文的内容，有着无尽的魅力和灵气。它体现了一个民族的情感方式和审美方式，显现了一个民族自己独有的生活习惯和美好愿望。节日文化与一个民族源远流长的悠久历史一脉相承，不仅构成了一个民族深厚的文化底蕴，也承载着一个民族文化渊源的基因，是一份宝贵的精神文化遗产。

---

① 梁川：《彩灯艺术发展与节日文化创建》，《乐山师范学院学报》2007年第3期。

自从有了节日，人们都喜欢过节，节日能带给人们欢乐、祥和、热闹、喜庆、放松和休闲。按照古人的看法，节日纯粹是一种民俗文化，是人们的一种精神需求和满足。而在物质相对富足的现代社会，以往的那些对于节日的物质期待已经失去了其所具有的吸引力，节日也日渐失去了其所特有的文化内涵，以往对节日的期待已经无法带给现代人足够的兴奋和刺激，节日里那种升腾般的幸福感变得越来越遥远，一种积淀数千年的节日文化在现代化的冲击下日渐褪色。然而，在传统节日日见式微的今天，惟独商家紧紧盯住了节日这块蛋糕。由于节日效应诱人，人们开始通过各种手段培植这片沃土，变着法地开发着节日，创造着节日。由此，节日成了一种经济现象，成为消费社会中可供利用的一个重大资源。正因为节日所具有的经济功能，使得节日在消费社会中具有特殊的意义。随着商品经济对现代社会生活全方位的渗透，消费已成为节假日的第一主题，成为过节的新模式。原本意义上的节日气氛越来越冷清，而节日的消费气息越来越浓烈。

消费社会所表现出的节日经济的喧嚣，从表面上看好像是节日渐渐缺失了它原来所具有的文化内涵和"精神宣泄"的作用。而事实上，节日对我们来说，它不仅仅是一种文化资源和传统，更是一种文化适应和再生。对于节日市场来说，它是以文化为根基、以传说为依据的一个很重要的市场。传统节日的精神之魂在民间，它的立足之本在生活。所以，节日文化也不能只是被动地等待市场来开发，而是要积极引导市场建立起向传统文化靠拢的价值取向，使节日文化成为大众愿意接受的一种文化样式。为此，我们还得呼吁节日消费与节日文化对接，这样才能实现节日与消费的共赢①。

具体到乌江流域民族地区来说，传统节日文化与节日消费载体的对接，可以分为内涵挖掘和外延拓展两个方面。在内涵挖掘方面，应该首先发挥传统社会组织的作用。当前导致农村文化活动少、农民休闲时间得不到有

---

① 胡晓红：《传统节日：从民俗文化走向消费文化》，《中共杭州市委党校学报》2008 年第5 期。

效安排的根源在于农村的非组织化以及农民和外界的接触较少，缺少外界信息对他们的引导①。在乌江流域少数民族中历来就存在着各类民间社会组织，如侗族的寨老制、合款制、补拉制，瑶族的"石牌"组织，苗族的"鼓社""议榔"等，这类组织能将各类人群组织在一起，最大程度地调动人们的积极性，对节日活动的开展、秩序的维持、人员的协调等曾发挥或仍然在发挥积极作用。因此，今后应该建立宽松的制度环境，积极发挥各类民间组织的力量，缓解地方政府在节日传统文化保护方面财政和人力资源不足的状况，更好地满足乌江流域少数民族群众的精神文化生活需要。内涵的挖掘还应加强乌江流域少数民族群众的文化自觉意识。文化自觉指的是生活在一定文化中的人对其文化要有自知之明，明白它的来历、形成的过程、所具有的特色和发展的趋势②。在全球化趋势日益增强的时代背景下，各族群众应清醒地认识到，在对本民族的节日游艺民俗文化进行传承和保护的过程中，政府、民间机构起到的只是外部作用，内因还是自己。乌江流域少数民族群众只有对自己的传统文化有了正确的认识、产生民族自豪感，对节日民俗文化的起源、传承、演变和未来的发展方向有理性的理解和把握，才可能出现更多传统民族文化的继承者和接班人。同时，为了更好地保护和传承节日民俗文化，还要唤醒和加强年轻一辈的文化自觉意识，更好地提高传统文化的自主能力和时代适应性。

在外延拓展方面，主要是将乌江流域少数民族传统节日作为旅游产业和娱乐产业进行开发。在经济全球化和交通技术突飞猛进的今天，旅游日益成为人们主要的休闲娱乐方式之一。中国作为21世纪重要的旅游目的地和客源地市场，西南少数民族地区凭借其丰富的人文资源和原生态的自然环境必定吸引众多游客的目光。近年来，很多游客不远万里，爬山涉水，来到深山中的少数民族村寨旅游。最能吸引游客的是通过传统节日文化所表现出来的独特的民俗风情。如提到"泼水节"，人们就会想到傣族；提到

---

① 郑风田、刘璐琳：《新农村建设中的农村文化：现状、问题与对策》，《中南民族大学学报（人文社会科学版）》2008年第1期。

② 邓伟志：《社会学辞典》，上海辞书出版社2009年版，第328页。

"三月节"，人们就会想到白族；提到"火把节"，人们就会想到彝族……少数民族传统节日文化不仅具有深刻的精神价值，还蕴涵着重要的经济价值。在乌江流域少数民族地区有着极其丰富的传统文化，这些优秀的传统文化通过开发利用，将会对当地的经济发展和传统文化建设起到积极的促进作用。这突出表现在旅游业的发展上。乌江流域少数民族的节日民俗具有独特性、地域性、民族性、大众性等特点，完全可以作为一项产业进行开发。通过对乌江流域少数民族的各类节日民俗活动进行深入全面的调查、重估和重新定位，把节日民俗中凝聚的历史文化价值发掘出来，找到与市场的契合点。将各类节日民俗文化作为娱乐产业开发，除了借助节日这一文化空间外，还可以通过影视和音像的制作、外地演出宣传等途径，扩大有代表性的节日游艺民俗的影响力和知名度，使外地消费者成为娱乐产品的购买者，在满足和丰富当地群众文化生活、实现地方财政创收的同时起到保护节日游艺民俗文化的作用①。

第六节　节日文化载体的非物质文化遗产保护

传统节日是指人类在历史上创造并以活态形式传承至今的、具有重要历史价值、艺术价值、文化价值以及科学价值的传统节庆活动。乌江流域少数民族的传统节日是中华民族传统节日中的精品。作为一个具有 5000 年文明史和 56 个民族的文化大国，中国的节日相当丰富。据不完全统计，有 2000 多年以上历史的传统节日，就有十多个，而一般的传统节日也具有近千年的历史。在中国的少数民族地区，传统节日更是多得惊人。据贵州省黔东南地区的一份统计，仅在这个人口不足 40 万、面积不足 1306 平方千米的多民族地区，每年的传统节日就多达 155 个。那么，作为一个国家的文化遗产保护工程，我们能不能对所有的传统节日都实行无差别保护呢？显然不能。国外文化遗产保护实践告诉我们，所谓的保护，只是针对节日精品

---

① 蒋星梅：《西部民族地区节日游艺民俗与农民休闲》，《贵州民族研究》2012 年第 4 期。

的保护，而那些即使传承至今但并未承载太多文化精华的传统节日，是不可能进入非物质文化遗产保护名录的。而判断某一传统节日是否能算作节日精品的基本尺度，便是看这一传统节日是否具有重要的历史认识价值、文化价值、艺术价值或科学价值，是否具有足够的文化含量。保护好这些优秀节日遗产，不但可以弘扬民族的道德精神与民族文化，带动"假日经济"，缓解民众身心疲劳，同时还可以通过各种各样的节日仪式，增进人们的家族认同、氏族认同、民族认同直至文化认同，以使我们更好地处理人与人的关系、人与自然的关系。

我们知道，作为一种历时性文化现象，一年中的每一天，都有其独特的文化内涵。近年来来自域外的洋节且不去说，就是近代以来如雨后春笋般涌现出来的现代节日之总量，也决不在传统节日之下。那么，在联合国教科文组织启动的全球非物质文化遗产保护项目中，为什么并未提及对一年中全部时日（365 天）进行全方位保护，或是对各种现代节日、外来节日实施全方位保护，而偏偏对已经被人们渐渐淡忘了的传统节日实施全方位保护呢？这是因为，传统节日，尤其是那些大型传统节日，它们在传承一个民族饮食文化、服饰文化、文学艺术、传统道德等方面所发挥的作用是普通时日、现代节日或是外来节日所无法企及的。因此，从非物质文化遗产的角度保护传统节日的传承载体，重点应集中在以下几个方面：

第一，传统节日食品及其制作技术。中国的传统节日 90% 以上都是从古老祭仪的基础上发展起来的。出于对神灵的敬畏，每当节日到来之前，人们都会根据神灵们"口味"与"嗜好"的不同，准备好各种各样的美味佳肴。祭祀之后，人们在会分得一份味道不错的祭品的同时，还会为自己准备一份少有的节日大餐。且每个节日大餐的内涵都会根据祭祀对象的不同而有所区别。如除夕吃饺子，正月十五吃元宵，五月端午吃粽子，八月中秋吃月饼，腊月初八喝腊八粥，等等。这些美食在今天可以说想吃就吃，但在缺吃少穿的年代，只有节日，人们才会享用到这些美食。可以说，在传统社会中，传统节日是传承一个民族最优秀饮食文化的重要时段。这种情况在享乐主义思潮十分盛行的唐宋及明清各朝，表现得尤为突出。传统节日对饮食文化的传承主要可分为两大类型：一类是特定节日对特定饮食文化的传承。如正月十五、立春、端午、中秋对元宵、春饼、粽子、月饼等特定食俗的传承；一类是所有节日对所有美味佳肴的传承。如今天我们所看到的成龙配套的盛宴，都是在除夕年夜饭、祭神、祭祖等大型祭奠食谱的基础上发展起来的。没有上述传统节日，各民族的饮食文化就不可能得到如此顺畅的传承，中国也不会成为世界上少有的美食大国。能否保护好传统节日，将直接关系到中国传统饮食文化的顺利传承。

第二，传统节日盛装及其制作技术。我国各民族在漫长的历史岁月中，创造了丰富多彩的服饰文化。这些服饰文化的诸多元素有些是通过壁画、国画、石刻、木雕等实物载体间接的传承下来的，有些则是通过家庭妇女，特别是那些民间巧手娘子之手，以活态的方式一直传承至今。这些独具特色的传统服饰文化，既是我们研究传统服饰的重要佐证，也是我们开发新产品的重要源泉。

服饰有盛装、便装之分。所谓盛装，是指在传统节日中穿戴的节日正装；而所谓便装，则是在日常劳作中穿戴的常服。从功能上讲，简洁、明快、利落、素朴的便装便于劳作，而雍容、华贵、繁复、讲究的节日盛装更注重文化内涵的表达与展示。两者在功能上有很大不同。与朴素、便捷的便装相比，节日盛装无疑凝聚有更多的历史信息、文化信息、审美信息与科技信息，它既是一个民族、一个地域民间社会历史、文化与民族记忆的率真表达，也是一个民族、一个地域传统工艺技术与审美追求的真实写照。

但是，作为一种传统文化，节日盛装的存在，需要特定的人文环境作支撑。这个环境便是一个民族的传统节日。如果没有了传统节日，传统节日盛装便会失去它赖以生存的土壤，传统服饰文化也会因为生存环境的丧失而成为无源之水、无本之木。因此，要保护好传统服饰文化，就必须从保护传统节日做起。

第三，传统节日装饰装潢艺术及其工艺。为烘托气氛，每当节日到来之前，人们都会进行装饰装潢，营造出一个与平时不同的节日世界。节日空间的营造范围往往与节日仪式"圣域"的范围有关。有时，所谓的节日空间就是一孔山洞，一片山坡，而有时可能会大至方圆数百里。但无论这个空间是大是小，节日装饰装潢工作都会为民间社会的彩扎业、搭棚业、油漆业、描金业、镌碑业、鞭炮业、香烛业、印染业等行业的技艺传承，提供一个非常广阔的施展空间。

传统节日对传统手工业的拉动是十分显著的。以除夕年俗为例。据说早在先秦时期，传统节日对手工业的需求就已经出现了。当时的人们在过除夕夜时，除需要准备必备的年夜饭外，还要贴门神、贴春联、挂苇索、画虎、画鸡，以表年终岁尾驱凶逐魔之意。当时的门神、春联均用桃板刻成。人们笃信桃可避邪，并认为只要将桃木刻成的门神画在门上，或是设置在门的两侧，就可阻止恶魔的进入。唐宋时期，随着大都市的迅猛发展，专门绘制年画的行业渐渐发展起来，钟馗也取代了神荼、郁垒而成为新生代门神。进入明代后，白脸秦琼、黑脸尉迟恭又取代了钟馗，成为明代门神的总代表。除门神、春联外，唐宋时期节日食品业、年画业、民间玩具业等也在都市需求大量激增的情况下迅速发展起来。但无论门神如何变化，门神的主题、功能都未曾发生过太大变化，与之相关的年画行业也在民间信仰的支撑下获得巨大发展。

传统节日是中国民间技艺发展的重要载体，传统节日为以假日经济为主轴的民间手工艺的发展注入了无限活力。如果取消了传统节日，那些与传统节日息息相关的传统手工技艺就会因功能的丧失而彻底消亡。因此，保护传统节日，对于我们这样一个在现代化大潮冲击下，很多传统手工技艺正在迅速消亡的国家来说，确实是十分重要的。

第四，传统节日中的民间文学艺术。节日源于祭仪，今天我们所看到的传统节日庆典，实际上都是在古老祭仪的基础上发展起来的。既然是祭祀，就必然会祭神、娱神，使神在高兴之余满足祭祀者的请求。那么，通常人们是通过什么样的方式使神灵愉悦的呢？除供品、香火外，还有一种更能使神愉悦的方法，这便是歌舞。大量史料告诉我们，今天在我们看来完全是出于娱人需要而表演的戏剧、歌舞，甚至史诗，在古代几乎都是出于娱神的需要而产生的。正是因为这个缘故，历史上绝大多数戏台都建在庙宇的对面。只是随着人们信仰观念的淡化，戏台才渐渐远离庙堂，步入闹市，并最后成为娱人的场所。

在古代，娱神最常用的形式可能还是歌舞。今天我们所看到的傩舞，就是这种传统歌舞形式最古老的遗留。元宋以降，随着戏剧艺术的崛起，人们的娱神方式也开始由歌舞向戏曲转化。即使在当下，这种传统的娱神形式在广大农村地区仍有相当的遗留。如中原地区祈雨仪式中的唱雨戏习俗、祭祀关老爷仪式中的唱神戏习俗，都可视为远古娱神仪式的生动写照。只是由于进化程度不同，一些未曾遭受过现代文明冲击的地区，这些古老祭仪保存依旧，而所谓发达地区的古老祭仪则已经排挤掉了原有信仰成分而演变成为诸如京剧、昆曲一类的纯艺术形式。但无论已经进化到了哪一步，这些戏曲表演艺术都已经成为了传统节日中最为火爆的亮点，也成为我们了解各地历史信息、文化信息与美学信息的重要参考。笔者曾做过这样一个粗略的统计：到现在为止，中原地区写戏、唱戏的时间仍以各种神灵的忌日、诞日为主。人们仍习惯于用这种传统的方式愉悦神灵。如果我们一定要以破除迷信的心态来否定这些约定俗成的传统节日，一些传统表演艺术也就会因为生存空间的丧失而彻底消亡。

第五，传统节日所传达出的优秀道德理念。传统节日源于仪式，与原始宗教具有无法割舍的联系。作为原生文化现象的原始宗教，其基本功能有二：一是解决人与自然的关系问题，二是解决人与人之间的关系问题。既然传统节日起源于原始宗教，我们就完全有理由认为那些脱胎于原始宗教仪式的传统节日，除具有休养生息及娱乐人生的功能外，还具有确认及协调人与自然以及人与人之间关系的任务。从这个角度来说，传统节日自然又可分为以协调人与自然关系为己任的传统节日，和以协调人与人之间关系为己任的传统节日这样两大类。无数田野调查资料告诉我们，在构建人类自然伦理观与社会伦理观的过程中，这两类传统节日确实发挥了十分重要的作用。

在人类文明发展史上，为与自然和谐相处，人类社会很早便出现了土地崇拜、山神崇拜、水神崇拜等各种自然神崇拜行为，并从相应的仪式中演化出了诸如转山节、山神庙会、妈祖庙会等一系列以祭祀自然神为主要特征的传统节日。这些节日通过不同的仪式，反复强化了人类必须敬畏自然、尊崇自然的原始自然伦理观。这其中虽不乏俗信成分，但客观地说，它在协调人与自然之关系、促进人与自然的和谐共处等方面，确实发挥了十分重要的作用。但随着近百年来西方新思潮的涌入，这些包含有大量自然伦理观内容的原始信仰，以及与之相伴而生的传统节日，都被当成封建迷信而受到史无前例的冲击。当然，随着这些所谓"封建迷信"的烟消云灭，那些凭借着这些观念得以保留下来的自然山水，也遭受到了前所未有的破坏。从20世纪50年代起，人类便品尝到了这种因破坏自然环境而带来的种种苦果。进入80年代后，这种情况愈演愈烈，许多地区的自然生态系统均遭受到了不同程度的破坏，情况相当严重。

协调人际关系也是传统节日的重要功能之一。其中，最为典型的就是那些大型祭祖活动。人类的祖先崇拜发轫于图腾信仰。在早期人类社会中，人们无论是视义犬为祖，还是视老虎、苍狼为祖，事实上都是想通过这样一种意念上的"血亲"融合，将自己与自然融为一体，从而使自己从根本上实现与自然界的和谐共处。而由此演化而来的传统节日，自然也就具有了从节日祭祀、节日狂欢中获得集体认同的性质，并在"意念"中实现让图腾庇护自己的目的。

随着人类自身能力的增强，人类的信仰也卅始由图腾崇拜向祖先崇拜转化。人类最初的祖先崇拜是从女祖崇拜开始的。这是因为群婚的现实很难使人意识到男性在生育过程中会起到怎样的作用。而随着整个社会对男性生殖功能的认知和男性社会地位的不断攀升，男祖崇拜渐渐取代了女祖崇拜而一举成为人类祖先崇拜的核心。而原有的女祖也由原来的始祖神，沦落为一个普普通通的生育小神。氏族社会解体后，祭祖活动也开始由氏族祭祖向家族祭祖或民族祭祖的方向转化。家族祖先神和民族祖先神开始享受到越来越多的香火。如汉族的黄帝、炎帝，苗族的蚩尤，壮族的布洛陀等民族祖先神的诞日或是忌日，后来都程度不同地成为了这些民族的传统节日。祖先祭祀唤起了整个族群的血亲意识，也使整个家族、氏族甚至整个民族变得更加团结。而这种意识的形成，正是通过祭拜祖先以及祭拜祖先之后的团拜、探亲等各项仪式活动完成的。传统祭祖活动在强化人际关系等方面，确曾发挥过相当重要的作用。

传统节日类遗产是非物质文化遗产的重要组成部分。由于它具有全面而综合传承一个民族历史与文化信息的功能，所以，节日类遗产是我们了解、展示一个民族、一个地域历史和文化的重要窗口。同时也是我们增强民族认同、国家认同、和谐社会关系，传承一个民族、一个地域物质文明与精神文明的重要手段。此外，传统节日在一个国家的经济运行中，也同样会发挥重要作用。作为文化产业的一个重要切入点，节日开发不能不引起我们的足够关注。

传统节日承载有丰富的非物质文化遗产。所以，对节日遗产的开发也应该是全方位的。譬如对节日食品的开发，对节日盛装的开发，对节日饰品的开发，对节日娱乐活动的开发以及对节日仪式的开发等等。由于这些细节无不凝聚着一个民族的文化精华，因此，这类开发的成功率通常都是比较高的。目前，我国在节日食品开发上已经积累了丰富经验，但在节日盛装、节日饰品以及节日娱乐活动等方面的开发还缺乏深度，需要花大气力研究。传统节日是在原始仪式的基础上发展起来的。作为传统文化的余脉，一些宗教仪式在传统节日中迄今仍有遗留。而这种集宗教、文化、艺术、娱乐于一身的大型仪式活动，在重塑人类心灵的同时，也充当着招揽四方商贾的重要角色。所以，古往今来，人们都十分看重传统节日，特别是传统节日庙会在发展地方经济中的重要作用。而近年来各地春节庙会所获得的丰厚利润，也印证了庙会经济对于促进地区经济的发展所起到的巨大拉动作用①。

---

① 苑利、顾军：《非物质文化遗产学》，高等教育出版社 2009 年版，第 194—223 页。

第四章 体系之踪：乌江流域少数民族节日文化的演变

　　乌江流域作为多民族聚居区，在长期的历史过程中形成了异彩纷呈的民族传统节日文化。然而，在现代化和全球化大背景下，作为经济基础较为薄弱，人民群众的思想观念比较落后，社会文化层次较低，自然环境也相对恶劣的乌江流域民族地区，传统节日文化的传承与保护出现了一些新的问题。例如，对于极为丰富又相对处于自然状态的民族传统节日文化，如何进行系统地整理，来使之获得更全面的了解，这是更好地传承民族文化、发扬民族文化的必要前提；又如，受现代文化的影响，目前传统节日文化有哪些变化，以及如何在保持自身特色的前提下有效融入现代生活，也是研究民族文化传承的重要问题；再者，作为地区发展的需要，各民族节日文化之间如何更好地实现交流，如何更好地获得发展，也是极为现实的任务。围绕以上问题，本章主要从民族传统节日文化的调查整理和对策研究两个层面展开探讨，对于乌江流域少数民族地区最具特色的土家、苗侗、屯堡三种民族文化形态做出了全面的整理，并结合现代社会发展的需要，具体探讨了传承与保护民族传统节日文化的问题和对策。

第一节　乌江流域土家族节日文化的发展轨迹

　　土家族历史上的称谓十分复杂。学术界一般认为土家族是先秦时期的巴人的一支白虎蛮的"廪君种"，或又称"板楯蛮""賨人"，为先秦巴郡南郡蛮和武陵蛮的一种。以后这些民族又被称为"五溪蛮""酉溪蛮""溇中蛮""信州蛮""巴建蛮""酉阳蛮"等，宋以后开始区别其他进入的民族而称"土民""土蛮""土兵"等，随着汉族的进入，开始又有了"土家"之称①。不过，学术界关于土家族的族源问题还有较大的分歧，一种说法是由古代部分巴人发展而来，一种说是古代湘西土著和后来巴人、汉族融合而来，一种说法是来自唐以来的乌蛮与湘鄂川黔土著、巴人后裔②。另外还有江西迁入说和西北氐羌系统说③。

现在学术界更多的学者认为土家族是先秦巴人后裔与川鄂湘黔交界地区的土著融合形成的。可以肯定地说早在旧石器时代今天土家族聚居的地区就有人类生存，如长阳人、奉节人等。学术界有研究表明，巴人在历史上分成四支：一支巴蛇之巴，原居洞庭湖北部，后迁入汉水而进入巫山，后散居川东北地区，以龙蛇为图腾，东汉称为"板楯蛮""賨人"。一支称鱼凫巴人，后西迁川西地区，建立鱼凫蜀国。一支称为弓鱼巴人，很早就迁到汉水流域，后融入周。一支是白虎巴人，即廪君巴人，原居今清江流域，后迁入川东地区④。现在看来，真正与现代土家族有较大关系的是白虎巴人。白虎巴人据《世本·世系篇》称："廪君名务相，姓巴，与樊氏、晖氏、相氏、郑氏凡五姓，俱出皆争神，以为土船，雕文画之而浮水中，其船浮因而立为君。他船不能浮，独廪君船浮，因立为君。"同时《后汉书·南蛮西南夷列传》也记载："巴郡南郡蛮，本有五姓，巴氏、樊氏、晖氏、相氏、郑氏，皆出武落钟离山。其山有赤黑二穴，巴氏之子生于赤穴，四姓皆生于黑穴。未有君长，俱事鬼神，乃共掷剑于石穴，约能中者，奉以为君。巴氏子务相乃独中之，众皆叹。又令各乘土船，约能浮者，当以为君。余姓悉沉，唯务相独浮，因共立之，是为廪君。"后来廪君部巴人举族西迁到川东地区，并在商周之际随周武王伐商纣王。据《华阳国志》记载："周武王伐纣，实得巴、蜀之师，著乎尚书，巴师勇锐，歌舞以凌殷人，前

---

① 杨铭：《土家族与古代巴人》，重庆出版社 2002 年版，第 8 页。
② 陈国安：《土家族近百年史》，贵州民族出版社 1999 年版，第 6 页。
③ 曹毅：《土家族民间文化散论》，中央民族大学出版社 2002 年版，第 76—77 页。
④ 管维良主编：《重庆民族史》，重庆出版社 2002 年版，第 178 页。

徒倒戈，故世称之日，武王伐维，前歌后舞"。西周建国以后，分封姬姓宗族到巴，建立了巴子国，都江州，其国"东至鱼腹，西至焚道，北接汉中，南极黔涪"。公元前316年，秦派张仪、司马错、都尉墨等率大军进伐巴蜀，在灭掉阆中后，"击突楚巴、黔中郡"，故同年"自巴涪水取楚商于之地为黔中郡"。巴国灭亡后，秦建立巴郡，统治阶层也以汉族为主体，巴人开始分化、迁徙的过程。

总体上来看，当时的巴人除个别同化在汉人中外，很多东移南迁到今渝东南、鄂西南、湘西一带，其中以迁到今渝湘鄂交界的五溪蛮最为有名。唐代《十道志》记载："楚子灭巴，巴子兄弟五人流黔中，汉有天下，名曰酉、辰、巫、武、源等五溪，各为一溪之长，号五溪蛮。"宋代《太平寰宇记》卷120："五溪谓酉、辰、巫、武、源五溪，故老相传云：'楚子灭巴，巴子兄弟五人流入五溪，各为一溪之长'"。两汉时期这个地区主要一为武陵蛮，一为巴郡南郡蛮，其中许多为以前巴人的后裔。南北朝时期这个地区多为武陵夷蛮和建平蛮。据《隋书·地理志》记载："其僻处山谷者，则语言不通，嗜好居处全异，颇与巴渝同俗。诸蛮本其所出，承盘瓠之后，故服章多以斑布为饰。其相呼以蛮，则为深忌。"唐代开始在今天土家族聚居的地区建立了大量州县和羁縻州，汉文化对这个地区各个民族的影响大起来，但廪君蛮、八部蛮（毕滋卡）等土家族的先民的民族独立性仍十分强①。唐末五代时期，土家族的先民形成了向氏、彭氏、田氏、冉氏、覃氏、杨氏、白氏、张氏等大姓。宋代对西南民族多采用绥靖政策，但对土家族地区的控制并没有减弱。据统计宋代在今天的土家族地区设立了87个羁縻州，也就是在这个时期在这些地区才开始出现了"土兵""土丁""土军"的称呼，可能就是今天土家族称法的源始。从元代开始，中央政府开始在民族地区实行土司制度，相继在今土家族地区设立了大量土司，先后设立了思州安抚司、施南宣抚司、永顺宣抚司、酉阳宣慰司等。到了明代又先后设立了永顺、保靖、思南、思州四个宣慰司，施南、散毛、忠建、

---

① 管维良主编：《重庆民族史》，重庆出版社2002年版，第179—180页。

容美、酉阳、石柱 6 个宣抚司，另还设有 9 个安抚司和 45 个长官司和蛮夷长官司①。明代这些土司制度在承认和服从明王朝的统治下，承担一定的贡赋和兵役，与汉族接触较多，土家族的社会经济发展很快，汉文化对土家族的影响也越来越大。清代初年，清政府相沿了明代土司制度。从清雍正四年开始了较大规模的改土归流，先后在土家族地区设立了施南府、永顺府、酉阳直隶州、石柱直隶厅、思南府、铜仁府、思州府，改变了元以来的"蛮不出境，汉不入峒"的规定，土家族与汉文化的融合进一步加快。

民国以来的近百年，土家族由于特殊的区位因素，与汉族地区相近，受到汉文化的影响明显，土家族与汉族文化的相融越来明显。在行政区划上，民国时期废除府厅州，将直隶州、厅改为县，如将酉阳直隶州改为酉阳县，将石柱直隶厅改为石柱县，将铜仁、思南、思州等府改为县，改永顺府为县，改乾州直隶厅、永绥直隶厅、凤凰直隶厅为县。中华人民共和和国成立后，四川境内的土家族地区仍设县，如石柱县、彭水县、秀山县、酉阳县、黔江县，土家族地区从政区建制上使得民族特征弱化，到 1983 年才将石柱、秀山、酉阳、黔江、彭水改为民族自治县。设立鄂西土家族苗族自治州和长阳、五峰、沿河自治县，土家族地区文化从政区建制上得以回归②。

总的来看，土家族在历史发展上由于区位因素，与汉民族核心区相对更接近，受到中原传统儒学教育和接受西方新学影响在时间上相对较早，这就使其承担文化传承的主要途径汉化程度高，使土家族地区的民族传统文化面临的问题可能与典型的民族地区所面临的问题有所不同。民族传统节日文化包罗万象，对于乌江流域少数民族地区而言，语言与文字、服饰与民居、节日与民歌这三个节日文化的构成要素最具有历史和文化传承的代表性，是研究该地区少数民族传统节日文化传承与保护方式的主要对象。

---

① 陈国安：《土家族近百年史》，贵州人民出版社 1999 年版，第 8—11 页。
② 阚军：《西南地区三个区域文化传承类型与教育法律保障的思考》，西南大学 2010 年博士学位论文，第 19—21 页。

一、语言与文字

历史上土家族有自己的语言，但没有自己的文字。在隋代就有荆州多杂"蛮左"之称，"其僻居山谷者，语言不通"；在宋代，施州之地"乡者则蛮夷，巴汉语相混"；清代中叶，施州一带还有"里籍老户，乡谈多不可解"的记载。在史籍中，有许多以土家语命名的人名，在现实地名中，也还存有许多土家语地名。如墨来送、向墨铁送、向太旺送、覃启处送、田耳毛送、向大踵、向墨答踵、田乙北龙、驴蹄什用、田先什用、勾搭什用、覃值什用、向俭俾、向座海落俾、白嘴俾等。送、踵、龙、什用、俾等词汇是代表身份地位之词，除俾外，都是土司主之名。以俾命名的，有小土司主、土官、舍把、土民。卯洞土司主多以俾命名，容美土司田秀诸子亦以俾为名，如五哥俾、六哥俾、七哥俾、白里俾。不过，对于历史上土家族使用的语言，历史文献往往是用"啁啾如鸟兽语"来形容，没有准确的记载。一般认为第一次较为准确记载土家族方言的是乾隆《永顺县志》，但主要是用汉字来记音。从 20 世纪末的调查来看，湘、鄂、渝、黔毗邻的武陵山区有 600 多万土家族，但只有 40 多万人操用土家语[①]。也有的调查认为土家族 800 多万人中只有 30 万人还会说土家语，主要使用在湘西沿酉水流域及鄂、渝、黔个别偏僻边远的土家族聚居的小山寨[②]。

土家族语言，属汉藏语系藏缅语族，语支的归属尚未确定。一般认为土家族语言有两种方言，即北部方言和南部方言，北部方言为主体，包括湘、鄂、渝、黔边区的大部分地区，而南部方言主要在湘西泸溪县潭溪乡。据学者近几十年来对湖南永顺县双凤村的调查表明，土家语的使用情况在近五十年迅速减少。据双凤村老人回忆，1949 年前老人和孩子都会讲土家语。21 世纪初马冲炜等组织的调查表明，这个典型的土家族村寨只有 70 多

[①]　叶德书、向熙勤：《中国土家族地名考订》，民族出版社 2001 年版，第 1 页。
[②]　马冲炜、陆群：《中国民族村寨调查丛书·土家族》，云南大学出版社 2004 年版，第 233—258 页。

岁的老人能互相用土家语进行交流，而中年人一般不再说土家语，但能听懂一些，而二三十岁的年轻人能听懂的都没有了。而且，就是70多岁的老人们在交流时，也时常会为因记不起一些最基本的用语词不达意而争论，甚至"一路顺风"这样的客气用语怎么说都会争论。1992年湖南教育出版社曾出版《土家语课本》，但现在土家族地区开设双语教学的学校十分少。所以，人们推论，如果没有适当的措施，可能二十年后就没有人再能讲土家语了①。

有的专家认为，20世纪50年代不仅恩施地区南四县（来凤、咸丰、鹤峰、宣恩），张家界市也有一些人会说土家语，但已经无法形成社区进行交流。21世纪初，能用土家语交流而形成社区的主要在湖南龙山县南部的一大片乡村，其次是在永顺县、保靖县、古丈县和泸溪县的部分村寨，估计现在能说土家语的仅五万人左右，其中龙山县有四万人，而重庆、贵州以及湖南、湖北的其他市县的土家族大多已经不会说土家族语言了②。

土家语虽然面临消失，但很多土家语地名仍还保持着，如革勒车、讨火车、涅车坪、车洞河、车坝、车路坝、车落洞、舍米糊、毛湖峭、河堂湖、马湖坝、黑山、黑湾、黑槽、黑石垭、黑石槽、黑沟头、黑岩洞、李巴沟、李虎坡、墨把山、墨达山、梭步垭等。"车"是土家语河溪之意，以"车"为名的地名，大多在溪河边。"湖"是土家语山坡上的一块平地之意。"黑"是土家语漏水之意。"李"是土家语的虎之意，指虎多或藏虎的地方。"墨"是指天。也有量词为地名的，如梭步垭，"梭步"是土家语三个之意，即那里有三个垭。

二、服饰与民居

历史上土家族的民族服饰特征还是十分明显的。明《广志绎》卷四记

---

① 马冲炜、陆群：《中国民族村寨调查丛书·土家族》，云南大学出版社2004年版，第233—258页。

② 胡经平：《土家语语源初探》，《土家族研究》2005年第3期。

载，"施州、保靖、永顺土人"为"短裙椎髻"。据《皇清职供图》记载，永顺保靖等处土人"男花布裹头，头足著草履，女椎髻向后，衣裙俱短——勤于纺织土绫、土布"。而乾隆《永顺府志》卷十记载："男女短衣跣足，以布裹头，服斑斓之衣。"又卷十一记载："男女服饰皆一式，头裹花巾帕，前裙尽刺花边。"总的来看，当时土家族服饰男女不分，都是踵跣足短裙椎髻，衣多绣花边，戴耳环、项圈等。所以学者认为改土归流以前土家族地区男女服饰差别不大，均为无领对襟大袖短衣，下着裙，头裹刺花巾，衣裙尽绣花边。只是女裙宽大长而过膝，形成百褶裙，衣饰花边更多。但改土归流以后，清政府要求"服饰宜分男女"，加上外来文化的影响加大。土家族的服饰变化十分大。首先是服饰开始男女有别，男子仍用蓝色或者白色布帕包头，但不再穿裙，改穿大脚筒裤，老年穿长袍大襟、无领满襟短衣，青年多穿对襟短衣，所有男子服饰都少有绣花边的了，但都白布缠腰。以前使用较多的八幅罗裙只在土家男姓的巫师"梯玛"中作为法衣。而妇女服饰受多种文化的影响样式增多，仍用青丝帕或青白布包成圈状，上着有领和无领、长襟和短襟，有的左边开襟，有的右边开襟。虽然大多数妇女改穿大脚筒裤，仍有少数妇女穿裙，但已经不是以前的八幅罗裙，而是筒裙①。

据 21 世纪初学者们在湖南永顺县双凤村的调查，土家族的服饰变化十分大。双凤村土家族男子常裹青丝帕或青布帕，但青年人已经不这样穿戴。男子的传统上衣是琵琶襟，1949 年以前男子主要穿满襟，为右开襟。但1949 年后主要穿对襟上衣，高衣领，衣袖小布长，下着大裤裆短裤，白布缠腰，服饰装饰日趋简单。妇女也多是青丝或青布帕，上衣为左右开襟两式，多绣花边，女子也着裤，多为青蓝布料制成。只是在新娘出嫁时穿露水衣，上为右开襟大袖大摆衣，下着八幅罗裙或百褶裙，佩戴银饰。不过双凤村的村民们平时很少穿民族服饰了，上面提到的服饰大都要在箱底翻出来，而且全村没有一家人有全套的。有时连跳摆手舞的民族服饰也是在

---

① 李绍明：《川东酉水土家》，成都出版社 1993 年版，第 8 页。

市场上买的①。据另外一些学者近来在重庆酉水流域后溪调查表明，当地土家族平时普遍不穿民族服饰，只是在典型的节日中才有个别参加表演的人穿上民族服饰。而且近十多年来流行的土家族男子服饰，民族特征已经不是十分明显，如男子的对襟短衣在近代农村传统汉族服饰中十分普遍，也与其他少数民族历史上或现代的服饰基本款式相近。而所谓右襟妇女服饰也显现出清代满大襟的服饰特征，只是在衣襟、袖边、裤脚多一些绣花布条。就是这种民族服饰现在在后溪一带民间已经在日常生活中消失，只保留在节日的个别人的表演中②。

土家族民居本来也是土家族传统文化的一个重要特征。土家族最有特色的民居建筑是吊脚楼，所谓吊脚楼是典型的干栏式建筑，如果寻源其历史十分悠久，起源于原始的巢居，《旧唐书》中记载僚人就是居干栏。从民居建筑分区来看，土家族地区属于川东贵州吊脚楼分区③。从类型上来看，吊脚楼还可分成全楼居和半楼居，土家族地区两种类型都有。与汉族的吊脚楼相比其有自己的特色，依山势而建，不过分讲求对称，堂屋不开不做门。不过，改土归流以后，一些大户人家改修砖木结构和印子房④。据有些学者在渝东南酉阳、秀山、石柱、黔江等地调查发现，现在民族村寨中新修房屋中典型的吊脚楼越来越少了，土家族外在的民族特征丧失十分快。如咸丰吊脚楼群在现代化的建筑风潮的影响下，房屋建筑风貌被改变，逐渐丧失旧貌⑤。

三、节日与民歌

节日与民歌是民族特征中十分外在的表现形式。特别是节日是传统社

---

① 马冲炜、陆群：《中国民族村寨调查丛书·土家族》，云南大学出版社 2004 年版，第 233—258 页。

② 阚军：《西南地区三个区域文化传承类型与教育法律保障的思考》，西南大学 2010 年博士学位论文，第 30—31 页。

③ 蓝勇：《西南历史文化地理》，西南师范大学出版社 1997 年版，第 2 页。

④ 李绍明：《川东酉水土家》，成都出版社 1993 年版，第 8 页。

⑤ 王国权：《咸丰县民族文化遗产现状与保护对策》，《土家族研究》2006 年第 1 期。

会长期历史沉淀下来的文化表现，在一个特定时空里将民族服饰、建筑、饮食、交通、信仰、歌舞集中展现出来，是一个民族内心世界的外在最集中的表现形式。土家族的节日历史悠久，在土家族众多的节日中，以做摆手和牛王节最有特色。

做摆手在土家语中称为"舍巴日""舍巴格次""舍巴罗托""舍巴巴"，本是一种祭祀为核心的群体活动，其间以跳摆手舞为必备，同时进行唱歌、武术、戏剧等表演、交流活动。根据规模一般为分大摆手和小摆手。大摆手参加人数多，是多族系的人共同参加的活动，一般在专门的摆手堂举行，称为正月堂、三月堂、五月堂；而小摆手舞往往是本族系或者家族内举行，参加人数少，时间不固定，场地随便①。学者多认为土家族的摆手舞可能与巴人的巴渝舞有着某种联系，或有巴渝舞的遗韵。据乾隆《永顺府志·风俗》记载："各寨有摆手堂，又名鬼堂，谓是已故土官阴署。每岁正月初三至十七日止，夜间鸣锣击鼓，男女聚集，跳舞长歌，名曰摆手，此俗尤存。"又称"土人度多，先于屋正面，供已故土司神位，荐以鱼肉。其家祖先神位设于门后，家中鸡犬俱岁匿，言鬼主在堂，不敢凌犯流动，各寨皆设鬼堂——鸣钲击鼓，跳舞长歌，名曰摆手。"

土家族还有一些有特色的节日，如正月十四节，要吃猪头，象征一年好的开头。二月初二节，重点祭祀土地神，以求一年中得到土地的赐与。另外土家族的个别地区流行过四月十七节，又称牛王节，不仅人休息，牛也要休息。其他如四月八节、端四节、六月六节等也很有特色。其中牛王节的内容和形式都较为特别，在一些土家族地区十分重视。湖北来凤县专门举办了首届"牛王节"大型民俗文化活动，供奉牛王菩萨，表演灯舞、傩戏。同时，土家族也与汉族一样过春节、中秋节、端午节，只是活动内容有所差别。例如有学者认为石柱县土家族地区的节庆活动与汉族大同小异，不同的是土家族春节过赶年，清明节祭祖先的同时也祭虎、祭蛇等图

---

① 田小雨：《土家摆手舞扩其源流再考》，《土家族研究》2007年第1期。

腾，端午节更多的吃麦粑，七月半过鬼节将城老爷抬着游街，中秋节农村普遍吃糍粑①。

土家族的民歌也是土家族文化中的一个重要标志。土家歌谣形式很多，如劳动歌、生活歌、仪式歌、情歌、叙事歌、摆手歌、祭祀歌和神歌等。劳动歌中主要有山歌、渔歌、石工号子、船工号子、打油号子、薅草锣鼓、采茶歌、轿夫歌等。其中最有特色的是酉水号子和薅草锣鼓。仪式歌中包括哭嫁歌、丧歌、拦门歌、迎亲歌、闹房歌、安席歌、建房歌、祝寿歌等，其中以哭嫁歌和丧歌最有特色。情歌也是土家民歌中的重要内容，按其内容可以分为探情歌、初恋歌、赞美歌、结情歌、热恋歌、相思歌、苦情歌、离别歌等。土家族的叙事歌一般都用小调演唱，土家族流传最广的叙事歌是《山伯歌》和《吴幺姑》。其中《山伯歌》是根据汉族的梁山伯与祝英台的民间事故改编的，但富有自己民族的特色②。从对湖南永顺县双凤村的调查来看，歌曲中以摆手歌、农事劳动歌、哭嫁歌、上梁歌、盘歌、情歌、劳动号子等为主，内容十分丰富③。

第二节　乌江流域苗侗族群节日文化的发展轨迹

乌江流域黔东南地区春秋时期为南蛮或荆蛮，战国时期属大夜郎国和黔中地，秦汉时期大部分为牂牁郡和楚国的黔中郡地。秦统一中国以后，这个地区属于黔中郡，后部分属于象郡，汉代此地多分属于武陵郡、牂牁郡、郁林郡三地，唐代主要属于叙州、奖州、充州、牂州、应州和融州，宋代主要属于思州、靖州、平州以及黔州所属的矩州等州④。元代开始在这

---

① 刘建平：《石柱县土家族非物质文化遗产保护与传承及前瞻性措施》，《土家族研究》2008年特刊。

② 李绍明：《川东酉水土家》，成都出版社1993年版，第12页。

③ 马冲炜、陆群：《中国民族村寨调查丛书·土家族》，云南大学出版社，2004年版，第233—258页。

④ 《黔东南苗族侗族自治州概况》编写组：《黔东南苗族侗族自治州概况》，贵州人民出版社1986年版，第23页。

个地区设立总管府，如镇远军民府、古州八万军民总管府，后者改为黎平长上官司。总的来看，元代黔东南地区分属湖广行省思州宣慰司、新添葛蛮安抚司、定远府、靖州以及四川行省播州宣慰司。明代黔东南州分属思州府、镇远府、黎平府、平越军民府、都匀府、靖州及管外苗族地区。清代分属于都匀府、思州府、黎平府。

侗族在汉文历史文献上称为"仡伶""仡览"。如《老学庵笔记》卷四记载："辰、沅、靖州蛮，有仡伶、有仡览、有仡偻、有山瑶。"朱辅在《溪蛮丛笑》记载的"五溪之蛮"中有"苗、瑶、僚、仡伶、仡佬"。可能也有称洞蛮，如唐代王昌龄有"当年未免忧跋涉，洞蛮长跪乞新诗。"所以范成大认为"大者为州，小者为县，又小者为洞"。宋代湘西南、黔东南地区分为十峒，杨再思有"号十峒首领"之称。到了元代，可能在黔东南地区的众多民族都泛称峒，出现了众多的称呼，如五开峒、峒苗、洞蛮、峒、洞，有的是泛指生活在这个地区的民族，有的是特指侗族。从明清时期开始，苗侗等民族的称呼开始相对固定。首先峒人开始特指侗族。田汝成《炎徼纪闻》卷四《蛮夷》："峒人，一曰峒蛮……男子科头徒跣，或跂木履，以镖弩自随，暇则吹芦笙、木叶、弹二弦琵琶、臂鹰逐犬为乐。"《贵州图经新志》卷七《黎平府》："夷汉杂居，风俗不一"，分别记载了洞人和苗人的风俗。清代初年的《皇清职供图》中对这个地区的苗洞记载十分多，计有黎平等处黑苗、黎平府罗汉苗、镇远施秉等处仡兜、下游各属峒人、都匀黎平等处凵犷苗。在明清时期，这些地方的苗侗先民的耕稼业已经较为发达，如《皇清职供图》卷八记载：黎平等处口犷苗"男子计口而耕，女子度身而织，暇以渔猎为事"，下游峒人"能织峒锦"。民国时期黔东南地区分属于多个督察区，新中国成立之初曾设立镇远专区和都匀专区。到1956年建立黔东南苗侗族自治州，共辖十六个县，州府在凯里。新中国正式将之定名为侗族①。

---

① 阚军：《西南地区三个区域文化传承类型与教育法律保障的思考》，西南大学2010年博士学位论文，第36—37页。

总的来看，乌江流域黔东南地区的苗侗民族在民族特征方面虽然与自己民族历史上的民族特征相比，已经有了十分大的变化，但由于特殊的区位背景、发展进程等因素的影响，在民族特征方面还十分明显。这里我们同样以民族传统节日文化特征中最重要的语言与文字、服饰与民居、节日与民歌三个方面来分析这种现状。

一、语言与文字

黔东南苗侗族地区的语言历史悠久。一般认为侗语属于汉藏语系壮侗语族侗水支，与壮语、布依语、傣语，特别是水语、毛南语、仡佬语有密切的关系。

侗语分成南北两大方言区，俗称南侗与北侗。南部方言区主要包括黎平、从江、榕江、锦屏，包括广西的三江、龙胜、融水等地；北部方言区主要包括天柱、锦屏、剑河、三穗、镇远等地和湖南的新晃等地。从语言学角度讲侗语是世界上声调最丰富的语言之一，特色鲜明。

苗族的语言属于汉藏语系苗瑶语族支，但苗族分布广泛，支系众多，语言差别巨大。根据学术界的调查和研究表明，苗语分成东部方言（又称湘西方言）、中部方言（又称黔东方言）、西部方言（又称川黔滇方言）三大片，黔东南地区苗族的方言属于中部方言，即黔东方言区。在黔东方言区，又分成北部土语、东部土语和南部土语亚区。

侗族和苗族都没有文字，但历史上都曾出现过文字。如1956年国家对侗语进行调查，确定以北部方言为基础，以榕江章鲁话为标准语音，用拉丁字母为文字符号创立侗文，于1958年推出了《侗文方案（草案）》。再如苗族清代陆次云《峒溪纤志·志余》和民国《贵州通志》等书曾记载在云南、四川、贵州等地出现过苗文，字形有点像老彝文，只是字音和字义不同，但字词十分少，还不能作为交流的工具。明清时期湖南城步县曾使用过一种象汉字篆书的文字，但不久被官府禁止。而历史上传教士柏格理、胡托、苗族文化人石板塘、石启贵、龙绍华都曾尝试创造苗文。1956年中国科学院民族语言调查队曾推出苗文方案，各地区也编了一些《苗文课本》

《苗文字典》之类的文献。但由于种种原因，苗文并没有推广开来①。

黔东南地区苗侗民族虽然文字的使用没有在实际中推广，但语言的使用率在中国少数民族中还是较为广泛的两个民族。'据20世纪90年代的统计数据表明，在250多万侗族人中，至少有80%以上的人仍以侗语为第一交流工具，主要使用在连片聚居的黎平、榕江、从江、通道、三江、天柱、新晃、锦屏、剑河等县，地域广、人口多。1985年黎平县民委主持的调查表明，234个侗族村寨的258739人，100%都会说侗语，而相反汉语文盲率达30%以上②。

二、服饰与民居

侗族的服饰历史悠久，《北史·僚传》："僚人能为细布，色致鲜艳"。宋代陆游《老学庵笔记》称："男未聚者，以金鸡羽插髻"，而"女以海螺数珠为饰"。明代《贵州图经新志》卷七《黎平府》：（侗人）"男子科头跣足，或跂木履，出入持镖架弩……妇女之衣，长跨短裙。裙作细褶裙，后加一幅，刺绣杂文如绶。胸前又加绣布一方，用银贯次为饰，头髻加木梳于后"。清代文献中也有记载侗族服饰的，乾隆《皇清职供图》记载，黎平府罗汉苗"衣尚黑末室则插羽于首，远者为生苗，短衣挟刀弩，性悍，喜斗。妇人散发绾插木梳数日必以水沃之，以金银作连环饰耳，衣以双带结背，长棍短裙或止系长裙垂绣带一幅日衣尾"。

不过，近一百多年来侗族的服饰变化较大，一是与汉族接近的地区，不论是男女，服饰的汉化已经较为明显；一是民族服饰本身趋于简单化。但是在侗族聚居的黎平、榕江、从江三县的许多地区，还保持着较为古老的民族服饰。男子头顶留团长发，挽成螺髻；或三四寸长的短发一团，不梳不挽，垂于脑后。穿右衽无领短大襟衣，宽筒裤，青布盘头。着盛装时，

① 黄涤明：《黔贵文化》，辽宁教育出版社1998年版，第8页。
② 石锦宏：《浅谈推行侗文的现实意义》，载贵州省侗学会编：《侗学研究》第三辑，贵州人民出版社1998年版，第44页。

头缠花格布帕，上插羽毛为饰，胸前持银链，腰系红绿绸带，右肱下吊一串细丝细牌。妇女着褶裙，足裹绑脚，一般是绣花边的单层绑脚，或笼布套，穿绣花船形踏脚勾鞋。头挽偏髻或盘髻，插银簪。夏秋穿对襟衣，衬胸襟，冬春穿右衽无领衣，衣多为青蓝紫白色，圆领、宽袖，束花腰带，胸前系小围兜。盛装时头插银花鹤羽，项戴三五个银圈①。从有些学者在黔东南地区的调查来看，侗族民族服饰的特色是妇女民族服饰穿着十分普遍，不仅节日穿，而且在日常劳动、生活中都普遍着民族服饰，儿童，特别是女童着衣指数较高。

苗瑶语系的民族服饰十分复杂，历史上"好五色服""衣裳斑斓"是为特色。据弘治《贵州图经志书》卷七《黎平府》："男女所服衣裳多青红色，有裙无裤……其女子间有好妆者，其衣之领袖、裳之裙裙，多用彩色。"《皇清职供图》记载称黎平、古州等地白苗"其人衣短，尚黑，女绾长簪，垂大环，衣裙缘以色锦，皆跣足"。学者们研究表明，清代苗族服饰可分成三式，即湘西黔东式、黔东式、川黔滇式。湘西黔东式一为男女均为满式衣着裤，一为女为无领左衽衣着裤而男为对襟衣着裤。黔东式女着无领右衽衣，男对襟衣着裤。这个地区着裙的苗族比例显然比湘西黔东式高，历史上就有长裙苗和短裙苗的名称。而川黔滇式苗族服饰更古朴，苗族服饰显现越往西受汉族文化的影响越小服饰更为原始古朴。从有些学者对黔东南州的苗族的考察来看，今天黔东南地区的苗族虽然着裙的苗族比例减少，但在农村苗族妇女的传统服饰还是保留较好，日常劳作时妇女都着民族服饰。总的来看，苗族男子服饰简单，而妇女服饰繁杂多彩。黔东南苗族老年男子往往着对襟长衫，包青头帕，中青年男子往往着对襟大褂，下着宽脚裤，妇女上装一般有传统交领式和右衽大襟式，现多着裤。但在清水江、都柳江两岸的苗族妇女的盛装仍然穿裙，保持着传统民族服饰特色。只是由于苗族支系众多，各地的服饰在装饰上千差万别。有一些苗族服饰在现代外来文化的影响下，已经发生了较大的变化，如雷公山麓地区的女便装

---

① 黄涤明：《黔贵文化》，辽宁教育出版社1998年版，第8页。

就是民族文化与现代文化结合的产物①。

黔东南地区的侗族和苗族的民居建筑在西南少数民族中都是十分有特色的。黔东南苗族和侗族的民居建筑主体上还是属于川东贵州吊脚楼民居区，是干栏式建筑的地区。如高寒地区的苗族往往依山立柱，悬空造屋，而平坦地区的苗民也建造楼房下层关猪、牛，上层住人，典型的西江苗寨就是如此。具体讲清水江畔山脚多为"吞口"式平房，而雷公山和其他地区的山腰多吊脚楼，一般苗寨往往都要建立谷仓，也是干栏式的。侗族的民居建筑形式也基本如此，被称为"上栋下宇"式建筑，只是在某些方面有差异。侗族建筑上最有特色的是鼓楼与风雨桥。侗族村寨一个族姓建一个鼓楼，为一种杉木结构的塔形建筑，底为四方形，顶为多角形，建筑一般不用一钉一铆，全用榫槽，在框架上采用人字形斗拱。侗族的风雨桥也是中国风雨桥中最有特色的，最有名的是黎平县的地坪风雨桥和新化县的花桥②。

三、节日与民歌

侗族的节日特色鲜明。历史上侗族过侗年在时间上与汉族的春节不一样。榕江县七十二寨往往于农历十月底到十一月初过侗年，有踩歌堂、跳芦笙和斗牛活动内容。值得指出的是这七十二寨还要过两次陪年，陪同附近过农历十一月的侗年和随汉族一起过春节。侗族一般都要过吃新节，时间一般是在六七月间，是传统农耕民族的一种传统节日，一般有用粮食祭供祖先、吃家宴、唱大歌、斗牛等活动。侗族在春秋两季的亥日举行斗牛节，还有纪念侗族民族英雄林宽的林王节。同时侗族的传统集会也十分多，如侗族的芦笙会每隔一年举办一次，特别隆重，规模盛大，内容丰富。在天柱、锦屏等县农历七月二十一般举行赶歌坪，有时人数多达三万人，成

---

① 伍新福、龙伯亚：《苗族史》，四川人民出版社1992年版，第188页。
② 阙军：《西南地区三个区域文化传承类型与教育法律保障的思考》，西南大学2010年博士学位论文，第44—49页。

为侗乡的歌海，而黎平一带多在农历八月十六举行赶歌坪。镇远、三穗、剑河三县交界侗族往往举行三月三歌会。每年立春后侗族青年还要举行赶社，主要为男女青年进行春游及谈情说爱的活动。侗族的节日集会众多，但大多数活动都有歌舞相伴。

苗族的节日也十分多，其中芦笙会特别有影响。但是在黔东南地区，各地的芦笙会举行的时间并不统一。如舟溪的芦笙会在农历正月十六至二十，规模达四万多人；但谷陇的芦笙会在农历九月二十七至二十九举行，规模多达三四万人。苗族节日中爬坡节也很有特色，如三月坡节、四月八坡节、六月十九香炉山等。清水江流域的苗族在农历五月二十四这一天还要举行龙船节，除寨龙舟还，还要举行斗牛、赛马、踩鼓、跳芦笙、游方等，规模也十分大。与侗族一样，苗族也有吃新节，各地的时间也不统一，有的是在六月，有的在七月，期间有斗牛、赛马、跳芦笙、斗雀等活动。苗族也有自己的苗年，不过时间并不完全统一，一般在农历十月。苗族还有一些地域性集会，如清水江中游沿岸的姊妹节，都柳江中上游苗族的种棉节、镇远县涌溪乡的讨树秧也较有特色。

侗族的民歌也较有特色，形成无处不歌，无人不唱的局面。在南部方言区民歌往往采用侗语来传唱，不仅有韵脚，而且还有腰韵和头韵；而北部方言区除用侗语传叙外，往往多采用汉语传唱，也有脚韵，但没有腰韵和头韵。侗族民歌分成叙事诗、情歌、礼俗歌三大类，其中叙事诗分成七大类：第一类是歌唱万物起源的神话诗歌，有《洪水滔天》《开天辟地》《丈良丈美》等；第二类是反映侗族祖先的古歌，如《祖公上河》《祖源》《忆祖歌》等；第三类是记录侗族历史上重大事件的，如著名传说《嘎莎岁》、英雄史诗《嘎吴勉》《姜应芳》《咸同六洞起义歌》等；第四类是叙述侗族重大风俗来源与变革，如《引朗美道》；第五类是叙述男女青年婚姻的，如《善郎娥美》《珠郎娘美》等；第六类是用汉族民间说唱资料为蓝本形成的侗族长诗；第七类是劝世一类长诗，如《孝顺父母》《懒人莫当家》等。第二大类是侗族情歌大都属于短诗，如《门歌》《劝唱歌》《探望歌》。第三大类礼俗歌内容丰富，如《玩山歌》《开路歌》《酒歌》《夸赞歌》《踩堂歌》《哭歌》《伴嫁歌》等。同时，侗族也有许多劳动生产歌，如《找谷种歌》《农谚歌》《二十四节气歌》《打猎歌》《养牛歌》《拉木放排歌》《采茶歌》等。侗族的诗歌往往通过歌舞的形式展现出来，而且历史悠久。宋代陆游《老学庵笔记》记载："农隙时，至一二百人为曹，手相握而歌，数人吹笙前导之。"明代《赤雅》中认为侗人"善音乐，弹胡琴，吹六管，长歌闭目，顿首摇足，为混沌舞"。清代《黔记》中称今榕江县一带"男弦女歌最清美"。其中侗族大歌又称"嘎老"，最有影响，声调多样，特别是复调为我们民间音乐的宝贵资源。小歌称"嘎拉"，一般是情歌，形式短小，但内容丰富。叙事歌一般称为"嘎窘"。

苗族的民歌也十分丰富，有创世史诗、叙事诗、情歌、年节歌、礼俗歌、劳动歌、新民歌等各种。如创世纪史诗《苗族古歌》，叙事诗中的《打杀蜈蚣》《纺纱织布歌》《蚰蜡染》《酒药歌》《谷种歌》等，劳动歌中的《拉木歌》。苗族情歌也称"门间歌""游方歌"，内容相当丰富，如关于婚姻的《刻木开亲歌》《大客歌》《从嫁男到嫁女歌》《姊妹歌》等①。

总的来看，黔东南地区苗侗民族节日十分丰富，特别是许多节日在内容、形式、时间上都独具自己的民族特色，特别是有自然历法为背景的苗年、侗年，显现了节日文化上的独立性和原始性。而民间文学中的民歌内容丰富，形式多样，有自己的历史文化背景支持的创世纪歌谣②。

第三节　乌江流域屯堡人节日文化的发展轨迹

贵州地区出现古人类较早，黔中地区秦汉时期大部分为群舸郡和楚国的黔中郡地，战国时期属大夜郎国和黔中地。秦统一中国以后，这个地区属于黔中郡，汉设立牂舸郡。汉代开始就有大量汉族移民进入屯田，但从

①　《黔东南苗族侗族自治州概况》编写组编：《黔东南苗族侗族自治州概况》，贵州人民出版社1986年版，第23页。
②　阚军：《西南地区三个区域文化传承类型与教育法律保障的思考》，西南大学2010年博士学位论文，第51—53页。

魏晋南北朝开始在整个大的背景下，黔中地区长期处于一种相对闭塞的情况，到唐宋时期黔中地区多为黔州、绍庆府的羁縻州，汉文化的影响相对汉代有所下降。这种状况直到元代才有所变化。元统一天下，建立行省，贵州分三个部分，分属当时的湖广、四川、云南三个行中书省，虽然地方仍实行土司制度，但建立了各种宣慰、宣抚、长官司进行直接的一级政区管理，为汉民族的进入和汉文化的影响奠定了基础。明朝建立以后，于洪武十四年进军云南，不久一统西南，并于永乐十一年建立贵州布政使司，贵州成为一个独立的一级政区，为汉族移民的进入和汉文化的影响深化创造了条件。明代设立卫所制度，特别是西南地区屯所设立十分繁密。据统计，明代在贵州设立 24 个卫，132 个千户所及 2 个直隶千户所，相比之下当时的四川仅 17 卫 23 所，云南省仅 20 卫 32 所，广西仅 10 卫 22 所，而湖广虽有 27 卫，但 6 卫却在贵州。贵州地区估计卫所官兵 20 万人左右，包括家室可能在 70 万人左右①。

明代安顺地区设立的安顺府，素有"滇之喉，黔之腹"之称。从战略形势来看，安顺一带"右临粤西，左控滇服"，号称"黔之背"。安顺府到明代是当时普安入辰沅通道上的重要站，商业发达，故历史上就有"民喜商贾"之称，是明清时期贵州地区人口最密集的地区。所以明政府十分重视对安顺地区的开发与经营。明代在安顺府设立了普定卫、安庄卫、平坝卫、威清卫，计普定卫有 78 屯、7 堡，安庄卫有 96 堡、1 屯，平坝卫有 43 堡、1 屯。有的学者认为如果加上家属，屯堡人数应该在 10 万人以上。故总体上看，"黔中的普定卫、安庄卫、平坝卫屯堡区具有三大优势，即屯堡数量之多，密度之大居全省之首；屯堡区军户丁口之众，屯田屯粮之居全省之首；安顺地区突破'夷多汉少'居全省之先"②。

到了清代改卫所为州县，屯堡分属普定、镇宁州、平坝县。据《安顺府志》记载普定卫是在康熙十一年裁卫设县，康熙二十六年裁平坝卫及镇

---

① 黄才贵：《独特的社会经纬：贵州制度文化》，贵州教育出版社 2000 年版，第 348—349 页。
② 范增如：《明代贵州卫所屯田比较谈》，《安顺文艺》2003 年第 2 期。

西卫柔远所，设立安平县。现在学术界的研究表明，一般在贵州的卫所解体相对较晚。同时，黔中卫所经过军事功能为主向经济功能为主再向文化功能为主的这种转变，形成了一种对内开放对外封闭的系统①。在清代，屯堡人一般被称为凤头鸡、凤头苗，如《黔南职方纪略》："安顺府民之种类，于苗民之外，有屯田子、里民子，又有凤头鸡，凡此种种，实皆汉民。"《贵州通志》："凤头苗，惟安顺府有之。此族原系明初征苗来黔，其始祖皆凤阳人也，女子挽髻于项，与各族迥殊，俗以凤头苗目之，其习俗多与汉人同。"其他在《平坝县志》和《百苗图咏》中也有类似的记载。一般认为屯堡之称最早出现于清代咸丰年间，咸丰《安顺府志》卷《地理志》称："郡民皆寄籍，唯寄籍有先后。其可考据者，屯军堡子，皆奉洪武敕调北征南。当时之官，如汪可、费寿、陈彬、郑琪作四正，领十二操屯军安插之类，散处屯堡各乡，家口随之至黔。"同时，这些屯堡人妇女又被称为"京族""大脚"，主要是因为操一口介于普通话与江淮口音之间的卷舌音调，来自江南应天府，操一口"京腔"，而屯堡妇女不缠脚，被称为"大脚"②。

在历史发展的过程中，由于特殊的区位环境、历史背景等因素，六百多年来，这些军事移民保留了以明代江南文化为基础的独特的文化，与周边的汉族和少数民族相异，我们一般称之为"屯堡文化"。屯堡人作为一个特殊的汉族民系，其形成了一些特殊的文化特征，不仅与当地少数民族有较大的区别，也与当地其他汉族有明显的区别。

一、语言与文字

屯堡人是汉族肯定是用汉语，书汉字。不过，历史语言地理的研究表明，明代的汉语与清代的汉语有一些区别。这使得作为明代移民的屯堡人的语言肯定与后来移入的清代移民有区别。从区域上来看，屯堡移民作为江南地区的移民，肯定也与迁入地的汉族在语言上有较大的区别。不过，

① 孙兆霞：《屯堡乡民社会》，社会科学文献出版社2005年版，第184页。
② 俞宗尧：《屯堡文化研究与开发》，贵州人民出版社2005年版，第2页。

一般经过五六百年的融合，这种语言特征都会消失的，但屯堡人却较好地将这种时空差异形成的语言特征较好地保留了下来。

现在屯堡人的的语言属于北方方言区的官话，但与西南官话的贵州官话略有区别，如保存卷舌音 ch、sh、r 的发音，言语中带有较多的北方语系中的儿化音，音韵优美悦耳。总的来看，屯堡人的方言与周边地区的汉族方言不一样，可能与北方方言的江淮官话有较大的关系①。比如屯堡人说"吃茶"，屯堡人两字都卷舌，而且，对于"今天""明天"，屯堡人一般儿化，说成"今（儿）天"、"明（儿）天"。据研究表明，屯堡人的方言与今天苏皖一带方言十分接近。如发音读"萝卜""不要""对""村""脆"等与今天苏皖十分接近，显现出一种江南软语的意蕴，使人听来极富亲切感受和音乐性。而且，屯堡人长于用"完勒""得很"作为语气助词来强调事物的程度和结果，如称"好吃完勒""瘦得很""甜完勒"等②。同时屯堡人擅长用"言子话"，即汉字中的隐语，喜欢用四字词汇和谚语③。如大西桥、七眼桥、天龙、吉昌屯、九溪、中所等地方，其言子话随口而出，丰富多彩。显现了对汉语文化的理解和运用比其他汉族较为深入，这与屯堡人的特殊历史文化有关。屯堡人由于是汉族，对传统儒学文化有较为深刻的了解，所以才在汉语隐语、谚语等方面有较深的理解和运用，并对周边地区少数民族文化有一定影响。

二、服饰与民居

关于屯堡人的服饰很早就有记载。如《安顺府志·风俗》："屯军堡子，皆奉洪武调北征南。妇人以银索绾发髻，分三绺，长簪大环，缘风阳汉装也。"《安平县志·民风》："妇女青衣红袖，戴假角，以银或铜作细练系簪上，绕髻一周，以簪绾之，名曰假角，一名凤头笄。女子未嫁者以红带绕

① 孙兆霞：《屯堡乡民社会》，社会科学文献出版社 2005 年版，第 187 页。
② 俞宗尧：《屯堡文化研究与开发》，贵州人民出版社 2005 年版，第 29、34 页。
③ 孙兆霞：《屯堡乡民社会》，社会科学文献出版社 2005 年版，第 187 页。

头上。已嫁者改用白带。男善贸易，女不缠足，一切耕耘，多以妇女为之。"《平坝县志·民生志》："妇女头上束发作凤阳妆，绾—笄。"屯堡人的服饰主要体现了妇女服饰上，其制为右衽制的大襟、大袖、长袍，颜色尚蓝，以中蓝、湖蓝为主。袖宽一般在一尺左右，袍长可及小脚肚，两侧开衩。腰系黑色腰带，腰前系围腰。脚穿尖头绣花鞋。头缠青白头帕。服饰简朴，偶有装饰镶嵌。这种服饰与当地其他汉族明显不同，也不同于当地其他少数民族。一般认为这是"凤阳汉装"。但从明代与清服饰的比较来看，可能更像受满清服饰影响的明代服饰①。

有学者的调查表明，以前屯堡人的年轻女孩也是普遍穿屯堡服饰的，只是近几十年来在现代文明的冲击下，年轻女子已经不穿屯堡服饰了。不过，女性一旦结婚成家后，在当地社会环境和家庭教育的影响下，仍然纷纷穿上传统屯堡妇女服饰，而且随着年龄变化款式和色尚。一般来讲年龄越大，服饰的色彩越深，如年轻人多着湖蓝、浅绿，额扎白布带，腰系白布腰带；年龄大一点的多着蓝、深蓝服饰，额扎青黑色布带，腰系黑腰带。据九溪村屯堡朱正全老人讲，以前屯堡女孩结婚时男方母亲都要专门为儿媳准备一套屯堡服饰，只是现在还要同时准备一套婚纱。袁继云老人也谈到婆婆要求媳妇穿屯堡服饰。从考察来看屯堡人不仅在节日中穿，在日常生活劳作中妇女都穿屯堡服饰②。

屯堡人的民居建筑承载着深厚的历史信息。从建筑形式来看，主要为地面式的坡顶建筑为主，外观质朴，注重内部装饰，特点是惯用石墙、石瓦为房，村寨往往修有防御功能的门楼，透露军事移民与环境结合的特点；从建筑布局来看，深受中国传统建筑的布局特色的影响。如九溪村坐西朝东，坐落在三面依山、一面临水的半封闭环境，地形微向东倾，北为詹家坡，西为猫林坡，南为王家坡，东临九溪河，深受传统中国左青龙，右白

---

① 孙兆霞等：《屯堡乡民社会》，社会科学文献出版社 2005 年版，第 187 页。
② 阚军：《西南地区三个区域文化传承类型与教育法律保障的思考》，西南大学 2010 年博士学位论文，第 59—60 页。

虎，前朱雀，后玄武的影响①。屯堡人的建筑有着浓厚的汉族文化内涵，讲究风水堪舆，如靠山不近山，靠水不近水，坐向以南北为宜，要符合"立脚点前朱雀，后玄武，左青龙，右白虎""山管人丁水管财"等传统理念②。

三、节日与民歌

屯堡人的节日与汉族完全一样，只是由于文化来源的相对原始，受到外界影响相对更小，在节日上体现得更原始古朴。屯堡人为多神信仰，这样使得他们的节日既有传统的庆贺奠祭节日，也有崇神的拜佛会等活动，一年四季不断。屯堡人的春节十分隆重原始。腊月三十日一般在鞭炮声中怀祖请神灵，贴春联、神像、神影，要点燃所有灯烛。正月里一般多跳神、玩花灯。妇女们正月初二上井里挑银水，初五要敬五谷大神，初九要给玉皇大帝庆生，进庙烧香，十五过大年。三月传统清明节，屯堡人十分重视。各大姓先给各族入黔始祖上坟，称上大坟，后分家支，各家上坟。五月端午节也十分隆重，挂菖蒲、艾草，吃粽子、喝雄黄酒，房前屋后撒雄黄，用雄黄酒在小孩额上写王字，或用雄黄酒泡过的独蒜做成香包挂在小孩头上。七月半要过鬼节，供奉祖先位，用南瓜做成船放河灯等。中秋节要拜月亮，吃糍粑、月饼、瓜果、吃月亮菜。十二月初八，也要过腊八节。这些节日与今天汉族相差不多，只是节日内容屯堡人保留得更丰富一些。除此以外，屯堡人还要过二月十九日观音节、三月三日蟠桃会、四月八的"开秧门"、六月初六的六月会（土地菩萨生日）、十月初一的牛王会，十二月二十三日祭灶神等活动，这些活动保留下来，显现了屯堡人对传统汉族文化保留得更多的事实③。

屯堡人的民歌文化艺术十分丰富，主要有地戏、花灯、山歌、唱书等，一般而言以地戏最有特色。地戏、花灯、唱书的原始性充分体现了屯堡人

---

① 燕达等：《六百年屯堡——明王朝遗民纪事》，贵州人民出版社2002年版，第107页。
② 俞宗尧等：《屯堡文化研究与开发》，贵州人民出版社2005年版，第36页。
③ 俞宗尧等：《屯堡文化研究与开发》，贵州人民出版社2005年版，第100—101页。

在保留中原传统汉族文化方面所起的作用十分明显。特别是作为军傩的地戏，在中原军傩普遍消失的背景下，将其保留下来，是有很大的学术价值的。以山歌而论，屯堡山歌形式多样，有盘歌、对歌、疙瘩歌、刁难歌、飘带歌（九连环）等，其中以对歌、盘歌最普遍，内容不拘，天南海北，四时变化，生活生产都是演唱内容。但以疙瘩歌、刁难歌、飘带歌（九连环）最为特色鲜明。如疙瘩歌唱说相兼，形式特别；而飘带歌十分逗趣，把七字任意发挥，大量使用衬词，使山歌更加活泼多趣①。

总的来看，屯堡人的文化中保留大量中原汉族古风，较少受到当地其他汉族和少数民族的影响，成为相对独立的汉族文化孤岛。

上面我们梳理了乌江流域三个不同地区的民族历史和文化发展的基本脉络，显现了三种不完全一样的民族文化的发展轨迹。我国是一个多民族国家，民族众多，分布广阔。以往学术界普遍以"民族地区"与"非民族地区""汉族地区"来划分研究空间。前者主要自指少数民族聚居区，后者为汉族聚居区。但是实际上目前在中国的有一些地区，虽然历史上为少数民族聚居区，民族特征十分明显，但在近几百年的历史发展中汉化较明显，民族特征已经较多失去，现在只是由于各地区民族意识增强、民族意愿明显和各种政治、经济发展的需要，这些地区成为自治区、自治县、自治乡等民族自治地区。这类地区在社会发展中存在着自身的矛盾和特性，与典型的民族地区和汉族地区在许多方面都存在一定的差异。例如，分布于今天乌江流域湘、鄂、黔、渝交界的土家族地区就有这种特征。

同时，一些民族历史上民族特征明显，近一百多年来同样受到现代主流文化的冲击，民族特征有所丧失，但由于区位、发展历程等因素的影响，民族特征相对保存较好。如今天乌江流域的贵州黔东南苗族侗族聚居的地区。还有汉族的个别民系，由于特殊的发展历程，使其文化不仅有别于当地的少数民族，也有别于当地的其他汉族，形成相对独立的文化特征。贵州屯堡人就是这样的一支民系。屯堡文化保留了汉族某个历史时期和某个

---

① 俞宗尧等：《屯堡文化研究与开发》，贵州人民出版社 2005 年版，第 96—98 页。

地区的文化特征，使成为某一个特定时空的文化遗产范本①。

正是由于乌江流域既是少数民族的聚居区，又存在着上述多种不同的民族文化类型，使该区域范围内的民族传统节日的传承与保护呈现出多样化的态势，这就要求政府、民间和相关的研究机构对乌江流域少数民族传统节日进行实事求是的具体分析，针对不同民族形态背景下的节日传承与保护制定不同的政策和措施，真正实现对乌江流域少数民族传统节日长期、有效、灵活、可持续的保护，促进落后民族地区社会经济文化的全方位跨越式发展。

---

① 阚军：《西南地区三个区域文化传承类型与教育法律保障的思考》，西南大学2010年博士学位论文，第65页。

第五章　体系之道：乌江流域少数民族节日
文化传承与保护的问题与对策

　　乌江流域世居少数民族的传统节日形式多样，内容丰富，是中华民族悠久的历史文化的一个组成部分。传统节日的形成过程，是一个民族或国家的历史文化长期积淀凝聚的结果。作为非物质文化遗产的一部分，传统节日既是人性和个性的，又是乡土和民族的；同时也体现人类对世界的理解和心灵的追求，蕴含着人的智慧与创造力。面对汹涌而来的全球化浪潮，如何维护我们自身的文化命脉、保持和发扬自己的民族特性及文化个性，同时促进传统节日的产业化，已成为至关重要的研究课题。在乌江主要流经的贵州省，已经提出振兴文化产业的主要目标：到"十二五"期末，文化发展整体实力明显增强，初步形成具有贵州特色的文化产业体系，文化产业增加值年均增长速度明显高于同期全省经济增长速度，在国民经济中所占比重逐步提高，成为贵州国民经济支柱性产业。而传统节日产业在文化产业中具有举足轻重的地位，其发展潜力巨大，产业拉动能力强，所以，传统节日的保护、振兴、产业化发展理应是我们践行科学发展观的应有之义①。

第一节　乌江流域少数民族节日文化传承
与保护的主要问题

　　对于中华民族，尤其是中国的少数民族来说，经济全球化是一把双刃

---

① 周真刚：《贵州世居少数民族传统节日保护刍议》，《贵州民族研究》2013 年第 4 期。

剑:一方面,经济全球化使原本处于落后社会形态的少数民族地区随着交通、通讯、信息的便捷,实现了民族跨时代的进步;另一方面,经济全球化带来的现代化抹平了国家之间、民族之间甚至个人间的横向差别,社会结构趋于纵向的阶层化,而同一经济水平之间的差异日趋减小,这就给民族性带来了前所未有的生存挑战。对于我国广大的少数民族地区来说,如何在经济全球化背景下,在少数民族地区经济、文化、科技、教育现代化的浪潮中,实现本民族特色文化的传承与发展,这是一个严峻的问题。作为"民族文化标本"地区的乌江流域,以少数民族传统节日为代表的各民族文化和地域特色文化的传承、保护与发展同样遇到了一些不容回避的问题,需要各方共同去面对和思索解决之道。

一、经济基础薄弱、节日消费倾向鲜明

受政治、历史、环境等诸多因素综合影响,乌江流域民族地区整体的经济发展水平较低,该区域内的少数民族居民基本还处于传统的自给自足的自然经济阶段。在社会经济发展方面,乌江流域民族地区历来属于典型的"老、少、边、穷、山"地区,各方面条件较差,流域内民族地区处于武陵山区、乌蒙山区、滇桂黔石漠化区等集中连片特困地区,其中,贵州省道真仡佬族苗族自治县、务川仡佬族苗族自治县、关岭布依族苗族自治县、镇宁布依族苗族自治县、威宁彝族回族苗族自治县、印江土家族苗族自治县、沿河土家族自治县、松桃苗族自治县、黄平县、施秉县,重庆黔江区、石柱土家族自治县、彭水苗族土家族自治县、酉阳土家族苗族自治县、秀山土家族苗族自治县,湖北恩施市、利川市、咸丰县等县(市、区)2004 年 7 月被国家民族宗教事务委员会列为民族自治地方国家扶贫工作重点县。

与相对薄弱的经济基础相对应,乌江流域民族地区农村居民的消费文化特点鲜明,主要表现为:第一,消费偏好呈现"二元矛盾"。一方面呈现节约型消费偏好。农民在吃穿用住行等方面舍不得消费,消费对象以实用、价格适中、质量稳定耐用为主,而对美观、舒适、艺术性等要求相对较低。

另一方面呈现挥霍性消费偏好。表现为攀比消费严重，如在婚丧嫁娶方面大操大办互相攀比，举债建房以争得"面子"，造成了极大浪费，限制了农村购买力向其他消费品转移；人情消费突出，如请客送礼走后门之风在边远农村较为普遍，制约了农民可支配收入的增长；愚昧消费粗放，如祭奠祖宗，求神祛鬼，进行迷信活动，从来不惜成本等。这种"二元"对立的消费偏好导致消费结构畸形发展，不利于农村居民物质生活质量的提高。第二，节日消费突出。尽管当地农村居民并不富裕，平常也较为节约，但逢年过节，尤其是民族传统节日，消费起来往往十分豪放，不计成本，甚至借贷消费。乌江流域少数民族众多，少数民族节日更是不胜枚举，所拉动的消费不可忽视。如苗族节日有苗年、四月八、吃新节、芦笙节、花山节、赶秋节、踩鼓节等；布依族节日有三月三、四月八、六月六等；彝族节日有彝族年、火把节、跳公节、插花节等；白族有绕三灵、小鸡足歌会、三月街、渔潭会、栽秧会、火把节、石宝山歌会等；仡佬族节日有祭山、吃新等；侗族节日有花炮节、赶社、斗牛节等；回族节日有开斋节、古尔邦节和圣纪节等；土家族的"赶年"也甚为隆重。乌江流域少数民族居民在节日消费中，"食"处于首位，服饰、娱乐、道具等消费排在其次。总体来看，乌江流域民族地区的节日消费量较大，具有很大的潜力，这种因民族节日所形成的消费需求已经构成了乌江流域民族地区农村居民的消费特色，消费市场开拓前景广阔①。

二、思想观念落后、节日陋习曾现

乌江流域少数民族地区，由于贫困人口比较集中，社会整体的文化层次较低，造成该区域内人们的思想观念比较落后，或安于现状、贪图享乐、不思进取，或迷思迷信、沉溺幻境，或固步自封、懒于进步，或夜郎自大、坐井观天。这都对民族传统节日文化的传承、保护与发展构成了威胁。在

---

① 熊正贤、吴黎围：《西部贫困山区农村居民消费问题研究———以乌江流域民族地区为例》，《贵州民族研究》2010 年第 6 期。

这样一些充满负能量观念的影响下，历史上乌江流域少数民族地区也曾出现过一些节日陋习。如在乌江流域少数民族大大小小 1000 多种的节日集会中，有一些祭祀性质的节日还残存着宗教迷信的烙印，像苗族的"吃牯脏""打石头仗"、侗族的"打黄瓜仗"这些或造成浪费，或制造伤亡的节日陋习，也曾出现过。此外，历史上，节日有时还成为官民矛盾的导火索，如始辟于元末明初的贵州凯里舟溪甘囊香芦笙堂，在相当长一段时间内被政府取缔，苗族人民在忍无可忍的情况下，怒刻石碑声明："窃维吹笙跳月，乃我苗族数千年来盛传之正当娱乐。每逢新年正月，各地纷纷循序渐举，以资娱乐而贺新年；更为我苗族自由婚配佳期，其意义之大良有也！"由于苗族群众的坚决斗争，甘囊香芦笙堂终在 1942 年恢复。

三、自然旅游资源丰富、但基础条件较差

乌江流域自然旅游资源与人文旅游资源联系比较紧密，据相关学者统计，乌江流域仅贵州境内，旅游区域的民族节日集会就多达 335 种。这些分属各民族的节日集会，又因民族习俗不同，节日内容也呈现出多种多样、纷繁复杂的形态。但共同点在于这些节日集会的地点，多数在风景名胜之地，如黄果树、石头寨一带布依族的"六月六"，飞云崖的苗族"四月八"，清水江上施洞的龙船节等，都是闻名遐迩的民族节日聚会。又如黎平、从江、榕江等侗族地区和凯里附近苗族聚居区，更是以热情好客闻名。然而，虽然有自然形成、历史造就的丰富的民族地区旅游资源，但乌江流域由于经济发展滞后、人文旅游观念刚刚兴起，旅游区硬件上缺乏游乐、观赏、休闲、食宿等基础配套设施，软件上缺乏文化氛围和专业的导游解说人才，不能满足日益增多的旅游者探索景点人文历史、参与景区游娱活动、体会风景文化享受的诉求，限制了乌江流域旅游资源和节日文化的开发与利用。

四、政府重视程度不够、政策不到位

对于乌江流域少数民族传统节日文化的传承与保护，已有的一些传承

保护措施缺少科学性和可持续性，缺少有针对性的、长期保护目标和短期开发目标相结合的战略性保护规划。现在地方政府在少数民族传统节日文化的传承与保护中承担着过多的责任，其应有的导向作用没有能够完全发挥，过于强调体现政府的主体和主心骨作用，而且由于政策的介入打破了民族文化自身已经存在的传承保护机制，反而为民族文化本身存在的传承保护机制带来了危机。政府行为一旦中止，旧有的传承保护机制不能及时地实现自我恢复的情况下，民族文化在政府短期行为中所受到的损害往往大于保护，甚至会出现民族文化自身传承保护链的断裂。

总而言之，在全球化和现代化背景下，传统的民族村落受到了强烈的冲击与碰撞，乌江流域少数民族传统节日文化的传承与保护受到了巨大的影响。具体而言，表现在农村基础设施的改善打开了乌江流域传统民族村落通向外部世界的大门之后，以汉文化为主的外来强势文化让民族文化快速衰退；此外，信息化的无处不在造成乌江流域民族群众思想观念的改变；再加上"打工潮"加速了乌江流域民族地区文化的更新交替，最终造成了乌江流域少数民族地区民众的经济生活、社会生活发生了翻天覆地的变化，当地的有形和无形文化也在经历着不同程度的转型。这种变迁并不是传统民族文化内涵的全部丧失，而是传统文化和现代因素的互渗、整合和重构。传统文化与现代化的差异是明显的，但是，作为一个传统的民族地区，在传统节日文化的传承和变迁中，不断表现出了与现代化的冲突性和交融性，促使传统文化不断发生离析与整合。

第二节　乌江流域少数民族节日文化传承
与保护的主要对策

文化在推进民族发展与进步的过程中发挥着极其重要的作用，是维系一个民族认同感的重要纽带。对中华民族而言，中华文化不仅是整个民族的血脉，而且也是炎黄子孙共同的精神家园。中华民族五千年的历史，其间不乏战乱和祸患，但是整个民族却始终能够紧紧团结在一起。究其原因，就在于有源远流长、博大精深的中华文化作为支撑。历史发展的脚步一刻也不会停歇，中华民族在漫长的历史征途中走到了今天。当今世界正在朝着经济全球化和世界多极化的方向发展，这种发展趋势已经成为推动社会发展的主要力量。在这一时代背景下，每个国家都在努力提升本国的综合国力，以期在新一轮的国际竞争中脱颖而出，抢占发展的先机。文化作为综合国力的重要组成部分，因此也受到越来越多人的关注与重视。文化作为一种软实力，在日趋激烈的综合国力竞争中发挥着不可替代的重要作用。也正是基于提升综合国力增强国际竞争力的考虑，我国近些年来尤其重视国家文化软实力的培育与提升。2011年10月，中国共产党十七届六中全会在北京召开，会议通过了《中共中央关于深化文化体制改革推动社会主义文化大发展大繁荣若干重大问题的决定》。这次全会为推动我国文化实现质的飞跃创造了条件，也为进一步发展好文化产业、促进文化产业的培育与发展指明了方向。因此，在我们全面建设小康社会的征程中，在坚持以经济建设为中心不动摇的前提下，必须创造一切条件来促进文化的大发展大繁荣，努力提升文化软实力，以此来增强综合国力。

民族传统文化是祖先留给我们的宝贵遗产，是我们生存的精神空间，是我们发展的基础。传统民族地区保留了大量各具特色的节日文化，承载了厚重的中国农耕文明和乡土文化。如果丢失了传统节日和传统节日文化就是失去了对古老文明的记忆，就很难让我们的子孙后代了解到中国社会发展的脉络，从而使其失去对历史的回顾，进而失去对未来规划的根基。在我国民族地区经济不断发展、人民物质生活不断改善的情况下，扎扎实实地抓好节日文化的保护与发展，有效地实现少数民族群众的文化利益，提高少数民族群众的整体素质，结合当前社会主义新农村建设，加快民族地区全面建设小康社会，促进民族团结和社会稳定，提高构建和谐社会的能力，有着至关重要的作用。乌江流域地处我国西南腹地，千百年来，乌江流域各族人民创造了独特而多元文化交融的民族文化。乌江流域民族文化具有民族性、先导性、开放性、包容性、多样性和地域性的典型特征，是中国西南地区多民族文化的重要组成部分，是文化改革发展繁荣的不竭源泉。改革开放特别是党的十六大以来，乌江流域民族文化建设步伐加快，文化体制改革不断深化，文化事业和文化产业发展取得新成就，人民群众的精神文化需求得到更多满足。同时，在乌江流域范围内各级党委和政府的正确领导下，立足于本地区丰富的文化资源，充分挖掘文化发展潜力，有力地推动了本地区经济社会的协调发展，为推动乌江流域民族地区文化繁荣发展奠定了坚实基础。但是，乌江流域文化发展与经济社会发展和人民的精神文化需求还不相适应，还存在一些突出矛盾和问题：一些地区和部门对推进文化建设的重要意义缺乏正确的认识；文化建设投入严重不足，文化基础设施十分薄弱；公共文化服务体系不完善，公共文化服务水平不高；文化产业规模小，缺乏竞争力；文化资源保护和开发力度不够，文化精品力作不多；文化人才匮乏，文化队伍建设亟待加强。为此，为了促进乌江流域少数民族传统节日文化的传承与保护，提出以下对策。

一、树立正确的民族节日文化发展观

要实现乌江流域少数民族传统节日文化的有效传承，首先就必须坚决摒弃原有的发展观。以往一谈发展，人们首先想到的就是经济发展，错误地将社会发展水平与经济发展水平划等号。在这种发展观的指导下，各地片面追求经济发展的速度，从而忽视了经济与社会的协调发展。也正是在这一背景下，党中央适时提出了科学发展观。科学发展观的提出对实现经济与社会的全面协调发展具有重要的理论与实践意义，对纠正以往的错误发展观同样具有深远的意义。因此，坚持科学发展观落实到民族传统节日文化传承与保护方面就是要牢固树立正确的民族发展观，要坚持发展为了人民，发展依靠人民，发展成果由人民共享。具体到乌江流域少数民族传统节日文化发展的实际，就是要努力做到促进各民族的共同发展，要坚持从广大人民群众的根本利益出发来制定民族经济发展的规划与目标。只有这样才能实现经济与社会的协调发展，也才能获得最广大人民群众的拥护与支持，进而取得良好的发展效果。为此，首先，要始终坚持促进经济发展。无论什么时候经济发展始终是首先要解决的问题。没有经济发展，整个社会也就因之失去了赖以发展的前提与基础。同时，没有经济发展，人民物质文化生活水平的提高也就根本不可能实现。因此，在实现本地区民族发展的过程中必须始终坚持促进经济发展；其次，在设计民族经济发展模式中必须坚持民族价值取向，也就是说要以本地区各民族群众的发展需求来谋划发展，只有这样才能得到最广大人民群众的支持与拥护；再次，针对本地区民族区域经济发展的具体特点来制定科学的区域发展政策，保证所制定的发展政策能够符合本地区民族发展的实际。

二、实施因地制宜的节日文化保护政策

每个民族都有自己独具特色的传统节日。这些节日大多与该民族的原始宗教仪式有关，体现着人类对于自身与自然关系的态度。随着时间的推移，民族节日的原始宗教意味逐渐淡化，而对族群内部的文化认同、情感融合、营造共同的文化记忆空间等方面的作用不断加强。一般认为，传统节日具有两种功能。对内，使每个成员之间具有向心力和凝聚力；对外，则通过文化符号系统性地汇集和传播，表达其文化诉求。节日是具有周期性和仪式性的集体活动，是民族心理及民族情感的集中表现。它的表现形式都基于"集体"这个概念。根据节日的集体特性，节日保护从内容选择、方法实行、制度制定等各个环节都应该置于集体记忆的视角之下，保护过程也同时应看作是一个经过集体共同讨论和决策的过程。

节日保护的集体性具体到乌江流域少数民族传统节日文化的传承与保护中，首先应落实节日文化保护的内容须经集体确认。节日是集体活动，活动的内容理应由集体共同确定。节日把文化的各种形式在一个特定的时段和一个特定背景下串联起来，使"文化"这一抽象事物有了充分表达的空间；同时，它又绝不空洞，因为节日上的每一个细节都可以回归到该文化社区每一天的生活中去，流淌着该民族文化的血液。一个不是从当地民众主观意愿出发的节日活动，要想开展起来是难以想象的。

其次，节日文化保护的形式应由集体选择。节日的功能性还体现在它可促进族群内的交流，提供创造性集聚的可能。如苗年节作为一种集社交

性与娱乐性为一体的民族节日，每逢庆祝活动通常都要跳芦笙。经过调查发现，跳芦笙是该村寨集体认为必有的节日文化，相应的保护方式也应遵照集体共同选择。

最后，保护机制的建立应该依照整体性的观念。整体性是村寨节日文化的特点之一。在传统文化的保护过程中，不仅要注重对于节日本身的保护，更要注重对节日文化活动所延展的内容进行保护。节日活动是村落文化遗产最耀眼的部分之一。不过任何一种节日活动都由若干相互联系、相互作用的部分构成，其中内部信息的传递和交流使得保护的内容形成一个有机的整体。乌江流域大小节日都是集传统歌舞、农事、服饰、祭祀、组织管理等为一体的综合性活动。以乌江流域雷公山区典型的苗族聚居村落控拜过节时跳芦笙为例：年轻女子身着盛装，配以全身的银饰，是妇女们和银匠谈论的重要话题。妇女们仔细看哪家姑娘盛装最好，刺绣图案怎么样，色彩搭配协不协调，刺绣针脚整不整齐。银匠们则一边看跳芦笙，一边议论哪家的姑娘佩戴的银饰造型有特点，花纹是否精细、耐看，编结是否精巧。这些妇女和银匠组成一个不公开露面的评委会。评委会认为哪家的姑娘盛装好、银饰齐全，而且工艺水平高，姑娘长得漂亮，才有资格在跳芦笙队里站在最前列。这种村寨原生的刺激机制鼓励着每位母亲为女儿做出更美丽的盛装，鼓励做银匠的父亲打出更精致的银饰。相应地，这些母亲和父亲也在切磋交流之中获得启发，从而取人之长，补己之短，最终在传统的社区之中全体成员获得共同的进步①。

此外，在具体的政策层面，还要努力推动跨区域的《乌江流域文化产业促进条例》的出台。若要传统节日得到很好的保护和产业化发展，进而推动全流域特色产业群的建设，在发展初期就需要政府的大力扶持，主要包括财政、税收、金融、土地、人才等方面的扶持。这些具体的制度和措施最好以地方性法规的形式加以固化，这就必须出台跨行政区域的《乌江

---

①　朱晓星、但文红、宋江：《集体记忆视角下的民族文化节日保护探索——以贵州控拜村为例》，《河南教育学院学报（哲学社会科学版）》2012 年第 3 期。

流域文化产业促进条例》。只有这样才有利于该区域吸引外来投资，促进传统节日产业实现跨越式发展，并迅速形成竞争优势。其实乌江流域部分地区已经进行了传统节日产业化发展方面的探索，但急需规范化、制度化。在大力发展文化产业的背景下，要想实现少数民族传统节日文化开发和保护的双赢，我们应该认识到少数民族节日文化的特殊性，尊重文化主体的意愿，尽量避免旅游活动导致少数民族传统节日的过度商业化①。

三、通过传统节日文化的有效载体营造节日氛围

传统节日作为各民族生活习俗的重要外在表现形式，对凝聚民族精神与民族情感、促进民族间的认同与团结具有十分重要的意义。同时，传统节日所蕴含的丰富文化含义还承载着中华民族的文化血脉与思想精华，是维系民族认同、维护国家统一、实现社会和谐的重要精神纽带。因此，如何有效借助民族传统节日推动民族文化优良传统的弘扬就是值得深思的问题。为此结合乌江流域民族节日文化的具体实际，对有效利用本地区丰富的民族节日文化资源增进民族间的和睦与团结提出如下建议：

第一，要深入挖掘本地区民族传统节日的丰富文化内涵，依托民族传统节日这一载体促进民族间的团结与和睦。在挖掘民族传统节日丰富文化内涵中要注意保护极具地方与民族特色的节日文化传统，对其所蕴含的内在含义进行现代化的解读，以此来满足其宣传与推广的需要。在依托民族传统节日这一载体的过程中要努力做到与时俱进，将节日的文化含义与群众日常生活紧密联系起来，增强民族传统节庆活动的群众性与广泛性，最大限度地展现节日的吸引力与感染力，使民族传统节日成为民族优秀文化展示与传播的重要平台，成为有效满足各民族群众精神文化生活需求的重要途径。

第二，努力做好民族传统节庆活动，特别是要做好重大节日（春节、清明节、端午节、中秋节等）的庆祝活动的组织与筹备工作。对这些活动

---

① 周真刚：《贵州世居少数民族传统节日保护刍议》，《贵州民族研究》2013 年第 4 期。

要精心安排，做好宣传工作，努力扩大活动的影响，以此来吸引更多的人关注传统节日。

落实到政策措施方面，重点应加强以下几个方面的工作：

第一，指导举办好一批具有相当规模和影响的民族传统节庆。任何一个传统节庆，都有与之相适应的文化内涵与特征。对那些业已成型，并且具有一定知名度和美誉度的少数民族传统节庆，在与市场接轨的过程中，要进行及时有效的指导，更加注重挖掘其中的丰富文化内涵，展示多彩民族文化。而少数民族传统节庆活动有无特色，是节庆活动有无吸引力和生命力的关键。不论是政府主导的节庆，还是群众自发组织的节庆，都要把舞台留给群众，这个舞台有了群众才有特色。随着时代的发展，也给传统节庆提出新要求，需要赋予新的内涵，展示与时代相适应的形式。要以先进的文化思想、开放的文化价值、现代的管理理念去指导民族节庆活动，努力追求民族传统节庆活动的效益最大化，让节庆活动成为促进民族文化发展的催化剂，拉动经济增长的助推器。以黔东南苗族侗族自治州台江县苗族姊妹节为例，该节已经成为台江县苗族文化保护与发展的一个知名品牌，各种非物质文化遗产与民俗活动在节日期间得到集中展示，传统文化得以很好地传承。同时，也为台江县经济的又好又快发展创造了机遇。

第二，扶持一批具有潜在发展前景的民族传统节庆。对那些群众积极性高、具有民族特色和地方特色的节庆，安排必要的资金进行扶持。要善于总结长期以来的好经验好作法，有的给钱，有的给物，并结合形势发展加以完善，探索花钱不多、效果又好的扶持方式。节庆活动大多是很盛大的活动，需要一定场地作支撑。因种种原因，许多民族传统节庆活动场地年久失修，严重影响到民族传统节庆活动的开展。要对节庆活动场地的现状进行一次调查摸底，根据情况制订扶持维修计划，通过整合各方面资源逐年进行维修。要始终把握民族传统节庆的办节方向，注重把握传承文化精神和文化力量，推动在旅游文化中摄入传统节庆文化的因素，促进在现代化的过程中让民族传统节庆文化为全民所共享，甚至于为世界所共享，实现优秀民族传统节日文化的有效传播。民族传统节日是独具魅力的传统文化资源，因其开发的特殊性，政府在民族传统节日开发中的介入行为不仅是必要的因素，而且是拓展传统节日文化功能的积极因素。在少数民族传统节日的旅游开发中，政府利用其所掌握的各种资源对少数民族传统节日进行预先宣传促销、活动统筹、节目策划、仪式展演、民族旅游、商贸洽谈等具体的项目策划设计，最终目的是为了扩大少数民族传统节日所在地的旅游影响和形象推广，吸引更多的投资商，促进当地经济和社会的全面协调发展。但是，各级政府也应该时刻铭记自己是一个"服务提供者"，少数民族才是其文化的"主人"，民族性是少数民族节日文化的特性，也是民族地区文化产业发展的一个显著特征。在具体的开发实践中促进当地少数民族的有效参与，协调旅游企业等各方面的利益诉求，调动一切积极因素，共同参与到当地的旅游开发和传统节日文化保护中，是少数民族传统节日文化开发利用与可持续发展的关键所在。

第三，挖掘一批具有民族文化内涵的民族传统节庆。对乌江流域需要挖掘的传统节庆，要进行科学规划并逐一制订可行方案：一是注重挖掘节庆的文化内容。坚决杜绝在节庆活动中，打着民族的幌子，过于注重追求节庆市场化效应，导致没有民族文化的底蕴，缺乏民族文化的标志，从而损害了民族节庆活动的生命力。因此，必须注重节庆文化内容的挖掘，让文化特征更为显现，更具民族特色。二是注重挖掘节庆的文化形式。节庆文化内容要靠一定的文化形式来表现，加深对民族传统节庆活动在现代中的深层次文化意义的认识，挖掘出一批既体现经济与文化互动发展规律、继续发挥原有的功能，又被赋予新的历史使命的民族传统节庆，使办节过程成为促进民族文化保护与发展的过程，成为拉动地方经济增长的过程。三是注重挖掘节庆的文化符号，塑造节庆文化名片。节庆的文化符号，是节庆特色的重要表现，也是区别其他节庆的重要标志。只有挖掘出具有本民族特色或具有节庆特色的文化符号，让人们一看就知道是什么民族的活动，什么地方的节庆，这样的挖掘才具有意义，更能塑造节庆文化名片。

在挖掘民族传统节庆活动的过程中，要注重发挥政府、民间、文化人士等多方面的力量，积极投入到民族传统节庆的开发过程中来。一是依托政府主导作支撑。节庆公共文化产品的属性，决定了政府部门在民族传统节庆活动中起主导作用。政府主导并不是政府包办，而是做政府应该做的事，也就是要对本地民族传统节庆进行科学分类，哪些需要指导、哪些需要扶持、哪些需要挖掘、哪些需要恢复，有一个完整而具体的规划，按年度分批组织实施。二是要依托民间力量作支撑。传统的节庆活动，是人们自发参与的，策划主体在民间；现代的节庆活动，往往是有组织的，策划与组织的主体是政府。要把节庆活动办得深入人心，深受群众喜好，必须创造条件提高群众的参与度，发挥民间力量的作用，真正做到还节于民。三是依托扩大宣传作支撑。公共文化产品的显著特征是产品的非竞争性，具有不可贮存的共性。民族节庆包括了直接经济效益和隐形经济效益，不论是直接的还是隐形的经济效益都要追求效益的最大化，需要让更多人知晓、更多人参与，更需要加大宣传力度来支撑。四是依托文化精髓作支持。民族传统节庆最大的亮点是节庆的文化内涵，要注重民族传统节庆文化的研究，深入挖掘民族传统节日的文化内涵，包括对濒临消亡的民族传统节庆文化实施保护性抢救，做好非物质民族文化遗产的申报，实施更加科学更加有效的保护，让文化在民族传统节庆中彰显魅力。五是依托多办节庆作支撑。只有各类节庆数量增多、内容丰富了，才能让多姿多彩的少数民族服饰、歌舞、习俗等得到充分展示，才能在不断的展示中实现保护与传承①。

四、建立科学高效的保护与传承机制

不管什么节日，都是需要人来参与、推动与传承的，人才是实现发展的重要依靠资源，只有有了高素质的人才队伍，才能为实现经济社会的全面发展注入持久的动力。当前，人力资源不足、人才队伍整体素质较低已经成为影响和制约少数民族地区经济社会发展的重要因素。因此，在推动少数民族地区经济社会发展中必须实施人才发展战略，培养大批高素质的

---

①　周真刚：《贵州世居少数民族传统节日保护刍议》，《贵州民族研究》2013 年第 4 期。

急需人才，努力提高所在地区民族的整体素质。为此，首先就必须高度重视教育工作。百年大计，教育为本。只有把教育搞好了，才能为人才的培养创造条件。要做好九年制义务教育的普及工作，同时在此基础上进一步提高高等教育的水平与质量，为培养大批高素质人才创造必要的条件。其次，要根据少数民族地区的自身实际进行教学安排，比如为有效保持少数民族的民族性，就有必要在具体教学中对少数民族学生进行双语教学，以此来使其民族性得以保持同时又能很好的适应现代化发展的需要。

具体到传统节日文化的传承与保护方面，就要做到在产业化与实现文化创新中不丢失作为原生文化的精髓，使传统节日不至于发生变异。传统节日是一种民族文化的载体，传统节日只有具备强大的活力才能传承和发展其所承载的民族文化，发挥其载体的作用。传统节日的活力不应倡导在"固化"的保护中实现，"活化"的保护和发展才是激发传统节日的强大活力的根本。因此，局限于传统的"博物馆式"的保护模式不适宜新时代背景下的传承和发展。由于民族传统节日习俗多掌握在少数年事较高的传承人手里，在传承不够理想的情况下，我们应当首先做好各种传统节日习俗的调查，并注意对年龄较大的代表性传承人的保护，形成必要的机制，对年龄较大的代表性传承人在生活、医疗等方面进行必要地保护和照顾。鼓励代表性传承人开展传习活动，开展对年龄较大的代表性传承人的扶持。培育和组建一批热爱民族传统节日、业务过硬、技术精湛、年龄和专业结构合理的传承人队伍①。

五、实施节日文化传承与保护文化工程

第一，大力实施文化精品工程，构建乌江流域节日文化强势品牌。首先，要打造乌江文化品牌。乌江文化涵盖以喀斯特地貌为主的自然风光；以古生物化石为主的地质文化；以史前文化为主的古人类文化；以民族大迁徙产生的文化大融合；以多民族聚居、交融形成的民族民间文化；以革

---

① 周真刚：《贵州世居少数民族传统节日保护刍议》，《贵州民族研究》2013 年第 4 期。

命战争和红军长征为主的红色文化；以历史和现代名人为主的人文文化等内容。繁荣发展乌江文化，要打破行政区划，整合文化旅游资源，着力打造文化品牌。如以黄果树、龙宫、格凸河等国家级风景名胜区和花江大峡谷、斯拉河、夜郎湖等省级风景名胜区为重点，打造以喀斯特地貌为主的旅游文化品牌；以关岭古生物化石群国家地质公园、平坝恐龙化石遗址、兴伟石博园、黄果树奇石馆为重点，打造地质文化和奇石文化品牌；以普定穿洞古人类文化遗址、平坝飞虎山古人类文化遗址为重点，打造古人类文化品牌；以夜郎文化、群舸文化、三国文化、屯堡文化、红色文化、抗战文化、"三线"文化等为重点，打造多元特色文化品牌；以布依、苗、仡佬等少数民族为重点，打造民族民间文化品牌等。其次，增强重大特色品牌节庆活动的影响力。如将中国·贵州黄果树瀑布节打造成具有世界影响力的重大旅游节庆品牌；将贵州安顺龙宫油菜花旅游节暨蜡染艺术节打造成全国知名的民间文化活动品牌；将屯堡文化节打造成世界唯一的军屯、商屯、民屯三位一体的旅游文化品牌；将"夜郎竹王节"打造成夜郎文化品牌；将布依族"三月三""六月六"，苗族"跳花节""四月八"，仡佬族"吃新节"，回族"开斋节""古尔邦节"等打造成民族民间传统节庆文化品牌等。再次，推出乌江文化精品。一是抓好重点题材创作生产。大力推进精神文明建设"五个一工程"，拍摄一批代表区域文化特征和民族风情的影视剧；创作生产加工《亚鲁王》《屯堡的传说》《黄果树传奇》等一批舞台剧；加强民族历史文化的发掘整理研究，推出一批历史文化研究成果；编辑出版一批国家级非物质文化遗产作品选。二是建设文艺创作基地。整合社会资源，利用政策带动，多渠道、多形式，把基地建设与文化产业结合，建设原生态摄影基地、音乐创作基地、影视创作基地、文学创作基地、书法创作基地、美术创作基地等，为国内外艺术名家到乌江流域创作提供良好的基础条件，发挥基地的示范带动作用。三是强化文艺精品高端平台展示。有计划地推出更多的文艺精品，进入各级精神文明建设"五个一工程"重点项目和各级各类文艺大赛以及国家各类评选和展览。

　　第二，大力实施文化遗产保护工程，促进乌江文化可持续发展。文化遗产是不可再生资源，是前人给我们留下的精神财富。加强对文化遗产的保护和传承，是促进乌江文化可持续发展的重要内容。首先，要加强文化遗产保护。以各级重点文物保护单位为主线，以流域内各种陈列馆、旧居、"三线"遗址等为重点，抢救保护一批重要文化遗迹。加大境内条件成熟的景点申报世界自然遗产步伐，推动龙宫、格凸河、关岭古生物化石群等自然、人文遗产地的保护和合理开发利用。充分发挥国家级文化产业示范基地、全国科普教育基地的辐射示范带动作用。其次，扶持非物质文化遗产传承。努力打造文化旅游线路，通过各种途径实现完备的文化保护和利用体系，加快建设非物质文化遗产数据库的步伐，结合实施"百村计划"，积极申报一批省级少数民族文化生态保护实验区，建设一批少数民族博物馆或陈列馆。最后，建立文化遗产保护制度。建立非物质文化遗产传承人管理制度，形成传承的激励机制。建立文化遗产保护的人才培训制度和监督检查制度，大力推进文化遗产的依法保护，促进文化遗产资源在保护中得到合理开发利用。建设博物馆，推进考古发掘文物和社会流散文物的依法管理。加强历史文化名城、名镇、名村的保护、管理和申报。

第三，大力实施文化传播工程，提升乌江文化的知名度和影响力。首先，要推进现代传播体系建设。建设高水平的党报党刊与广播电视系统，从各个环节上保证有效传播的实现，并且朝着数字化、信息化的目标迈进。大力发展新媒体，支持报纸和平面媒体，立足乌江，覆盖西南，提高品牌影响力。建立安全可靠的紧急广播信息发布和传播系统。推进电信网、广电网、互联网三网融合。加强图书馆数字化、文化馆网络平台建设。确保各类信息网络设施发挥出最大的文化传播作用，有效实现信息网络间的互联互通、有效运行。其次，建立健全文化交流合作机制。充分发挥各方面的力量来进行本地区文化的宣传工作，加大宣传力度。对与宣传本地区民族文化相关的各部门进行有效整合，使其发挥合力做好宣传、推介工作。同时，要努力构建各类文化资源交流合作的平台，大力开展经贸外宣和文化旅游外宣。既要"走出去"，又要"请进来"，以招商引资带动文化开放，以文化交流促进经贸合作。着力打造一批外宣精品，加大文化产品的推介力度，强化高端平台展示，提升乌江文化的知名度和影响力。最后，实施文化"走出去"战略。创新乌江文化"走出去"体制机制，组建对外文化交流合作协会，以此来加强与国内其他地区以至国外一些地区的文化交流与合作。探索建立文化产品与服务出口平台，为本地区的文化企业更好的参与到国内以至国际竞争中创造必要的条件。对一些具有比较优势的对外文化出口企业与产业基地进行重点扶持与培育，为其开拓更为广阔的市场创造各种便利条件。同时，还要通过举办各种形式的对外展销会，大力宣传本地区的民族文化产品，吸引更多的外来商户与本地文化企业开展贸易与合作。

总体而言，实施乌江流域少数民族传统节日文化传承与保护的一系列政策和措施，最终目标就是要走民族特色与追求多元相结合的道路，强调民族特色，就是要通过丰富多彩的民俗活动内容，既体现民族传统节庆活动鲜明的主题思想和显著的地方特色，又展示民族传统文化与现代文明交相辉映的时代特征。强调追求多元，就是既打造具有知识性、趣味性、参与性的民族节日，又突出规模大、规格高、国际性等特点，形成各地民族传统节庆文化和民族节庆产业独特的风格和魅力。在民族节日开发过程中，保留什么，开发什么，包装什么，需要认真地思考，使其更好地体现民族特色与多元文化的结合①。

第三节　乌江流域少数民族节日文化传承
与保护的实践意义

在乌江流域世居的少数民族之中，各个民族都有自己独特的风俗习惯、文化传承、宗教信仰、生存方式等等，文化呈现出多元性与多样性的特征。丰富多彩的民族节日，绚丽多姿的民族歌舞，特色鲜明的民族建筑，精华荟萃的历史文物，精美繁多的民族民间工艺，艳丽缤纷的民族服饰，风味

---

① 周真刚：《贵州世居少数民族传统节日保护刍议》，《贵州民族研究》2013 年第 4 期。

独特的民族食品……这些得天独厚、别具特色的具有较高文化内涵的民族民间文化，蕴藏着绵延数千年的文化奥秘，构成了乌江流域极为丰富、最具魅力的民族文化资源。乌江流域少数民族传统节日，是乌江流域少数民族人民生活中的一大特色。这些民族传统节日源远流长，与少数民族人民的生活、劳动密切相关。在乌江流域，"大节三六九，小节天天有"。据不完全统计，乌江流域的少数民族节日有1000多个，规模较大的有100多个，其中包括苗族和布依族的"四月八"、布依族的"六月六"、彝族的"火把节"、水族的"端节"、瑶族的"盘王节"等等。随着历史的发展，今天的民族传统节日，实际上已经集民族风情、传统艺术、体育活动、贸易往来为一体，成为交流信息，增强民族团结的盛会。乌江流域各个民族都有自己的节日，参加节日的人数少则成千，多则上万。因此，传承与保护乌江流域少数民族传统节日，具有深远的意义。

一、促进地方发展经济

经济发展是实现少数民族地区民族文化发展的重要保证，离开经济发展根本无法实现少数民族地区民族文化的有效发展。由于历史和社会等各方面因素的影响，少数民族地区多是经济欠发达地区，经济发展水平较之其他地区存在很大的差距。因此，必须从各个方面下大气力来促进民族地区的经济发展，以此来为民族文化的有效传承奠定坚实的物质基础。以传统节日保护为基础促进其产业化发展，是对国际上"以文化为基础促进发展，用文化多样性推进经济发展方式多样性"的经验的借鉴，也是乌江流域民族地区实现跨越式发展的必由之路。从现行社会发展的趋势来看，表面上是经济的竞争占了主流，而实质上文化的竞争才是真正的主导。也就是说，社会发展的方向归根结底还是由文化来决定的，文化发展了，经济自然也不会落后。因此，发展具有民族特色的传统节日并将其产业化，对于促进本地区的可持续发展具有十分重要的意义。

二、促进民族共同繁荣

我国是一个由 56 个民族组成的多民族国家，除汉族以外的其他 55 个民族为少数民族。我国的少数民族多聚居在边疆地区，其中仅在乌江流域就集中了苗族、土家族、布依族、彝族、仡佬族、水族等 30 多个少数民族。这些不同民族所具有的文化呈现出不同的特点，由此组成了丰富多彩的民族文化"图卷"。在民族文化传承工作中，必须对各少数民族的文化予以充分的尊重与认可，要努力促进少数民族不同文化间的共生共荣。为此，必须要防止独具特色的民族文化被多元化发展浪潮所吞没，努力改造和创新落后文化，取其精华，去其糟粕，推动其朝着健康、现代的民族文化发展道路阔步前进。我国已经签署并批准了联合国的《保护和促进文化表现形式多样性公约》（简称《文化多样性公约》），该公约强调从三个角度来保护文化，即主权、人权和私权。加强对乌江流域民族传统节日的保护，避免国外企业和个人的不正当使用以及未经许可的商业性使用，就是在维护我国的文化主权。同时，文化也是一种人权，传统节日中凝结了一个民族的价值取向与精神追求，是该民族集体智慧的体现，保护民族传统节日就是保护少数民族的人权。在乌江流域的少数民族传统节日中，其类型是比较丰富的，包括纪年性、祭祀性、纪念性、农事性、社交性等各种类型，与此相伴的是这些节日的功能也非常全面，如娱神功能、娱人功能、传承民族文化功能、模塑民族心理功能等。此外，文化也是一种私权，各民族的文化认同、文化自觉与文化自信都决定了各民族对自己的文化产权非常重视，我们必须通过知识产权等加强对传统节日的私权保护[1]。

三、促进民族文化交流与沟通

文化的发展从来不是封闭保守的，文化在其发展的过程中必须要具有

---

[1]　周真刚：《贵州世居少数民族传统节日保护刍议》，《贵州民族研究》2013 年第 4 期。

开阔的对外视野。不同文化之间的相互融合与交流是实现其发展的重要外在推动力，因此，在民族文化的传承中必须创造各种有利条件促进本地区民族文化与外来文化的交流与沟通，努力构建和谐的民族文化。要做到这一点，就要在坚持本地区经济快速发展与大力推进民族文化多样性发展的前提下，积极主动地与周边地区以至更广地域的文化之间进行交流与互动，取其所长，补己之短，不断丰富民族文化的内涵。同时，要通过各种活动吸引外界关注本地区的民族文化，打造极具地方特色的民族文化"名片"，最大限度地为实现本地区民族文化与外界文化的交流与互动创造条件。

第六章 体系之境：乌江流域少数民族
节日场域的运行与维系

　　"场域"是以布迪厄为代表的西方社会学家基于行动/结构关系命题，从动态视角研究社会结构而提出的一个学术概念。至于"场域"的具体含义和界限，布迪厄始终没有予以明确。因为在他看来，"开放式概念的提法可以始终不停地提醒我们，只有通过将概念纳入一个系统之中，才可能界定这些概念，而且设计任何概念都应旨在以系统的方式让它们在经验研究中发挥作用"；"场域界限的问题是一个非常难以回答的问题，哪怕只是因为这个问题总是一个场域自身内部的关键问题，也不容许任何先验的回答"。当然，布迪厄在概念和界限界定问题上的开放态度，并不意味着他所主张的场域概念是一个混沌不清的范式，或者说以场域为视角进行分析和研究问题就没有基本的规则。总体来说，以场域概念为根据进行思考就是从关系的角度进行思考。布迪厄认为，从分析的角度看，一个场域可以被定义为在各种位置之间存在的客观关系的一个网络（network）或构型（configuration）；场域还可以设想为一个空间，在这个空间里，场域的效果得以发挥，并且由于这种效果的存在，对任何与这个空间有所关联的对象，都不能仅凭所研究对象的内在性质予以解释；由于一个场域的动力学原则在于它的结构形式，特别是场域中相互面对的各种特殊力量之间的距离、鸿沟和不对称关系，因而场域又可以理解为力量关系和包含各种隐而未发的力量和正在活动的力量的空间——一个争夺的空间，这些争夺旨在维持或变更场域中上述力量的构型；作为各种力量位置之间客观关系的结构，场域是这些位置的占据者所寻求的各种策略的根本基础和引导力量①。

布迪厄的场域概念，不仅形象地概括了现代社会的基本特征，而且提供了可供借鉴的研究路径。他认为，从场域角度进行分析涉及三个必不可少并内在关联的环节，即分析与权力场域相对的场域位置，勾画出行动者或机构所占据的位置之间的客观关系结构，分析行动者的惯习②。场域概念传入我国后，在社会科学领域得到了广泛的应用，各种概念，如教育场域、旅游场域等纷纷出现。本章的民族节日文化场域，是场域概念在民族节日文化系统的延伸和应用，主要是指客观存在的影响民族节日生成和发展的各种文化力量关系的网络或空间。在此场域内，各种文化力量依其影响力的大小占据不同的位置，并以此构型为基础影响着旨在调整该场域内各种客观关系的策略的制定与实施效果。

第一节　乌江流域少数民族节日场域的运行机制

在民族学、人类学和民俗学的研究中，"传承"是使用频繁的一个词，但是，至今并没有"传承"一词的准确的释义。可以确定的是，"传承"是动词，"传"，有传播、传扬、传递之意；"承"有承受、承续、承接之意。"传承"的形式可以是学校教育，但很多情况下是非学校教育。"传承"的主体内容是文化，但也可以包括其他的内容。有学者认为，文化传承是指文化在民族共同体内的社会成员中作接力棒似的纵向交接的过程；这个过程因受生存环境和文化背景的制约而具有强制性和模式化的要求，最终形成文化的传承机制，使民族文化在历史发展中具有稳定性、完整性、延续性等特征③。

---

① 〔法〕布迪厄、〔美〕华康德：《实践与反思：反思社会学导引》，李猛、李康译，中央编译出版社1998年版，第132—137页。
② 〔法〕布迪厄、〔美〕华康德：《实践与反思：反思社会学导引》，李猛、李康译，中央编译出版社1998年版，第143页。
③ 赵世林：《云南少数民族文化传承论纲》，云南民族出版社2002年版，第2页。

　　乌江流域各民族传统节日文化在漫长的发展过程中，形成自身独特的传承体系。这一体系不仅保证传统节日文化的传承得以正常地运作，而且它内部的输出输入机制还能使传统节日文化随着社会的发展不断地吐故纳新和置换变形。在正常的情况下传统节日文化这种传承体系与传统的农耕社会是相适应的，有它自己的生命力。但是在异常的情况下，传统节日文化的这种传承体系就显现出它的脆弱性，比如部落民族间的战争、大的自然灾害，以及强势的外来文化的冲击等等，都可能给传统节日文化及其传承体系以毁灭性的破坏。当前，我国社会正处于转型时期，随着现代化的进程加快，现代传媒的发展与普及，加上许多人为的因素，传统节日文化及其传承体系正受到前所未有的冲击，某些传统节日文化已濒临灭绝的危险。许多有识之士对此非常关注，也提出种种对策，如对传统节日文化资料进行抢救，建立资料信息库、传习馆和文化生态村等等。这些办法对传统节日文化的保护无疑是重要的，成绩也是显著的，但这些办法还不能从根本上解决各少数民族传统节日文化及其传承体系在现代社会中的生存和发展问题。它们更多的是一种外部的、静态的行为，远离了传统文化赖以生存的土壤，缺乏传统节日文化主体自觉、广泛地参与。因而，有必要深入到传统节日文化以及传承体系内部去寻求它自身的生存与发展之道。这就要求我们必须对传统节日文化及其传承体系进行深入的理论研究，去发掘它内在的生存和发展机制，增强自己的生存能力和对外部的适应能力，也就是去寻找传统节日文化内部所包含的生存智慧。

　　传统节日文化的传承体系内容无比丰富，它涉及到民间文化的传承特点、传承主体、传承方式、传承与传播的关系等等，当然，也包括本章提出的传统节日文化传承场域的概念①。在民族传统节日文化的传承体系中，有形的传承空间与无形的传承空间的具体体现，又可以概括为三种类型：自然传承场域、社会传承场域和思维传承场域。在这个基础上，我们就可以回答什么是民族传统节日文化的传承场域，或者说给它下一个定义：传

---

　　① 张福三：《论民间文化传承场》，《民族艺术研究》2004 年第 2 期。

承场域是民族传统节日文化传承的中介实体，是民族传统节日文化传承和发展的空间、平台和通道，是自然场域、社会场域和思维场域整合的结果。

一、民族传统节日文化传承的自然场域

民族传统节日文化与大自然有一种天然的联系。与精英文化、现代文化不同的是，民族传统节日文化从它诞生的那一天起，就把自己发展的根株深深地扎根于大自然的沃土之中。各民族的原始先民是在与大自然打交道中，是在认识、选择、利用、认同大自然中创造出自己的文化。大自然是人类文明最初的摇篮，也为民间文化的进一步发展提供了广阔的天地。因此，民族传统节日文化的传承体系，把自然环境作为自己的传承空间、平台和通道，那是理所当然的了。但是这里要指出的是，大自然并不是都可以成为民族传统节日文化传承体系中的传承场域。大自然的范畴与内容是无比广阔和丰富的。宇宙、大地、天空、江河、湖海、高山、森林以及客观世界中的万事万物都包容在大自然内。只有那些与人类的生存与发展休戚相关，与人类社会生活有着密切联系，又被人类所认同的那些自然环境的因素，才有可能成为民族传统节日文化传承体系中的传承场域。这些环境既是人类生活的客体，又被融入了某些文化的因素，因而人们把这样的自然，称作"人化的自然"。

各民族传统节日文化传承场中的自然场域是一个开放的空间。自然场域有大有小，但无论是哪一种自然场域，都具有开放性的特点。它主要表现在：

第一，民族传统节日文化传承中的自然场域，多选择在空旷的地带或开放的广场，可以容纳更多的人群。在这个广阔的舞台上，民族传统节日文化的创造主体，各民族的人民大众，可以充分表演他们创造的民间文化：给下一代讲述他们的历史和传统，举行某种宗教仪式，表达自己的种种愿望，按照自己地方、民族的伦理道德观念和行为规范去交朋结友；充分展示他们美丽的民族服饰，欢庆自己民族的狂欢节，甚至到了夜晚，燃起篝火，席地幕天，通宵达旦地进行，他们仿佛与大自然融为一体。

第二，自然场域的开放性，还表现在参加节日聚会的人群上。每个民族的节日聚会当然是以本民族为主体，但随着民族间的交往日益频繁，乌江流域各民族又大多处于"大杂居，小聚居"的状态，因此，在民族传统节日文化传承的自然场域上，不可能是清一色的本民族、本地区的群众参与。参与聚会的可能有不同性别的人、不同年龄的人、不同职业的人、不同阶层的人、不同村寨的人，甚至是不同地方、不同民族的人。这就打破了地缘的隔断，拆去了村寨的樊篱，消除了民族的界限，共享民族民间文化的成果，受一次民族传统节日文化的洗礼，还促进了民族文化的相互影响、相互交流。

第三，民族传统节日文化传承中自然场域的开放性，更表现在它是一个动态的过程。每个民族和地方的民族传统节日文化的自然传承场域，不仅有一个固定的地方，而且还有一个确定的时间，每年都要举行一次，周而复始，永不间断。这就在时间上保证了民族传统节日文化的传承像河流一样奔流不息。加之参与节日聚会的成员，不仅成分较复杂，而且经常处于不确定的状态之中，今年是这些人，明年又可能是那些人。当然，在一个相对的时间里，基本人群是不可能改变的。从文化传承与传播的角度看，这种动态性使自然场域形成纵向传承、横向传播的机制，它可以输出本民族的文化，也可以吸收其他民族和地区的文化，使自己的民族传统节日文化可以不断更新、不断发展。这就是民族传统节日文化自身的生存智慧。

二、民族传统节日文化传承的社会场域

社会场域也是民族传统节日文化赖以传承的平台和通道。民族传统节日文化传承体系中的社会传承场域，强调的是社会制度环境。与自然场域相比较，社会场域在内涵和外延方面都要深广得多。民族传统节日文化的传承场域与社会的联系的历史非常久远，可以追溯到史前时期最原始人群及其社会组织。针对对乌江流域少数民族的社会环境和发展状态，民族传统节日文化的社会传承场域较集中体现在家庭层面。家庭是各民族社会组织最基层的单位，也是民族传统节日文化传承的一个社会场域。而且这个

传承场域在整个民族传统节日文化的传承场中占有一个特殊的地位，它的作用不可低估。

第一，民族传统节日文化家庭传承场域是联结自然场域、社会场域和思维场域这三种类型传承场域的一个基础平台和桥梁，使它们之间可以互融、互通和互渗。就像每个家庭是民族传统节日文化创造主体的出发点和归宿地一样，这个传承场域也是民族传统节日文化传承的出发点和归宿地。在传统的农业社会里，一切都从家庭开始，一切又都回归于家庭。

第二，民族传统节日文化的精华内容，几乎都浓缩在家庭这个传承场域中，显示它的多种功能和价值。从婴儿呱呱坠地的那一刻起，就生活在家庭里，接受最初的民族传统文化的洗礼，从少年、青年、结婚成家立业，一直到走完人生的各个阶段。每一个阶段还要经历不同的角色转换，这种转换就是在民族文化的引导下和氛围中完成的。家庭还是民族传统节日文化的初级课堂，每个人都要在这个课堂里接受最基础的教育，学习祖先几千年来积累起来的各种知识和经验，掌握生产方面的各种技能技术。家庭还在精神上培养每个成员吃苦耐劳、勇敢无畏以及其他做人必备的思想和品格，使其懂得和遵守家庭、村落、民族、社会的行为规范和做人的准则等等。

第三，以传统家庭为中心的社会传承场域，空间虽然不是很大，但民族传统节日文化的创造主体却充分利用这有限的空间，贮存和传承着民族传统节日文化更多的内容。在家庭这个大框架内，还分出若干个小的传承场域，如在乌江流域土家族、苗族少数民族的传统家庭里，火塘、火铺就是家庭成员活动的中心，是家庭的灵魂，也是一个小小的民族传统节日文化的传承场。这里不仅体现出家庭中长幼尊卑的社会秩序，也是家庭议事决策的地方，是各种信息交换、传播的平台。子女结婚以后就要分家单过，组成新的家庭，分火塘的仪式是必不可少的，一个火塘就代表一个家庭。

三、民族传统节日文化传承的思维场域

思维场域是无形的传承场域，是一个很难说清的，但又必须面对的问题。人类的思维有多种类型和模式。按抽象性来分，有直观行动思维、具

体形象思维和抽象逻辑思维；按性质来分，还有原始思维、神话思维、野性思维和灵感思维；按人群来分还有群体思维、个体思维；等等。无论哪一种思维，都有一个它自己的思维场域，也就是思维的空间、通道和平台。

思维的过程和思维场域并不是按照既定的程序，被动地按部就班地去运作，它有很大的能动性和创造性。它们仿佛是一个巨大的工厂，利用丰富的原材料进行产品生产，然后还要将这些产品传送出去。当然这一切都是在人的大脑中完成的。人类的思维空间，也就是我这里所说的思维场域，在各种类型的思维模式中是普遍存在的。它不仅是普遍存在，而且在思维结构上还是多层次、多结构、多功能的开放性的空间。它本身具有的诸多动力可以保证所获取各种材料的记忆、存取、加工、传递和反馈，也就是说它具有操作能力，是一个能动的空间。各民族的传统节日文化是群体思维的产物。这是因为节日文化中的基本内容，大都产生在原始时代，而这个时代个体思维比较微弱，群体思维占绝对优势。在很大程度上，个体思维受群体思维的制约，个体只有在这种群体中才认识到自己，才感受到自己，超越群体的个体思维是较少的①。

第二节　乌江流域少数民族节日场域的时间维度

由于少数民族传统节日存在的基础是人们的时间观，因而民族节日文化场域的时间维度取决于节日时间与日常生活时间的冲突与消解。俗谚云："十里不同风，百里不同俗"，"一方水土养育一方人"。这些不同的"风俗"、不同的"水土"，孕育和涵造了不同的民族。不同民族因其民族风情不同而产生了各具特色的民族节日文化资源。

在文化产业作为"朝阳产业"或"无烟工业"的感召下，民族地区的民族节日文化资源的开发无一例外地成了地方政府脱贫致富的重要途径。但是，要把民族节日文化作为民族地区的重要产业发展好却并非易事。这

---

① 张福三：《论民间文化传承场》，《民族艺术研究》2004 年第 2 期。

不仅在于民俗文化资源与民族节日文化资源并非完全切合，而且民俗时间与节日时间也存在着一定的矛盾或冲突，只有消解了它们的冲突，才能确保民族节日文化的基本时间维度。

民俗讲求的是原汁原味的原生态文化，它的载体是当地百姓，它的展现方式是当地百姓的日常生活。或者说，当地寻常百姓家的生产、生活共同构筑了一个区域社会的民俗文化。节日讲求的是娱乐、狂欢，追求的是"异化的日常生活"。二者目标不同，使得民族节日文化自身成了悖论共同体：一方面，不是所有的少数民族节日事象，或者说民族节日的全过程都方便开发出来供游人观赏和参与。例如，乌江流域苗族二月"噜嘎粮"（吃姊妹饭），节日下午的晚饭不仅不对外开放，连苗家的所有男性都要回避，把时间让给姑娘们增进亲情、叙说友情；又如乌江流域各族普遍存在的祭祀祖先和鬼神的节日，一般也不会开放给本家支以外的人参观。另一方面，即使能够开发成为文化产品的民族传统节日文化大多也经过美化了的，因为它要符合参与者的观赏要求和"美"的感受。因此，所有的民族节日文化资源开发都是有选择性的，它有意或无意地"过滤"了许多民俗文化元素，使得民俗文化不再原汁原味，而是相对"真实"。

民族节日文化的相对"真实"，其实是一种文化协商。政府、当地人、表演者等相关从业人员以及参与者等共同塑造着当地民俗节日的"真实性"。从时间上来说，这种民族节日文化的"真实性"源于当地文化情境的设计与展演。以政府主导的规划设计者在把握当地文脉的基础上压缩或延长了某些民俗事象的展现过程，用虚拟的时间观念诠释了当地传统的民俗时间，把"过去时间"与"当代时间"直接对接，再造了"民俗真实"；当地人对规划者所开发设计出来的民族节日有着自我不同的时间感知，他们自身成了本土民俗的时间连线。在当地人的时间观念中，"过去"与"现在"能够有机连接，但他们能够清楚地知道哪些属于"过去"，哪些属于"现在"，而不像规划设计者那样"有意创造时间"；表演者等相关从业人员的时间观念介乎于当地人和旅游规划者之间，他们根据自我的"时间认知"诠释着规划者和当地人的民俗时间；参与者则是从外来者的身份欣赏着规划者为他们早已设定的"民俗时间"，体验着当地民众的生产、生活，因而夹杂着对目的地民俗文化真实性的协商与评判。

总体而言，民俗节日时间与日常生活时间是相互矛盾或冲突的。民俗节日时间有其自在的运行周期，一个区域社会的民俗事象基本上是在定格了的传统时间序列中呈现和反复①。例如乌江流域安顺地区的屯堡，是明朝政府为了统一西南而在贵州设立的军事单位，尽管明朝已成为历史，但屯堡却一直在中国西南部的贵州延续到今天，这一特殊的历史文化资源使屯堡人在时间观念上与周边民族地区有极大的区别，因此造就了别具一格的节日文化，极具文化产业开发的潜力。

从六百年前明朝政府的远征到现在，屯堡人在自己的土地上将明代的文化保存并延续了下来。屯堡人由中原汉族地区进入贵州后与周围环境中的其他少数民族交往中却保持着自己文化的独立，而不受到环境因素的干扰，并不断地将自己的文化一代代地传承了下来。屯堡文化在贵州的延续是孤独的，屯堡人这种对自己文化的保持使得屯堡文化在贵州民族旅游开发中显得与众不同。屯堡文化的传承来自于屯堡人极强的文化心理情结。由于屯堡人来自于中原汉文化发达地区，与贵州欠开发的社会现状相比，使屯堡人在文化心理上对于"夷地"的化外之民的文化心理防范是极深的。屯堡所代表的中原汉族文化充分地证明了几千年根深蒂固的文化思想在植根边疆民族环境后的生存能力。这种强悍的文化自我生存能力使得在屯堡区域内的明朝汉文化得以不断地传承下去。在异族文化环绕的情况下，屯堡文化由于文化的自我规约造就了文化上的自我超越。屯堡的发展以自己独特的历史文化为基础，通过文化产业开发带来的一系列活动的舞台取得了明显的进步。文化产业开发中的屯堡文化在根源上主要是立足于对贵州屯堡这一特定的历史现象进行文化上的再现。长期的历史积习，使屯堡人形成了自己独特的文化生活模式。在现代语境下，人们对屯堡人的了解认识最直接的来源大多数主要是对屯堡历史的回忆，同时社会的发展使屯堡

---

① 廖杨、蒙丽：《民族民俗旅游的时空维度与文化场域》，《广西民族研究》2011年第4期。

由历史上与外界的隔离转为有意识地关注外界的变化，为了能使自己的文化在极速发展的社会里生存下来，就必然要打破原有的生存格局去适应社会的变化。这种对自身文化发展结构的调整是文化发展过程中必不可少的重要环节。厚重的历史文化是屯堡地区在文化产业开发中独有的资源，外来研究者和游客对屯堡地区的介入重新唤起了屯堡尘封的记忆，屯堡人又找到了属于他们的文化，只是此时在旅游开发中的文化已不同于六百年前的屯堡。屯堡的发展离不开全国甚至外界文化的影响，这是文化发展的规律，文化产业开发加强了与外界的交流，对历史记忆的回顾与展望正是屯堡开发得以进行的重要因素。在屯堡文化特质的历史传承中，各个时期的文化受特定的社会因素的影响，在文化的传承发展上必然有所取舍。纵观历史上文化的传承在很多方面无不是吸收了其他文化的具有积极意义的因素而促进主体文化的发展的。但是，贵州的屯堡文化在对异己文化特质的吸收上并不是表现得很突出。对自己文化的强烈"偏爱"使屯堡文化在面对屯堡外界的文化时是如此的漫不经心，六百年前的汉文化将屯堡人的心理情感紧紧地连结在了一起。受中原地区汉文化的影响，生活中的屯堡人在中国传统文化的表现上显得十分的显眼，这也正是在现代语境下屯堡文化还能在贵州安顺一隅得以存在的理由。由此而形成的"屯堡文化"使得屯堡在现代社会的发展道路上必然将本区域内的文化存在作为文化产业开发的重要资源①。

第三节　乌江流域少数民族节日场域的空间维度

地球上任何一个民族都生活在一个地理空间当中。这个给定的地理空间赋予了生活于其中的民族以其独特方式造就自身及其文化：他们通过"文化"去认识资源，通过技术去获取资源。在长期与自然界打交道的过程

---

① 杨旭、杨昌儒：《文化场域在贵州民族文化旅游区域中的实践——以屯堡文化为例》，《贵州民族学院学报（哲学社会科学版）》2011年第4期。

中，不同民族对其所依赖的自然环境的认知不尽相同。但是，无论是哪个国家或哪个地区的哪个民族，他们都要无一例外地处理好人类社会的"三层次均衡和谐"：人与自然和谐、人与社会（他人）和谐、人与自我和谐。这"三层次均衡和谐"构成了人类文化的基本范畴①。如果按照文化"三分法"的类型划分，它们分别对应人类社会的物质文化、制度或行为文化、精神文化，并一起构成了区域民俗文化的全部内容。文化在时间序列上表现为文化变迁，在空间上则表现为地区差异（或者说是文化变异）。因此，同一民族的民俗文化在不同历史时期有着不同的内容和特征，不同地区的同一民族民俗文化也不尽相同；相反，同一地区的不同民族却可能共享着某些族际文化②。例如，在乌江流域民族传统节日中，两个或两个以上民族共享的节日有三月三（苗、布依）、四月八（苗、瑶、侗、布依）、五月端午（各族）、六月六（布依、苗、侗）、七月半（布依、水、瑶、汉）、七月二十坪（侗、苗、汉）、八月半（各族）、九月九（苗、汉）、跳月（苗、彝）、牛打场（苗、侗）、赶会（布依、苗、汉）、赶坳（侗、汉）、赶歌节（侗、汉）、赶歌场（侗、汉）、赶苗场（苗、汉）、赶秋坡（苗、布依）、赶秋桥（布依、苗、汉）、看会（布依、苗、汉）、插标会（苗、布依）、春节（各族）、春社节（侗、苗）、赛马节（苗、彝）、牛王节（苗、布依、侗）、龙船节（苗、汉）、吃新节（苗、仡佬）、盘古歌节（侗、汉）、过卯（水、瑶）、过小年（布依、仡佬）、祭雷（苗、彝）、献山林（苗、彝）、玩姨妈坡（苗、布依）等三十余个。另一方面，虽然节日名称和主体内涵各不相同，但对歌、跳笙、踩笙、吹笙、唱戏、射弩、赛马、斗牛、斗雀、摔跤、拔河、拉鼓、武术、踢毽、登山、划船、捕鱼、捞虾、尝新、野餐、讨花带、讨树秧、敲铜鼓、荡秋千、耍狮子、舞龙灯、抢花炮、打磨秋、打篾鸡蛋，以及新时期的赛跑、赛球、赛车、游泳、展览、电影和其他文体活动，已经成为相同或相近时间段节日的共同内容，体现了传统节日文

---

① 李亦园：《人类的视野》，上海文艺出版社1996年版，第4页。

② 廖杨、蒙丽：《民族民俗旅游的时空维度与文化场域》，《广西民族研究》2011年第4期。

化场域的涵化力量。

民族文化的发展离不开与外界文化的联系。从文化发展的全局视野来看，这种异质文化间客观存在的关系形成了总体的文化场域，而在总场域的内部还存在着许多个文化子场域。文化的发展是由文化自身系统的构建与外界文化的不断交流形成的。特别是在与异质文化的交流中，异质文化对于区域内的文化具有着极大的影响作用。这种作用主要表现为自身结构文化的涵化与变迁，在涵化与变迁的过程中，由于相邻文化场域中相近似的文化因素的不断增多，从而扩大了文化场域的范围。而扩大后的文化场域又不断与第三方的文化场域发生接触，进而又重复着文化涵化与变迁。对于文化自我认同情感较强的人群，文化的涵化过程则会呈现出涵化速度较慢的情况。在自我文化延续的一定时期内，由于双方还存在大量各自的文化组成因素，自然会形成各个文化保持自己独有的文化传承，从而形成异质文化间的场域。例如，乌江主要流经的贵州省的文化就是一个在特殊的场域中发展起来的文化，贵州全省境内的文化具有着各自存在的社会环境与自然环境。由于地处云贵高原，区内多山地丘陵，交通自古就是贵州发展的一大软肋。然而，这种交通不便、人民生活环境相对闭塞的环境却使境内 18 个世居民族在各自的生产生活中形成了独具特色的民族文化。境内各民族文化间的这种同存态势为"多彩贵州"文化大格局奠定了基础①。

第四节　乌江流域少数民族节日场域维系
手段之一——民族教育

在传统农耕时代，我们国家主流教育和民族教育的主体都是一种文化背景教育，并不是一种技能教育。至少传统的学校教育是以文化背景教育为主体的。长期作为我国国家主流教育内容的主要是汉语和儒家的哲学经

---

① 杨旭、杨昌儒：《文化场域在贵州民族文化旅游区域中的实践——以屯堡文化为例》，《贵州民族学院学报（哲学社会科学版）》2011 年第 4 期。

典，其主要的目的是为了做官济天下。长期以来，农业生产教育主要依靠家庭教育和社会教育来完成。近代工业化以来，科学技术的专业化和生产活动规模化使得技能成为学校教育主流，学校教育变成了以生产的技能教育为主体，这是一个不可否认的事实。

在这种变革的初期，相对于西方来说，我们的国家处于一种落后和弱势地位；相对于汉族而言，少数民族处于一种落后和弱势地位，所以虽然落后和弱势一方往往十分抵触，形成"涵化"过程中的"抗拒"（rejection），但表现得十分微弱。特别在这种变革的中后期，落后和弱势一方认为现代化进程中的技术教育的先进使得随之而来的现代文化也是先进的，自己的文化也要随之进行"涵化"过程中的"代换"（substiution），或出现"退化"（deculturation）。在全球化背景下，我国边远少数民族地区的民族文化都受到极大的冲击。这种冲击来自两个方面：一方面来自国际背景下的现代西方文化的冲击；一方面来自汉族主流文化的的冲击。当受到这两种文化的冲击时，边远少数民族往往自身又处于经济贫困和文化式微的背景下，民族的自尊本身受到极大的考验。

要使少数民族地区的民族文化在现代化过程中真正得以较好地保护或"重建""恢复"，可能最关键的基础工作是提高民族地区生产力水平，发展民族经济，优先发展民族地区教育，为提高民族自尊认同打下基础。反过来，文化特征的突出，文化认同的强化往往是成为一个地区人民或一个民族"自信"的基础，进而能够促进经济和教育的发展。同样，我们也应该清楚，狭义的"文化"之间很难以先进与落后相称，只因为文化附带了生产力水平因素后，文化才体现一种为"强势文化"与"弱势文化"。对于在经济上落后的民族地区来说，强调自己的文化仅是"弱势文化"而非"落后文化"，而"强势文化"也非"先进文化"，对本民族树立自信精神，在现代化的进程中科学地接受外来文化成分的意义是明显的[①]。而民族教育对

---

① 阚军：《西南地区三个区域文化传承类型与教育法律保障的思考》，西南大学 2010 年博士学位论文，第 92 页。

于节日文化场域的维系，主要体现在德育方面。

在这个全球化的时代里，中华文化要想立足，要想在世界多元文化里有自己的一席之地的话，就不应该抛弃传统，反而应该去传承传统。但是要传承的是优良文化传统，并不是所有的传统文化都是好的。近一百年来，自我矮化的民族心理应该得到矫正，我们中国人要找到文化自信，要找到自己的文化地位，一定得到民族本土文化传统中去找，那么传统节日就是一个非常重要的传承民族文化的载体。传统节日作为民族文化的重要遗产，在当代社会具有重要的传承传统文化的功用：首先，传统节日是文化传统的重要载体，就是说节日承载着文化传统。传统节日承载、传递着传统文化，人们利用传统节日定期进行传统的表演与传统的教育，使传统在民众生活中得到延续与加强。其次，节日最大的特点是周期性复现。因为传统节日是每年都有一个轮回，传统节日周期性的复现就为我们强固民族文化传统提供了有力保证。因为这个周期性的复现，我们的传统生活就被周期性地感染，这样传统节日就保守（保持坚守）并强化着传统。民俗节日周期性出现，人们可以不断地脱离日常世俗时空，回到神圣的历史时空中，直接面对自己的祖先，反复重温传统、体味传统，从中汲取新的文化力量。不能说传统就是过去，我们的身上有传统、有现在，也有未来，传统在过去、现在、未来都可能在我们身上有联系，而且今天在全球化时代加强文化本位、文化自信的时候，更需要传统。再次，传统节日给传统的创新与发展提供了重要机会。传统不是一成不变的，也在变化，这种变化可以在传统节日中实现，不断地增添新的内容。但是，传统节日无论它怎么变，它的一个核心就是服务大众生活、服务社会，强调社会成员的联系。传统节日现在的创新，最终要服务于人民，以人为本。人与自然的关系，人与社会的关系在传统节日里面都有体现。

传统节日是祭祀日、庆祝日与亲情日的复合。受中国传统文化的影响与制约，传统节日的伦理意识特别浓厚。传统节日就是中国传统文化的一个集中体现，而中国传统文化的核心就是伦理的文化。伦理文化就是讲人际关系的文化，就是讲道德，有很多道德的理念①。在民族教育的过程中，通过对家庭伦理、社会伦理、历史伦理和自然伦理的传承，构建以传统节日为核心的民族文化体系，实现在教育中传承、在传承中保护，在保护中发展、在发展中反思，最终完成民族文化场域的构建。

第五节　乌江流域少数民族节日场域维系手段之二——历史记忆

民族历史记忆，是一个民族对其历史上重大事件及活动的一种选择性纪念和记录，民族记忆既是传统文化精神经验的存储器、民族文化的来源，又是一个民族走向未来的起点和基础。

关于民族历史记忆研究，国外学者大多集中在记忆的场域、记忆的性质和文化体系的结构方面。法国历史学家皮埃尔·诺哈在《新史学》（1978）中认为历史遗留的地方空间对于地域文化认同的建构有重要意义，主张通过研究碎化的记忆场所来拯救残存的民族记忆与集体记忆，找回群体的认同感和归属感；德国心理学家哈拉尔德·韦尔策在其主编的《社会记忆：历史、回忆、传承》（2007）中指出，讲故事是支持记忆、保存过去，激活以往体验乃至建构集体认同的一个根本要素；美国学者保罗·康纳顿在《社会是如何记忆的》（2000）中探讨了在口述史事件中把从属群体的历史和文化从沉默里解救出来的可能性；德国学者扬·阿斯曼则总结出每个文化体系在时间和社会这两个层面的"凝聚性结构"，并探讨了这一结构与记忆的关系。综观国外学者的研究成果，多倾向于从大的学科领域——如历史学、心理学、文化学等角度——对民族记忆进行整体性的研究，这与国外人文学科重视理论性、系统性和科学性的传统密切相关，有利于站在相当的高度研究民族记忆的总体性质和基本规律，但与其他研究对象一样，存在具体分析不够、忽视不同国家地区特殊的社会、历史、文

---

① 萧放：《中国传统节日资源的开掘与利用》，《西北民族研究》2009年第2期。

化状况的通病，需要进一步深入和细化，以适应中国各民族的特殊状况。国内方面，近年来有不少学者的论著谈到民族历史文化记忆的保存。论文方面有唐启翠的《歌谣与族群记忆——黎族情歌的文化人类学阐释》、平锋的《壮族歌咏文化与壮民族的族群认同》、李建宗的《口头文本的意义：民族相像、族群记忆与民俗"书写"》、刘亚虎的《从族源神话到平民传说——从南诏文学的发展看"族群记忆"的嬗变》等，著作方面有陈建宪的《口头文学与集体记忆》等。上述成果都着力于从民歌、神话、传说或故事等各类民间文学作品中发掘保留的历史记忆，往往流于零散和碎片化，短于对民族记忆的性质、特征和传承机制的整体探讨，理论深度有待进一步加强。

关于民族历史记忆的研究虽然取得了很大的进展，但有些方面还存在一些问题：一是过多地强调从民间文本中提取历史片段，并将其与史实进行比照研究，这既忽视了民间文化的基本性质，也是对历史真实性、严肃性的片面认识。二是研究对象多拘泥于单个"民族"，对同一地域范围内可能存在的跨民族现象研究不够，忽视了对社会和文化的普遍意义的探索，缺乏可运用在更大范围内的解释力。三是多是静态、平面的描述分析，对民族记忆的动态特点，尤其是民间文化口头性带来的特殊影响的研究不够。四是受固有理论模式的影响，多强调民族记忆整体的同一性、延续性，对记忆内部的差异性及其对民间文化不同讲述文本之间的影响的研究不够。五是研究多集中于边疆、边地民族，或规模较小、社会结构和文化相对单纯的民族，对世居于我国内陆腹地、历史悠久、人口众多的民族少有涉及等。

少数民族传统节日作为特定区域少数民族标记时间节点和纪念历史事件的手段，是一种民族的记忆方式，不仅具有一般记忆共有的能够遗传、可能变异、分段存储、能被唤起等性质，还有口头性、地域性、集体性、选择性、感性性等特有的性质。乌江流域少数民族传统节日作为特定场域内民族记忆的刺激点和唤起点，是区域内民族起源、迁徙、战争、发展等重大历史事件的诗性记录，是广大民族群众对他们认为重要的历史事件的集体记忆，也是民族文化和民族精神的凝聚点所在。乌江流域少数民族传统节日作为历史上民族记忆的现代存在方式，有其独有的传承体系及传播机制，不仅能够为民俗文化的传承与保护的运行机制与维系手段提供鲜活的地方样本，从而触及民俗和节日本质性的讨论，更能够以此为契机，找寻民族传统节日的文化产业开发路径，实现乌江流域少数民族传统节日文化的现实价值。

仅举乌江流域贵州省黔西南布依族苗族自治州贞丰县必克村布依族"六月六"祭田节为例，说明民族历史记忆维系少数民族节日文化场域的运行机制。"六月六"是布依人在漫长的稻作耕种历史中积淀下来的节日，布依语称"Xianglrogt"①，是布依族最富有民族特色的节日，流行于大部分布依族居住地区，其隆重程度仅次于过年。20世纪80年代，"六月六"被定为布依族代表性传统节日。因受居住地地理环境、民族构成和经济社会发展水平等因素的影响，各地布依族"六月六"的节日习俗不尽相同。以乌江流域黔西南布依族苗族自治州贞丰县必克村布依族为例，"六月六"节日习俗主要包括祭田、回外家、对歌、食糯米饭等，其中，以祭田仪式最为隆重。在没有本民族文字记载历史的情况下，这一仪式通过身体的表达传承至今，是布依族人民集体记忆下来的共同的民族信仰和文化认同，在民族精神领域维系着布依族节日文化场域的核心内容。

必克村"六月六"的祭田仪式分为家庭和集体两个层面。最传统的祭田仪式是以家庭为单位的，祭祀的准备从节日的清晨开始，从祭祀所需的食物，包括染色糯米饭、粑粑、鸡肉，到祭祀用的酒水、器皿、香、纸、公鸡、芭茅草、纸马等都要提前准备妥当。祭祀当天，"把糯米煮好了以后，和粑粑装在一起，整好了以后，放在大厅供一下老祖公。再拿一个小提篮，把糯米装在里面，圆的粑粑放在上面。再拿三个碗、三对筷子还有三根香，再带一些纸钱和肥肉的肉片，让小孩抱一只鸡和大人到自家的田坎边，去那里杀鸡之后，用几根专门的树枝（即芭茅杆）插在上面，用纸

---

① 周国炎编：《布依—汉词典》，贵州民族出版社2012年版，第166页。

剪成马的形状挂在上面，鸡杀完了用一点鸡毛蘸了鸡血挂在枝头插在田中间，拿三个碗装一点糯米，装一个粑粑放在那里，过会儿就把那些东西拿回来"①。

田间祭祀的对象是田神，关于田神，按照当地人的说法，没有具体的形象，主要是自己家的老祖宗。一个家庭中，五代以内的祖先都被供奉在家中的神龛上，五代以外的祖先就被认为去了自家的田里守护稻谷了，所以田神在某种程度上相当于家神，所以每户人家都有自己的田神。"六月六"祭田最重要的是去祭祀自己家中五代以上的祖宗，这些过世的祖宗在自己家田里成了田神，其主要职责是协调风雨，保佑庄稼免受病虫害，确保良好的收成。五代以内的祖宗在"六月六"这天也是祭祀的对象，但只需在家中神龛前进行祭祀。祭祀也有一些相关的禁忌，比如田间插着的芭茅杆在当地布依语中叫做"么"（音译），在芭茅杆上挂纸马，是希望纸马能够把稻田里成熟的粮食驮回家，所以节日当天人在家中的时候，不能坐在门的正中间附近，也不能将其他有阻碍的东西放在此处，以免堵住驮运粮食的马匹的路。此外，祭祀的实物一定要等到供奉完老祖宗后，其他家庭成员才可以食用，即使是在制作过程中的品尝也不能超过一定的数量，否则祖先会托梦责罚。祭祀的地点多是在自家秧田的"水龙头"（进水口）处，也有少数在出水口和水田中央的。挂着沾了血的鸡毛或纸马的芭茅杆在祭祀结束后，被分插到自家其他的水田中去。杀鸡祭田的时候，家长往往要孩子抱着公鸡去田间，除了祭祀以外，也借此提高孩子们对于农业田间管理的知识和兴趣，给他们灌输水稻栽培的生产知识。

关于集体层面的祭田仪式，始于20世纪70年代。1979年，党的十一届三中全会以后，每年的农历六月六大都在贞丰县城关区岩鱼举办布依族歌节，且规模越办越大、内容也越来越丰富。1986年后，贞丰县"布依族六月六歌节"从岩鱼移至三岔河，成为贞丰县每年一度的盛大活动。2003年，贞丰县正式将"六月六布依族歌节"更名为"六月六布依族风情节"

---

① 被采访人：梁应芳；翻译：周慧；采访时间：2012年7月22日晚；采访地点：必克村。

后，节日内容更加丰富，成为展示布依族地方民族特色的窗口，而必克村的"六月六"祭田仪式，也成为"风情节"中的展演项目。根据贞丰县民族与宗教局提供的资料显示，从 2011 年至今，"六月六布依族风情节"都举行了祭田仪式，其中 2012 年和 2013 年的祭祀地点都在必克村。集体的祭祀并未阻止部分家庭的单独祭田，很多家庭是在完成自家的祭田后前往集体祭田点参与或观看集体祭田活动的。

对于维系节日文化场域的民族集体历史记忆，哈布瓦赫（Maurice Halbwachs）指出：集体记忆（Collective Memory）不是一个既定的概念，而是一个社会建构的概念，"是一个特定社会群体成员共享往事的过程和结果……只有通过阅读或听人讲述，或者在纪念活动和节日的场合中，人们聚在一块儿，共同记忆长期分离的群体成员的事迹和成就时，这种记忆才能被间接地激发出来，所以说，过去是由社会机制存储和解释的"①。换言之，哈布瓦赫认为，现在一代人是通过把自己的现在与自己建构的过去对置起来而意识到自身的，人们通过和现在一代的群体成员周期性一起参加纪念性活动的机会，就有可能在想象中通过重演过去来再现集体思想，进而强化这种身体记忆，存在于欢腾时期和日常生活时期之间的明显空白，事实上是由集体记忆填充并维持着。康纳顿（Paul Connerton）进一步分析认为，社会记忆或集体记忆存在得以传承的外在化具体形式手段，并且很有可能存在于纪念仪式之中，有关过去的意象和记忆正是通过仪式性的操演传递和保持的。而涂尔干（Emile Durkheim）的理论对于阐释仪式与集体记忆和集体认同的关系更为直接，他指出："仪式是一种手段，社会集团凭借这一手段来定期地重新肯定自身，认为自己是被一个有一致利益和传统的团体所联合在一起的人们，会聚在一起并转而意识到他们在道德上的一致性。在仪式上，人们受到集体观念的强烈影响，神圣物被创造或是被再造，信仰也被唤起或更新，从而使集体意识得以保持和复兴，使社会成员增加了

---

① 〔法〕莫里斯·哈布瓦赫：《论集体记忆》，毕然、郭金华等译，上海人民出版社 2002 年版，第 43 页。

集体意识，其中意识的功能就是强化一种整体的价值和行为模式。"① 正如今天必克村布依族"六月六"的祭田仪式，而通过"六月六"祭田仪式这样一个神圣仪式的操演，人们借以由世俗生活走入神圣化的时间，祭祀场所的祭词、香烛、跪拜，纵横交错成神圣的非常状态，通过与祖先神的交流和崇拜，人们在这一刻获得一种短暂的永恒感觉，在意识阈限阶段感受到与日常生活断裂的欣喜和与神圣时间接近的迷狂，关于世俗与神圣交融的节日记忆也随之留在仪式参加者的心中。

作为以水稻为主要生活来源的传统布依族人，稻谷的生长状况关系到生活的方方面面，因此，"六月六"这一关乎稻谷昌盛的节日，其重要性被放置在一个民族的高度。虽然随着现代农业的发展，促进农作物的生长已经有了更多科学的方法，节日的仪式通过民族文化展示的方式得到了另外的传承。然而，不论是哪一种方式，布依族人都是通过强烈的民族集体认同，将民族精神固化在集体历史记忆之中，并将其作为维系民族节日文化场域的重要手段。

第六节　乌江流域少数民族节日场域维系手段之三——法律法规

对于全球化、现代化大背景下的乌江流域少数民族节日文化场域，很显然，无论是依靠基于民族文化的民族教育，还是基于社会传承的集体记忆，如果没有国家强有力的法律、法规的保护，可能难以阻止全球化背景下来自现代文化的冲击。所以，我们有必要重点讨论一下通过法律制度对节日文化场域的保护和重建。通过立法形式加强传统节日传承与保护的民族文化培养，同时可以强化、刺激、鼓励民族文化教育和社会集体教育中的文化传承和保护。

---

① 〔法〕埃米尔·涂尔干：《宗教生活的基本形式》，渠东等译，上海人民出版社1999年版，第119页。

众所周知，文化的"重建"与"恢复"，可以通过行政、文化、法制等多种途径来影响民族传统节日文化传承与保护的实现，这里强调"制度"显现了"重建"与"恢复"的难度远比"保护"本身难度更大，特别需要制度的强制执行来保证。1954 年，新中国成立后的第一部宪法确认了各少数民族在其聚居地区实行民族区域自治的权利，我国开始实行民族区域自治制度。同时，这里称为"制度"，而不用"强制""保证"等，主要是由于民族传统背景下，现代法制制度怎样与民族文化中的传统理念、习惯法（乡规民约）、宗教信仰有机结合，显现一种软性的"关怀"，以避免出现不同文化间的激烈冲突，这是民族传统节日文化传承与保护制度的一个特殊性之处。最困难的是，研究历史上民族特征明显而近几百年来由于种种原因文化特征消失明显的民族地区的文化重建与恢复，特别是怎样在现代文化传承与保护制度的关怀下"重建"与"恢复"，即怎样通过文化传承与保护来实现这种"重建"和"恢复"。这里，哪些民族节日的文化特征需要"重建"和"恢复"，不仅是一个学术问题，更是一个现实的问题，有相当大的难度。特别是涉及系统全面的民族传统节日文化传承与保护的开展问题，涉及传统文化的保护与经济建设的关系问题，没有一个相对硬性的制度保护，显然很难完成，这就更需要文化传承与保护制度的护航。所以研究通过民族传统节日文化传承与保护来完成非典型民族地区的文化"重建"就十分必要，有重大的现实意义。

但是应该看到的是，少数民族传统节日文化传承与保护制度在今天这个全球化、现代化的背景下，显现出与全球化、多元化的突出矛盾，也显现出主流文化与民族文化的矛盾，显现的矛盾远比一般的文化制度涉及的矛盾多。少数民族传统节日文化传承与保护制度必须充分考虑少数民族文化的历史发展、文化现状等问题，如果少数民族传统节日文化传承与保护制度大多是冷冰冰的法条，可能制度条款只是一纸空文，而且会影响民族文化间的和谐。相反，一些少数民族的习惯法，在历史上对于保护和重建少数民族传统节日文化的作用十分明显，但在全球化的背景下，由于没有政府的上位法的肯定，使得这些习惯法的作用发挥不明显。所以，民族文化教育和社会集体教育中的传统节日文化传承与保护必须有一定的上位法作为法理支撑就尤为重要。具体而言，有必要在各民族自治区以政府的名义制定《民族自治地区传统节日文化传承与保护法规》，将民族文化的传承和保护作为民族地区社会经济协调发展的硬性考核指标，作为国家对民族地区实行特殊财政转移支付政策的一种要求，形成"文化特色"回报"经济支持"的良性体制①。

---

① 阚军：《西南地区三个区域文化传承类型与教育法律保障的思考》，西南大学 2010 年博士学位论文，第 105 页。

第七章 体系之用：建构乌江流域少数民族传统节日文化传承与保护体系的实践

我国是一个多民族国家，各民族文化共同构成了多元性的中华民族文化。保护和传承民族文化日益受到党和国家以及社会各界的高度重视，民族文化的保护和传承应当与经济社会发展相结合也已成为一种共识。许多民族传统节日既是重要的非物质文化遗产，同时还具有整合众多其他物质和非物质文化遗产，实现与文化产业和旅游产业发展相结合的作用；在传播和弘扬民族文化，扩大地方对外宣传影响力等方面也能发挥积极作用，因而往往被选择作为民族文化传承与保护体系的核心。本章以乌江流域黔东南苗族侗族自治州镇远县的端午龙舟节为例，探讨依托传统节日构建民族文化传承与保护体系应具备的要素条件。

第一节　镇远端午龙舟节概述

镇远地处滇头楚尾，历来就有"滇楚锁钥"之称。受楚风文化影响，镇远龙舟竞渡历史悠久，上可追溯至汉朝。早在战国时期，镇远就属于楚国管辖的地方，楚风盛行。相传在汉朝时期，镇远民间就自发组织纪念爱国诗人屈原的活动，至宋朝已经很兴盛。宋代朝廷追封屈原为忠烈公，并下诏将五月初五定为"端午节"，谕令各地官府组织赛龙舟。明代"镇远府端阳竞渡。府临河水，舟楫便利。……拽船争先得渡者，是岁做事具利焉"（《贵州通志》）。清乾隆《镇远府志》也记载："划龙船，以木雕龙头、龙尾，系于船之前后，放乎中流……"民国时期政府也专门组织过镇远龙舟大赛。20世纪80年代以来，赛龙舟活动最为活跃。

一、镇远端午龙舟节的来历

关于龙舟节的起源有很多不同的传说，因为镇远本地崇拜龙，敬之祈之，娱乐之。除将龙的形象雕绘于建筑，每逢端午、春节等佳节还让龙游乐于其间。历史文献资料真实地记载了镇远龙舟竞渡的盛况，而长期流传于民间的龙舟传说更为镇远龙舟增添了美丽而神秘的色彩。

传说1

相传在远古时期，镇阳江被一片翠郁的大森林所遮盖，江深不可测，在城西舞水边上是盘龙坳，盘龙坳里住有一条凶恶的皂龙，每隔数日必出来兴风作浪，吞吃生灵，冲毁良田。在阳江上游，是龙王峡，住着雌金龙，铁溪有一龙潭，雌金龙经常与孩子们在龙潭里游玩。某日，皂龙复出，江水翻滚，阴云遮天，雷击电闪，大雨滂沱，天昏地暗，眼看一场劫难又将降临古城。仙道张三丰正在中元洞修炼仙丹，观知，急奏玉帝，帝命雌金龙灭之，雌金龙于是往龙潭召其子红龙、黄龙、青龙、白龙、斗鸡龙、昂天龙齐心协力战恶龙，战数日，终将恶龙除去，七龙也因伤重而亡。人们为了纪念七龙功绩，将其葬于江边的最高山峰上，后人称这座山为龙头山。后来划龙舟各条龙舟就是以这几条龙来取名，如头牌为红龙，传说红龙得胜必失大火，因而将它供奉于火神庙，以消灾；二三牌为青龙，供奉于禹门码头；四牌为雌金龙，传说为镇远众龙之母，供奉于天后宫；五牌为斗鸡龙，传说此龙好斗，屡输，供奉于北极宫；平昌洞为皂龙，因皂龙犯忌改为菜花龙，供奉于财神庙；上北门和老西门均为白龙，供奉于北门码头和镇江寺；东门为黄龙，供奉于关帝庙；周街为青龙，传说周街青龙胜，必有水灾，供奉于令公庙；板滩为昂天龙，供奉于龙王庙。

传说 2

民间传说有一年，端午节赛龙舟，二牌的青龙与板滩的昂天龙相遇，昂天龙昂首急进，把青龙甩在船后。划龙舟最丢人是拣龙蛋，二牌掌龙脑壳的是苏麻子，此人好胜心极强，气极，抽出别在背上的烟杆向青龙头猛敲三下，顿时青龙如离弦之箭，劈波斩浪，飞舟直前，速度太快，连舟带人全冲进香炉岩旁边的空岩下。七日后全舟人员随舟出，独不见青龙头尾。都说：进龙宫也！据说，是有一个青衣老人搭救，后送众人出，在洞口现龙形。于是众人修筑青龙洞寺庙，供奉青龙。

传说 3

远古时，在舞阳河边住着一对渔民何大夫妇。一天，他们的三个儿子在捕鱼时，大儿子、二儿子被镇远城东中河山北洞内的水妖吃掉，三儿子阿旺借助于中河山南洞内化作青衣道人的青龙赋予的神力为两位兄长报仇，击毙了水妖，但他本人也因精疲力竭而昏迷，被青龙救出水面。后人们为报达青龙的恩德，就在每年端午节划龙舟以示纪念。

上面这些传说表明，镇远划龙舟的习俗在很早前就形成了。

二、镇远端午龙舟节的特征与内容

镇远龙舟不同于附近台江、施秉龙舟，在 1984 年前，它是平时作为运输用的舟船，在历史上称作"麻阳船"的燕尾舟。比赛时在舟船上装上雕刻考究的龙头，再系上彩蟠即成竞渡龙舟。龙舟总长 18.4 米，宽 1.1 米。挠长 80 厘米，下宽 15 厘米，上半部呈圆柱形，下半部扁平而略宽。水手坐而划行，一般为 36 人（指挥、鼓手、舵手除外）。到 20 世纪 80 年代发展到用标准龙舟竞渡，并出现女子龙舟队，竞渡时盛况空前。龙舟的色彩有规定，镇远龙舟按地段划分龙头标志，红龙、青龙、紫金龙、黄龙、白龙、菜花龙等龙船分别代表镇远古城不同地段的龙舟队，如青龙代表周大街、黄龙代表兴中街、红龙代表顺城街、白龙代表和平街等。古城内的每条街都有自己特殊的龙船故事,龙船以圆木雕绘,昂首翘尾,各显雄姿。镇远龙舟赛每年设竞赛奖、龙头奖、龙袍奖、号子奖。农历五月初五,是古城镇远端午龙舟节,全县各乡欣赏龙舞、踩莲船、蚌壳舞、苗族踩鼓舞、侗族苗族芦笙舞等表演,气氛热闹非凡。十里八村的群众和四面八方的游客全都涌入古城看龙舟,十分热闹。

端午前几天,镇远本地家家户户大门前悬挂艾叶和菖蒲剑,驱魔辟邪。以前还有游百病习俗:即端午节期间,一大早邀请各位好友一起到各个寺庙和土地庙去朝拜、烧香以祈求无病无灾。端午当日晚上,当地居民拿上漂亮、形色各异的莲花灯到舞阳河放河灯祈福,河灯最盛的时候,舞阳河上有上千盏河灯。

镇远端午龙舟节基本活动流程为:祭龙仪式——龙舟彩船水上游江——开幕式——龙舟竞渡——闭幕式——抢鸭子——放河灯及文艺晚会,重头戏是赛龙舟。

三、镇远端午节的龙舟赛

《武陵竞渡略》记载:"旧制四月八揭蓬打船,五月一日新船下水,五月十日至十五日划船赌赛,十八日送标。"今俱废,日期不一,镇远的龙舟一般是四月二十八日揭蓬翻修,晒抹涂油,选吉日龙舟下水,称之为"试水"。试水前需进行祀奠仪式,用斗(现改碗)盛米、杯盛酒、祀公鸡、奠刀头、明红烛、焚香纸、鸣纸鞭炮,念"咒语",恭请"神龙归海",以祀来年风调雨顺、五谷丰登,仪式毕,龙舟在鞭炮中下水。现在下水仪式比以前简化,只拿香烛、纸和鞭炮焚化请神、鸣鞭炮即可。"试水"三四日后,又要翻晒一两天,抹油,以备竞赛时用。

在龙舟赛的前1—2天,各参赛队伍会请专门的师傅安装龙头、龙尾。以前在安装龙头和龙尾的时候,会进行专门的祭祀仪式。过去由一巫师和装龙头的几个人,到各社区停靠龙舟的舞阳河码头,用斗(现改碗)盛米、杯盛酒、祀公鸡、奠刀头、明红烛、焚香纸、鸣鞭炮,念"咒语",恭请

"神龙归海"，以祀来年风调雨顺、五谷丰登，仪式毕，可以安装龙头、龙尾和队旗了。但现在各参赛的队伍只在安装龙头和龙尾的前后焚化香烛、燃放鞭炮，很少进行特别正式的祭祀仪式了。各参赛队伍安装龙头、龙尾的时间和地点并不统一，根据各队自己的时间安排在赛前1—2天安装即可。

各支参赛队伍由龙头、指挥、锣鼓手、桨手、艄公构成。龙头是站在龙舟安放龙脑壳前面的人，是每支龙舟的核心。龙头由体魄健壮、力气较大、有威信的人担任。本队龙舟的一切活动均由他指挥，如确定龙舟试水时间、划手位置、航向、起航方法等。龙舟竞赛时，龙头手拿令旗，站立船头，背靠龙脑壳，面向划手，指挥行进，龙头一般由1—2人担任。指挥龙舟行动的称正龙头，在下面揪龙脑壳的称副龙头，一般位置很少变换。指挥是龙头的助手，由有号召力的人担任（有的龙舟不设指挥），指挥站立龙旗，用哨音、手势指挥划手，监督划手。更换划手一般由他向龙头提出，队员必须绝对服从。锣鼓手是龙舟的督军，跪站于龙舟中间或稍后。锣鼓手有较强的节奏感，随着龙头令旗和指挥的哨声鸣锣击鼓，督舟前进。到20世纪90年代中期，指挥由鼓手代替了挥令旗的指挥员。桨手即划手，是催舟前进的主力，他们必须会游泳，身强力壮。桨手分头、二、三挠、中间挠和催挠。头、二、三挠是"抓力"（牵引力），须由耐力好、有控制能力的人担任；中间挠为"过渡力"，本队体力欠佳的桨手被安在这个位置；催挠是"动力"，是龙舟加速的主要力量，常由体力、耐力、爆发力均佳的队员担任。艄公（舵手）是龙舟的重要人物，一般由水上经验丰富的成年人担任。艄公必须熟悉竞赛航道，有控制龙舟行进方向的能力。两船势均力敌时，胜负往往取决于他。

龙舟赛结束后，各队龙舟拆下龙头、龙尾、桨等，鸣放鞭炮，把它们单独保存，龙身则放到相应的位置露天存放。镇远存放龙舟不像邻县的施洞地区会在本村寨附近河岸做专门的龙棚，是露天存放的，因此龙舟的毁坏较严重，一般一条龙舟可以使用3—10年左右，存放得好的可以使用20多年。

第二节　依托龙舟节构建民族节日文化传承和保护体系的可行性分析

　　乌江流域少数民族传统节日丰富多彩、浩如星海，但并非所有的传统节日都能成为民族文化传承与保护体系的核心。甄选能成为民族文化传承与保护体系核心的传统节日需要进行充分的研究和科学论证。一项民族传统节日能够成为民族文化传承与保护体系的核心必须具备各种内在外在条件。首先，该项民族传统节日自身就应是极为重要的非物质文化遗产，同时还应能够借助该项民族传统节日有效整合众多民族文化遗产资源，促进众多其他物质和非物质文化遗产得到有效保护和传承；另外，通过该项民族传统节日与文化产业和旅游业的结合，能够为民族文化的保护和传承提供经济支撑与动力，实现民族文化的生产性传承和保护，使民族文化保护由主要依靠国家保护和外部社会保护力量的静态式保护，向主要依靠内部民众广泛参与的生产性活态传承式保护转变，从而更加有效地保护和传承好优秀的民族文化[①]。镇远龙舟节无论是历史渊源、非遗属性、组织架构，还是依托于龙舟节的民间工艺、娱乐游戏习俗等方面，都具备了成为民族传统节日文化传承与保护体系核心的要素。

一、深厚的历史渊源与严谨的节日组织

　　镇远位于贵州东部，隶属黔东南苗族侗族自治州，地处湘黔两省的怀化、铜仁和黔东南三地区接壤交汇处，与湖南省新晃、贵州省铜仁地区的石阡、玉屏、黔东南州的岑巩、三穗、剑河、施秉等七县交界。镇远，四季分明，气候宜人交通便利，区位优越。全县辖12个乡镇4个居民委员会12个社区110个村民委员会。有侗、苗、土家、彝、布衣、回等20多个少

---

　　① 喇明英：《关于依托传统节庆构建民族文化保护与传承平台的思考——以羌族"瓦尔俄足节"为例》，《西南民族大学学报（人文社会科学版）》2010年第4期。

数民族（按人口多少排序），共12.3万人，占45.83%；超过万人的有侗、苗、土家等4个少数民族，其中侗族76111人，苗族29767人，土家族13028人。从秦代开始镇远置县以来，至今已有2200多年的历史，是历代兵家、商家经略西南的重要驿站和关塞，有"黔东门户""滇黔锁钥"之称。有国家历史文化名城1座，国家级重点文物保护单位青龙洞古建筑群、在华日本人民反战同盟和平村旧址2处。省级文物保护单位四官殿、古长城、府卫城垣、吴王洞、谭公馆、邹公祠8处，县级文物保护单位古井、古巷、古码头等160多处。以及难得一见的有"歪门邪道"之誉的古巷道四方井巷、复兴巷、仁寿巷等7条，它们记录着镇远悠久厚重的历史文化和古朴浓郁的风土人情。1986年12月8日，国务院命名镇远为全国历史文化名城。早在战国时期，镇远就属于楚国管辖的地方，楚风盛行。相传在汉朝时期，镇远民间就自发组织纪念爱国诗人屈原的活动，至宋朝已经很兴盛。民国以前，镇远赛龙舟活动由城关各"牌"居民组队，即头牌、二牌、三牌、四牌、五牌、六牌等分别组队参加。民国时期，官方及民间举办的龙舟赛事也绵延不断。新中国成立至20世纪末，该项活动转由街道组队传承，即由顺城街、兴隆街、新中街、民主街、共和街、周大街等分别组队参加。沿河板滩、大菜园、小菜园、文德、箱子岩等城郊农村也组队参与，参赛龙舟队二三十支、参赛队员数以千计。现在已由社区、中心行政村负责组织、传承赛龙舟赛。1984年端午节，由镇远县体委、县民委、舞阳镇政府联合举办了第一届"屈原杯"镇远端午节龙舟赛，此后的赛龙舟活动均由县委宣传部、县文体广播电视局（现县文体广电旅游局）、县龙舟协会、县文化馆承办，至今年已连续举办30多届。

二、丰富的非遗资源与特色的节日文化

镇远非物质文化遗产涵盖民俗、传统舞蹈、传统戏剧、传统技艺、传统体育、游艺与杂技、民间文学等十大类。其中镇远端午赛龙舟被列入国家级非物质文化遗产名录；镇远端午赛龙舟、报京"三月三"、镇远元宵龙灯会、镇远土家族"八月八"唢呐节、镇远苗族踩鼓舞、洞藏青酒酿造工

艺、镇远木雕工艺、镇远土家族傩戏、花灯戏 9 个项目被列入省级非物质文化遗产代表作名录。2002 年镇远荣获贵州省"龙舟之乡"称号。其中 2009 年镇远县尚寨乡被文化部命名为"中国唢呐艺术之乡",青溪镇被文化部命名为"中国花灯艺术之乡"。2011 年贵州省文化厅命名镇远县青溪镇为"贵州省民间文化艺术之乡(花灯)"、金堡乡为"贵州省民间文化艺术之乡(苗族踩鼓舞)"、报京乡为"贵州省民间文化艺术之乡(侗族'三月三'节日文化)"。镇远既有"百节之乡""歌舞地"之美誉,又是苗、侗、土家族服饰艺术的海洋。境内居住着汉、苗、侗、土家、布衣等 20 多个民族,民族风情浓郁,民族节日繁多,风土人情独特,民间文化多姿多彩。镇远的苗族踩鼓舞、侗族芦笙舞、土家族唢呐舞等自古以来享有盛名。其中苗族舞蹈有踩鼓舞、木鼓舞、铜鼓舞、芦笙舞、板凳舞、竹竿舞等九种类别 21 种基本跳法;歌谣有山歌、飞歌、拦路歌、酒歌、伴嫁歌、游方歌等 17 种;苗族乐器有木鼓、芦笙等;苗族服饰有 100 多种,融刺绣、蜡染、银饰、织布等传统技艺于一体,有的雍容华贵,有的古朴庄重,有的粗犷豪放,尤以女装最为丰富多彩,苗族妇女的盛装是苗族同胞的一朵艺术奇葩。侗族舞蹈有芦笙舞、捞虾舞等多种;歌谣有山歌、酒歌、古歌、侗垒、北侗腔等多种;乐器有大小芦笙等;侗族刺绣围腰、扎染、银饰等很有名。土家族舞蹈有唢呐舞、摆手舞、高跷舞等多种;歌谣有情歌、花腔山歌、伴嫁歌、酒歌等多种;乐器有小中大号唢呐、锣鼓等,唢呐调有 120 种,流行 72 种;传统戏剧有傩戏、愿戏等;服饰有日常生活服饰、傩愿戏服饰等。青溪花灯戏、镇远舞龙舞狮等也久负盛名。

"南人善舟,北人善马"。镇远赛龙舟历史悠久,镇远龙舟赛已有 600 多年的历史,相传在汉朝时期,镇远民间就有了自发组织的纪念爱国诗人屈原的活动,至宋朝已经很兴盛。到了明代,镇远就有"龙舟之乡"的美誉。到 20 世纪 90 年代中期以后,镇远端午龙舟节正式命名,逐渐成为这座小镇的代表性传统盛会,至今已举办了 30 多届,成为镇远这座历史文化名城集文化、商贸、旅游为一体的最壮观、最受群众喜爱的民间节日活动。2006 年端午节,中央电视台国际频道选取了贵州镇远、湖南汩罗、台湾台北三地向全世界直播了中国端午赛龙舟活动；2012 年，中央电视台《焦点访谈》栏目报道了镇远赛龙舟这项传统民间体育运动赛事，中央电视台 4套《走遍中国》栏目 100 个中国古镇系列之《水舞端阳——镇远赛龙舟》等，让全世界的人们看到了从两千多年前划过来的镇远龙舟。

镇远赛龙舟活动，充实了镇远及周边地区的文化生活，全方位地推动了黔东南经济和社会的长足发展。而今的镇远龙舟赛，既保存了传统龙舟文化的种种古朴活动方式，又展现了新时代的精神风采。

三、明确的分工合作与完善的后勤保障

镇远龙舟赛，犹如一场激烈的水上搏斗，"兵马未动，粮草先行"，后勤工作就是这场水上搏斗的"先行官"，一般由街道代表和龙舟爱好者担任。近些年，为推进当地的旅游。政府参与组织龙舟赛，龙舟赛规模及影响比以前大。但具体组织和落实的还是各村各社区负责人。端午前，就开始筹集"资金"。20 世纪 80 年代前由各队的龙头向各家各户募捐，农村是每年指派某家（一般是当年承办本队龙船的人）选地一块，种上农作物收后出售，得银放贷，借息为划龙舟经费。一条龙舟每年大约花费 1 万—2 万元左右，筹集到的资金由龙头管理，派人租船（修船，自 1984 年龙舟赛成为体育竞赛项目后，现基本每个社区都有一条龙舟）、晒船、油船、置办服装、管理训练期间队员的吃喝等统一使用。比赛完后，用大红纸开列明细账张榜公布。

四、精细的制作工艺与丰富的游娱活动

镇远龙舟在头、尾制作和造型上颇有讲究。雕制"龙头"的材料必须是三十年以上、直径粗大成自然弯曲状的优质阔叶树。这种树极难寻，找树时还得看"风水"，需长在"龙脉"旁。"龙"树找好后，须得请先生看日子、祭公鸡、刀头肉、挂红鸣炮、烧香焚纸，举行奠祀仪式后，方能砍伐搬运。雕制龙头前，需办请师酒，恭请雕匠师傅，择吉日动工。造好时，

需再次择日举行祭祀仪式，请树变龙。雕毕，以本龙色绘画首尾，涂抹桐油，连续数次，晒干。启动龙头前，又要明烛焚纸，燃放鞭炮，请龙入宫（供奉处）。制好的龙头保存完好，可用数载，例如卫城西街的老白龙相传承一百多年，至今完好无损。

镇远龙舟的龙身长短不一，长者二十几米，短的十来米，用杉料打制而成。过去除少数村寨有专用龙船外，其余皆租商船代之，用来作为龙船的木船，常用接纤的竹缆子（后改用铁丝）从船头至船尾绑扎牢固、钉上座板，安上首尾即成，商船皆为"西瓜肚皮麻雀尾"的苗船，行进极缓。1984 年后，划龙舟被列为水上体育比赛项目，许多村寨、街道、单位都自制有标准大型龙舟和小型龙舟。龙舟不再用铁丝（竹条）加固，改用钢管，龙舟总长 20 米、宽 1.1 米、型深 30 厘米，新龙舟打制好后，绘制色彩，涂抹桐油，晒干。抹油次数越多越好，这样速度快，耐用，一支龙舟保存好可用 20 多年。到 20 世纪 90 年代中期时，引进外省和运动会专用龙舟形制，为了减轻重量，龙头、龙尾都用五合板制作，其工艺统一，失去了早年制作外形和色彩各异的镇远龙舟形象。

镇远龙舟的划桨分舵桨和划桨两种，均选用上等杉料制作。划桨上半部呈圆柱型。下半部扁平略宽，一面呈三角状。舵桨形状与划桨相同，稍长。划桨为划手用，长 1.2 米，下宽 10 厘米。舵桨为"稍公"（舵手）控制龙舟行进方向用。长 2 米、下宽 15 厘米，划桨、舵桨制好后，写上队名，绘画本龙色道"龙鳞"，涂抹桐油二三次，晒干。

"龙旗"是划舟单位的重要标志，"龙旗"又称"蜈蚣旗"，形似"蜈蚣"，长约六尺，宽 1.5 尺，布料底色以本龙色道而定，底色四周用各色布料剪成鱼鳞甲形状镶嵌。旗上方横写龙舟队名，中间竖写"××龙得胜"（新中国成立后有的用时代口号代替），龙旗置于 1 丈 2 尺竹竿上，插于龙舟中前方。"令旗"是用龙旗底色相同布料制成的小三角旗，上书"令"字，是龙头用来指挥龙舟的信号旗，划手根据"令旗"左右、上下划桨。"鼓锣"是激励全船奋进的号角，鼓点随令旗上下起落，鼓锣置于船后半部鼓架上。"口哨"是指挥的器械。"哨音"同样在令旗的挥动下发出有节奏的"吱吱"声。

　　龙舟赛结束后，河面暂时平静下来，两岸游客有些性急的已经把小船或皮划艇驶入舞阳河，等待激动人心的抢鸭子活动，因为抢的鸭子归自己所有，抢得越多越荣耀。闭幕式及颁奖仪式在各队的欢呼声和庆贺的鞭炮声结束了，主席台的对岸已经有一只船运来1000只鸭子等候着，等主席台一声令下后，有人把3—4只鸭子分别投入河面，扑腾的鸭子引来水性好的游客和龙舟赛选手的争相抢夺，先抓到鸭子者，引来看客的欢呼，其他抢鸭子者也不再争抢，而是游向下一个目标，有时候一只鸭子会引来两三个人的争抢。负责扔鸭子的小船便沿着河岸分别投入数量不等的鸭子，随着河面扔的鸭子越来越多，加入河面抢鸭子的人越来越多，一会儿工夫河面上便满是扑腾的鸭子和抢鸭子的"水手"们。据史料记载，抢鸭子习俗，镇远地区自古有之，不过在以前，没有形成现在的体育竞技规则时，端午龙舟赛只是民众自发的一项游戏娱乐。沿岸的商家或民众会向河面投放鸭子，引来几只龙舟奋力向前划去，去追赶河面扑腾、游泳的鸭子，以先追赶到的龙舟为胜，以增加龙舟赛的娱乐性。

　　斗鸟是黔东南出名的少数民族体育运动项目。在黔东南旧州镇，据史料记载，斗鸟这项民间体育活动已经延续了一千多年。在镇远地区，在20世纪80年代恢复的不仅有端午龙舟赛，还有斗牛和斗鸟等活动。镇远本地的斗鸟也有很长的历史，随着20世纪80年代镇远龙舟赛恢复和发展，在镇远端午龙舟赛这几天，有贵阳、玉屏、三穗县、凯里等地玩斗鸟的人从各地汇集镇远，当地人自发组织一些斗鸟活动，后来发展成专门的斗鸟协会来组织这项活动。比如现在镇远本地的斗鸟活动一般是由斗鸟协会在端午前发动个人募捐筹集资金作为活动费用，如比赛的奖金等。斗鸟协会筹集资金前，先写好相应的斗鸟活动方案向镇远县文体局申请立项，成为端午的一项正式活动。斗鸟赛有严格的规约，每个赛场上都有裁判员，裁判员都是由群众公认的养鸟专家、办事公正的能人担任。谁若违犯规约，立即取消参赛资格。到斗鸟活动现场根据报名人数主持安排抽签决定比赛的场次，比赛采用的是小组赛，即根据抽签顺序，二人一组进行比赛，赢的鸟与另一组鸟再比，依此类推，最后胜者为冠军。根据斗的激烈程度，斗鸟可以分为"文斗"和"武斗"。文斗时，将两个鸟笼并排靠拢，用哨子引诱两只鸟不停的提高分贝，展示歌喉比赛。在文斗之后，两只鸟就开始隔着笼子用嘴咬，用爪子抓，则表示武斗即将开始，这种武斗称为"隔笼斗"。武斗根据激烈程度可以从"隔笼斗"发展为"滚笼斗"，最激烈最精彩的是"滚笼斗"。一轮文斗和武斗的时间通常 10—25 分钟，长的可达 40—50分钟。

镇远地区属于苗、侗、土家族居住地，这几个民族都有唱山歌的习俗。近年来，从 6 月 11 日到 6 月 12 日，镇远本地、贵阳、凯里、玉屏，附近县市的喜欢唱山歌的人会来参加唱山歌比赛。参加山歌比赛的人中，中老年的妇女居多，她们大多穿着民族服装、配戴银首饰，也有少数的老年男子，参加这种山歌赛的主要目的是自娱自乐，表演性质更多，并不一争输赢，观众则以中老年人居多，也有一些年轻人。所唱的山歌即有描绘生活的山歌，也有情歌，也有描绘镇远本地风景的山歌如镇远八景歌、舞阳八景歌等。

总体而言，三十年来镇远龙舟节在政府、社区参与组织下，社区居民及周边县市，甚至外省都有大量游客观看，其规模大、民众参与面广、影响范围广。政府参与组织传统端午龙舟节，特别是"镇远龙舟节"申报国家级非物质文化遗产目录成功，以及中央电视台等媒体的报导，使其社会影响越来越大。对于镇远本地人而言，镇远端午龙舟节是和春节一样热闹的两大节日。

第三节　龙舟节与民族节日文化传承
与保护体系的构建措施

镇远龙舟节历史悠久、遗存众多、形态完整、资源丰富，形成了多元一体、和而不同的"文化千岛"。在经济全球化形势下，由于民族文化赖以生长和存活的农耕文化及其相关环境的变迁，其生存环境受到严重威胁，其特色消退速度也在加快，出现了民族"文化记忆"中断现象。面对机遇和挑战，必须按科学发展观的要求，从培育理念、制定规划、学校教育、法律保障、完善机制等方面着手，制定和落实多元推进民族文化保护和传承的措施，以龙船竞渡为核心活动内容，构建民族传统节日文化传承与保护体系。

镇远龙舟节不仅本身为乌江流域民族地区独具的代表性非物质文化遗产，同时也是整合乌江流域其他少数民族节日文化资源和众多非物质文化遗产成为完整体系的重要核心，在乌江流域少数民族地区具有广泛的群众文化基础，可吸引全民参与，从而最大限度地实现民族传统节日与文化产业发展的有机结合，促进民族文化的有效传承与保护。从民族文化传承保护、文化旅游业发展需要及季节因素等方面综合考虑，举办大型端午龙舟文化旅游节，构建整合镇远乃至整个乌江流域少数民族地区非物质文化遗产资源、发展民族节日文化旅游业的重要平台，深入挖掘、整合镇远端午龙舟节的节日文化资源和相关非物质文化遗产资源，申报世界非物质文化遗产，可以有效促进乌江流域少数民族非物质文化的传承、保护和文化传播，推动西部民族地区文化旅游业及相关产业的发展。

一、继续举办、扩大影响

镇远端午龙舟节是黔东南最具文化特色、独特文化价值和群众文化基础的代表性非物质文化遗产之一，同时又是可与发展文化旅游业有机结合的少数民族非物质文化遗产资源整合平台及重要的文化传承与保护平台。应依托镇远具有广泛群众基础的端午传统节日习俗，整合相关非物质文化资源，在现有基础上继续举办大型的镇远端午龙舟文化旅游节活动，将其建设成为内涵丰富、群众基础好、适应文化旅游业发展需要的乌江流域少数民族非物质文化遗产资源整合、传承平台，培养成为该区域内全民参与的民族文化旅游节。举办镇远端午龙舟文化旅游节，有利于乌江流域少数民族传统节日文化的传播与弘扬，可操作性强，是整合该地区少数民族非物质文化遗产资源、构建少数民族文化传承与保护平台的理想选择，对促进民族地区文化旅游业的发展可发挥重要作用。举办镇远端午龙舟文化旅游节，可整合乌江流域少数民族神灵信仰、音乐歌舞、服装服饰、生产生活民俗、竞技娱乐、婚俗、美食、语言等众多非物质文化资源，有效促进少数民族传统文化的交流、传承和保护，同时成为发展文化旅游业的亮点项目。

二、积极准备、申报非遗

将镇远端午龙舟节向联合国申报世界非物质文化遗产。申报世界非物质文化遗产需要有较为广泛的传承群体，镇远县的龙舟节传承群体太小，宜从端午龙舟节及相应的龙崇拜流行于整个黔东南地区这一角度，以镇远的龙舟竞渡为代表的中国西南少数民族龙神文化具有悠久的历史且流行于整个西南少数民族中、镇远类型的龙舟节具有传统的辟邪文化属性为亮点，进行非物质文化遗产申报工作。

三、打造品牌、发展产业

依托镇远端午龙舟节培育乌江流域少数民族特色文化旅游品牌。通过举办节会，不断造就、培养一大批可为文化演出场所提供高质量演出服务的少数民族文化演艺人才，在宾馆酒店、剧场等开展常年性演出活动，活跃民族地区的文化旅游市场，促进民族文化传播及民族音乐歌舞、服装服饰、生产生活技能、体育竞技、民族语言、民俗及其他相关民族非物质文化的传承和区域文化特色的保护。

乌江流域民族地区以高原山区和河谷为主，经济形态主要为山地种养殖。通过举办镇远端午龙舟文化旅游节，可在促进文化旅游业发展的同时，促进当地农副产品旅游消费和农副产品的对外销售，有效推动山区的种养殖业发展，促进民族地区的经济发展和山区自然生态环境的修复和保护。同时，通过举办节会促进相关文化、旅游消费商品的生产销售①。

---

① 喇明英：《关于依托传统节庆构建民族文化保护与传承平台的思考——以羌族"瓦尔俄足节"为例》，《西南民族大学学报（人文社会科学版）》2010年第4期。

　　由于发展经济和旅游的需要，镇远端午龙舟节的组织不再是民众占主导地位，现在是政府和社区组织占主导。政府参与组织传统的端午龙舟节，特别是"镇远龙舟节"申报国家非物质文化遗产目录成功，政府在经费投入上更大，更重视传承人的培养和保护，无疑具有一定的积极意义。政府主要从以下几个方面起到了积极的作用：一是申报龙舟制作的非遗传人，申报成功的非遗传人给予荣誉、经济支持、开会交流等支持措施；二是建立本地龙舟培训基地，培训划龙舟选手，并经常参与全国大型的龙舟赛活动；三是政府文化部门请人利用寒暑假等假期，免费教授传统的民族舞蹈和传统乐器等；四是政府在中小学校推进传统文化进课堂活动，比如学习传统的民族舞蹈、学习土家唢呐等相关课程。

　　总之，当地政府围绕端午传统龙舟赛，加大了经费投入、宣传力度，重视其活动传承人的保护，注重传统文化的传承和保护。但是从另一方面看来，传统的端午龙舟文化在当代经济发展的冲击下，节日氛围和文化基础已经日渐变淡，年轻人知道和关注的并不多，而且龙舟制作、传统的祭祀仪式等仍然面临着传承人后继无人的尴尬局面。镇远端午龙舟节在现代社会究竟如何传承和保护，走向何方，需要政府、民众思考和努力。

结　论　构建科学合理的传统节日
文化传承保护体系

从现实意义上说，乌江作为长江的主要支流，历史上曾经是沟通黔东北、湘西、鄂西、渝东南等武陵山地区的经济交通动脉，对该片区的物资交换、人员出行，以及对外的进出贸易，都起到了不可替代的重要作用；从文化意义上说，两千余里的乌江，通过货物和人的流动，贯穿起了滇黔文化、黔中文化、湘鄂西文化、川东鄂西文化，以及更大范围的巴、楚、蜀、黔文化，与山地中的流域有关的各种文化事项。在这一意义上，乌江就是一条流淌着少数民族地区经济诉求、民生愿景、社会实况和文化气息的生命之河。聚居于乌江流域的诸少数民族，和历史上源源不断迁入此地的汉族一道，依托着乌江的滚滚江水，依靠着乌江带来的财富，创造了灿烂辉煌的区域文化和民族文化，传统节日文化更是其中的杰出代表。乌江流域的少数民族传统节日，不仅对民族地区的社会、经济、文化建设具有重要的意义，对于凝聚中华民族精神，维护多元一体的民族格局，以及社会主义精神文明建设等方面，都有重大的意义。

一、价值追寻：传统节日文化的重大意义

文化在国家与民族发展中占有举足轻重的位置。民族要生存，国家要发展，离不开民族文化、民族精神的建设与弘扬。中国传统节日作为中华传统文化的重要组成部分和表现形态，保留了民族文化中最精致、最具代表性的内蕴，是民族生活和民族精神的典礼和仪式，是中华传统美德代代相传的重要载体，展示着中华民族的精神世界。我国传统节日文化，凝结

着中华民族的民族精神，是维系国家统一、民族团结、社会和谐的重要精神纽带，在全面建设小康社会、构建社会主义和谐社会的历史进程中发挥着巨大的作用。中华传统节日对中华民族精神培育和弘扬具有重要的价值。在全球化的进程中，应该保持我们民族文化的物质和精神内涵，增强民族文化的认同感，增进民族团结，重视承载着民族精神的传统节日文化。

（一）传统节日文化具有弘扬爱国主义精神的价值

节日文化是民族性格、民族文化的集中展示，是文化认同、民族认同、国家认同的重要标志，无论走到哪里，过自己民族的节日都会让你找到自己的"根"。在不同民族的多元文化日益受到尊重的国际视野中，我们没有理由忽视自己民族的传统节日文化，应当站在弘扬以爱国主义为核心的民族精神的高度来认识并重建我们的传统节日文化。爱国主义是中华民族最为伟大、最为悠久的精神传统。在传统节日中，包含了大量关于热爱故土、热爱家乡、热爱民族、热爱国家的内容，闪烁着爱国主义精神的光芒。

（二）传统节日文化具有提高民族自信心、增强民族凝聚力的价值

民族自信心是维护民族尊严与文化本位的精神基础，一个民族如果缺乏自信心，就会在精神迷茫中失去自己的民族位置。特别在当今全球化的浪潮中，在经济一体化的挤压下，面对强势文化的巨大压力，民族自信心显得更为重要，保持高度的民族自信心是自立于世界民族之林的重要保证。民族自信心不是空洞的浮夸与盲目的自大，它需要强大的实力作为支撑，它是建立在强大的经济基础之上的，同时也是建立在深厚的文化基础之上的。今天中国的经济成就举世瞩目，中国已成为经济大国，但是我们民族立身的传统文化却在受到冷遇，不少年轻人对于西方所谓现代的生活方式兴趣浓厚，对于外来的节日，也觉得时尚有趣，倍加追捧。人们对于外来文化的新鲜与好奇无可厚非，在文化多元化的时代，人们有不同的文化消费需要也可以理解。但重要的是，我们不能因此而丢掉维系中华民族血脉的文化传统。历史悠久、文化灿烂的中国，在经济社会全面转型中，正在

流失着自己的文化资源，而这些非物质文化遗产正是建立我们文化自信心的重要精神基础。然而，目前有相当一部分人，对民族文化的深厚内涵缺乏认识。有鉴于此，我们应该利用各种机会展示传统文化的魅力，增强民族自信心。

传统节日是民族文化的集中体现，人们通过节日饮食、节日仪式、节日信仰与传说、节日艺术等集中展示民族文化的精华。我们在民族传统节日活动中，纪念先人，触摸我们民族的灵魂，回归文化根本。传统节日在当代社会的价值与意义，就在于其不断地给我们创造回归传统的机会。通过回归传统来辨识、确认自己的文化身份，树立我们的民族自信心。历经五千年沧桑，悠久的传统节日文化，似无形的纤绳把现在活着的人跟已经逝去的祖宗、前辈连接在一起，把那些分散在世界五大洲的华侨、华裔团结起来，从而形成了联系中外、横穿古今的民族心理。作为传承民族精神的重要形式，无论是人间亲情的渲染，还是对未来前景的期盼，民族传统节日都有所涉及，这些都将极大地增强中华民族的凝聚力。

传统节日是中国社会几千年文明所形成的，其间充满着诗情画意，包含着丰富的内容和礼仪形式，诸如中华民族优秀传统文化的"忠、孝、诚、信、礼、义、廉、耻"等核心价值观充分体现在民族传统节日的各种表现形态之中。几千年来，传统节日的各项活动、风俗和仪式，早已深深印在人们的思想和行为中，并内化为国人的道德意识和行为习惯，成为中华民族内在伦理道德中民族认同的重要组成部分。民族传统节日以其丰富的文化内涵和独特的民族特色，深深扎根于人们的日常生活和精神世界，凝结着中华民族的民族精神和民族情感，在历史发展进程中，民族传统节日成为中华民族凝聚力不可或缺的重要载体。

（三）传统节日文化具有促进社会和谐、构建中华民族共同精神家园的价值

传统节日可以增强人与自然的交融，促进人与人的情感联系。中国传统节日大都是岁时节日。它们是先人将自然时间进程与社会活动节律有机

结合的产物，体现着传统文化"天人合一"的观念。岁时节日不仅在节期的选择上根源于自然界的征候，而且大都有为适应季节、气候、物候变化采取相应活动的节俗。在春夏秋冬的自然推移中，人们以节庆的方式，与大自然和睦相处，向大自然学习。

在城市化、工业化急速推进的今天，人们日益冷落人文精神。通过传统节日文化教育，让学生学会亲近自然，关爱生命，从容地去感悟人生的真谛、自然的情致。传统节日有着浓厚的人情味，几千年来已经成为维系中国社会人际关系的重要感情纽带，是人们表达内心情感的时机，有着协调、促进人际关系的功能。

传统节日是中国"和合"文化的集中体现。有学者认为，"和合"是中华文化传统的精髓。这种"和"的思想，不仅是指家庭和睦、人际关系和谐，而且也包括了民族与民族之间、国家与国家之间的和平共处。家庭和睦和谐是传统节日文化的最大特色，家庭团圆和美是传统节日的美好景象。

传统节日是一个民族百年传承下来的生活方式和文化传统，承载着这个民族的记忆，是一个民族区别于另一个民族的符号标识。传统节日以其丰富的文化内涵和周期性、民族性、群众性的特点，深深融入人们的日常生活和精神世界，是维系国家统一、民族团结和社会和谐的重要精神纽带。传承传统节日文化有利于增强同宗同源的民族感，增强人们爱祖国、爱家乡的情感。

（四）传统节日文化具有促进民族团结、维护国家统一的价值

中华民族传统文化源远流长，流派纷呈，在节日文化这一重要载体之下，不同派别、类型、民族的思想文化被兼容并包、兼收并蓄，逐步形成了自己独特的价值观念，体现了"海纳百川、有容乃大"的气派。从历史渊源来看，很多传统节日呈现出跨民族、跨地域的特征，这种特征既是历史上各民族节日风俗相互交流、融合的结果，也是各区域经济、文化交流的结果。作为一个多民族的国家，民族传统节日在漫长的历史演变中逐渐形成了你中有我、我中有你的特色，诸如春节、清明、端午、中秋等传统

节日既在汉族当中流行，也在少数民族地区普遍流行。与此同时，多数少数民族传统节日中既有汉族的风俗，也融入了其他民族的风俗。不同习俗通过在中华民族这一大家庭中的交流与融合，使中华民族传统节日不仅具有了更广泛的包容性，也产生了较为强大的内聚力，储存了各民族在历史长河中千锤百炼而成的生存智慧和生命文化①。

二、现实困境：断裂的传统与变味的节日

文化是社会历史的积淀物，是指一个国家或民族的历史、地理、风土人情、传统习俗、生活方式、文学艺术、行为规范、思维方式和价值观念等。节日中所承载的文化是我们在日复一日、年复一年的生活中沉淀出来的，它与我们的生活方式密不可分，从传统节日的形成到向现代社会的过渡，时代的变迁所带来的更多是生活方式的变化。而与生活方式紧密相联的文化自然随之发生变化，与文化相关的节日也同样受到了冲击②。在农业文明占主导地位的传统社会，传统节日是当时社会存在的反映，它适合当时人们的生存方式、社会生活方式和生产方式，它是应当时人的生存、生活、生产方式而生。中国社会正处于农业社会向工业社会转型期，工业文明逐渐取代农业文明，这意味着根植于农耕文明社会的传统节日正在日益失去其成长的土壤，传统节日文化的内容和形式会遇到前所未有的冲击和瓦解，其传承也会出现断裂。

（一）工业化使传统节日的功能弱化

随着经济的发展，科技水平的提高，人们已经走出物质匮乏的时代，生活水平不断提高。作为节日象征符号的食物不再是罕见和稀有的，人们在平时就能享受到，这就使得现代人缺少了对节日的期待和向往，传统节日的饮食功能被弱化了，平时和过节没什么区别，过节也就显得不新鲜

① 罗锪：《传统节日文化对弘扬和培育中华民族精神的价值》，《学术交流》2010年第1期。
② 余梅、卯惠：《民族传统节日传播的文化重构和传承》，《黑龙江民族丛刊》2008年第5期。

了。科技的进步，使人们科学的认识自然，这样对神灵的崇拜就弱化了。例如农业生产中干旱少雨，很少有人再借助传统节日向神灵祈雨，而更多的是改良作物品种、人工降雨、人工灌溉；丰收时也不再借助传统的节日举家欢庆，向所谓的"老天爷"表示感恩，而是认为是自己辛勤劳动的回报。

（二）传统节日的文化基础被动摇

随着社会的发展和社会结构的分化，传统的家族和宗族关系被打破，家庭逐渐趋于核心化、小型化。传统的农业社会，以家庭或家族为单位进行农业生产，人们从生到死基本都被禁锢在家族和宗族关系中，并且有很强的家族观念，这就为传统节日的祭祀和礼仪活动提供了存在和发展的空间。而现代社会，这一切都发生了变化，随着科技的进步，农业生产出现了剩余的劳动力，大量人口从农业中解放出来，另谋出路，人口流动增强、职业分化加剧，人们不再仅仅被束缚于生长的那片土地，因此，传统的依托血缘和地缘的节日文化基础被深深动摇。

（三）传统节日的内容和庆祝方式与现代社会脱节

传统节日发端于农耕社会，其节日的活动也离不开农耕生活，主要包括祭祀、祈福、庆贺等民俗活动，具有封闭性和单一性特点，这与现在工业社会所表现出的开放性、多元性、参与性、平等性、包容性特征是不相符的。文化全球化带来的西方文化和节日文化在我国日益流行，圣诞节、情人节、愚人节所表现出的浪漫性、娱乐性和热情奔放性节日气息深受年轻人的追逐和喜爱。相比之下，人们对传统节日的记忆显得有些苍白，对传统节日的活动也日益淡化，尤其是青年一代对传统节日的活动了解甚少。传统节日法定化是国家对传统节日的一种保护和传承举措，然而，这一保护并未使传统节日的内涵真正受到保护。传统节日法定化让人们从繁重的工作学习中解放出来，获得休闲娱乐的权利，使人们有时间享受消费、旅游、养生、娱乐等现代人的度假方式，但这与弘扬传统节日内涵并没有多大联系，从而导致人们的假日需求与传统节日内涵出现错位①。

三、科学合理的传统节日文化传承与保护体系的建构

综上所述，传统节日具有重要的文化和精神意义，也在现实社会的发展过程中遇到了一系列的问题。因此，针对保护和传承优秀传统节日文化的重要性和必要性，我们尝试提出建构科学合理的传统节日传承与保护体系的可行性建议。科学合理包含几个方面的意思：首先是理论认识的科学性，即要用经过实践检验的、为学界广泛认同的科学的文化保护与发展理论指导传统节日文化传承与保护体系的建构；其次是施行方式的科学性，即要认清不同理论和政策的实施主体、实施对象与传达方式，使用正确的方法和手段保证理论和政策措施的高效运行；再次是实施对象的合理性，即要把科学的理论和方法与具体地方的实践进行有机的结合，做到有的放矢、因地制宜。

可以预见的是，过去、现在和将来，传统节日的本质内涵和核心价值理念不会消失，因为过节的"人"内心深处对传统节日文化还充满着期待。在建构传统节日文化的传承与保护体系时，遇到的最大问题是如何找到传统节日文化合理的表现形式，以及在现代化视野中如何实现对当今中国人过节方式的适应。具体而言，可以从培养文化自觉、重建节日符号体系，以及创新传统节日参与模式等角度开始进行尝试。

（一）提升民众对传统节日的文化自觉

"文化自觉是指生活在一定文化中的人对其文化有'自知之明'，明白它的来历，形成过程，所具的特色和它发展的趋向，不带任何'文化回归'的意思，不是要'复归'，同时也不主张'全盘西化'或'全盘他化'。自知之明是为了加强对文化转型的自主能力，取得决定适应新环境、新时代

---

① 张秀君、张磊：《从农耕文明被边缘化看传统节日文化的发展》，《中华文化论坛》2013年第12期。

对文化选择的自主地位。文化自觉是一个艰巨的过程，首先要认识自己的文化，理解所接触到的多种文化，才有条件在这个正在形成中的多元文化的世界里确立自己的位置，经过自主的适应，和其他文化一起，取长补短，共同建立一个有共同认可的基本秩序和一套与各种文化能和平共处，各抒所长，联手发展的条件"①。

文化自觉首先是对自己的文化有自知之明，也就是充分认识自己的历史和传统，这是一种文化延续下去的根与种子。种子是生命的基础，没有能够延续下去的种子，生命也就不存在了。不了解中国传统节日的历史及其文化内涵，就失去了让传统节日文化延续下去的种子，所以，我们要让中国传统节日得以传承，首先必须让传统节日的历史及其文化内涵在大众中得以普及。

传统节日要想重新焕发生机，其根本还在于唤醒大众认识和理解传统节日文化的自觉意识和文化认同，从传统节日失忆症中清醒过来。肩负这一历史使命的首先是媒体，然而，当前传媒并没有充分发挥自己在普及传统节日文化知识、树立正确过节观念方面应有的作用。当前一个重要的工作就是，媒体要提高对传统节日文化传播与推介的自觉意识，改变对传统节日报道的呈现方式与报道样式的"零乱"状态，加强前期策划和组稿，开辟专栏特刊来报道传统节日文化。从传播学角度分析，作为掌握话语权的信息传播机构，媒体应该充分营造有利于节日文化传播的"拟态环境"，利用对传统节日的"议程设置"功能，充分发挥其在传播中国传统节日文化方面的功能。肩负传播和普及传统节日文化使命的其次是学校。从幼儿园到研究生阶段都有必要将传统节日文化作为必修或选修课程，做到传统节日文化进课堂，进入每个国民的学习生涯。由于传统节日文化知识的丰富驳杂，在不同程度的受教育者中，节日文化课程的教学内容设置应具有较强的针对性，从教材角度看，应该有一个通盘的考虑，使不同层次的教材"教学呈现出系统性"。另外，家庭、社区等在传播传统节日文化方面也

---

① 费孝通：《论文化与文化自觉》，群言出版社 2005 年版，第 256 页。

责无旁贷。每个家庭和社区在传统节日到来时，不能只是把节日简化为聚餐，家庭和社区的长者应该向晚辈讲解节日起源、节日传说、节日民俗，通过"口述记忆"实现传统节日文化的"代际传承"。

仅仅了解中国传统节日文化的基本知识还是远远不够的，我们还要提升对传统节日的文化自主性，提升传统节日文化转型的自主能力，这有两层涵义：一是面对现代性对传统节日的冲击，我们要主动适应，积极创造。传统必须同现代相结合，我们应当从传统与创造的结合中去看待未来。也就是说，要以发展的观点结合过去及现在的条件和要求，在新的时代背景下，重新认识中国传统节日文化存在的意义，按现代的认知和需要来诠释、创新自己的传统节日文化。传统节日文化蕴涵着很多的优秀民族文化，但也有些内容与现代社会不完全合拍，但我们要以理性的态度看待，重新认识其在新的条件下新的社会意义。另外，我们也要学会用现代元素来创新传统节日文化，使之与现代社会生活相适应。现代社会，工作压力、生活压力对现代人造成了超负荷的精神负担，人们本来想利用节日放松自己，如果节日比平常还累，人们自然对这样的节日就不会怀有太大的期望。因此，我们有必要增加传统节日的娱乐休闲功能，让被日常世俗日子所累的人们能够在节日里充分放松！只有这样，才能够使人充分享受到过节的喜庆和快乐，充分鼓起对节日的期望和向往。提升传统节日文化转型的自主能力的第二层涵义，是指在全球化背景下，在当前西俗东渐的潮流中，我们对待外来节日要保持理性的"文化自我"。一方面我们不能一味追逐西方文化，热衷于过"洋节"，这样下去，我国传统节日文化就有断代失传的危险。吸收西方节日固无不可，但是我们必须保持我国传统节日在整个节日文化体系中的主流地位。另一方面，我们没有必要恐慌，发出各种抵制外来节日的呼吁。我们所追求的不是一种文化对另一种文化的"拯救"，更不是一种文化对另一种文化的抵制、覆盖或征服，而是文化的多元共存，保护文化生态的自然发展，在坚持中华民族传统节日文化主流的基础上实现与各外来节日文化的优势互补与和谐共生。与此同时，我们要抓住一切机会宣传中国传统节日文化，使中国传统节日文化地走向世界。

（二）重建传统节日文化的符号体系

按照解释人类学的观点，"文化"的概念实质上是一个符号学的概念，"所谓文化就是这样一些由人类自己编织的意义之网，因此，对文化的分析不是一种寻求规律的实验科学，而是一种探求意义的解释科学"①。在某一特定文化背景下，一定的文化符号是就是该文化本质的外在体现，节日文化也必定要借助一定的外在形式即符号才能得以表现和传播。因此，节日就不仅是展现一个民族文化生活图景的窗口，更是一种象征和意义的体系，是一种用行动和符号书写的文化文本。源于原始巫术的节日作为一种具有关键意义的时空段，其符号的意义及功能性就显得尤为特殊。节日里的仪式、象征物等符号便天然地具有象征性、指代性。可以说，节日就是一个巨大的象征系统，借助于特定的具体的事物，寄寓某种精神品质或抽象事理，它主要通过联想的作用，把主观意识托付于客观事物，是特定具体事物象征客体显现出的抽象意蕴！我们的情感传递信仰表达都通过节日中的许多高度精炼的仪式和符号来完成。

然而今天，许多中国传统节日的原生态意义系统分崩离析，造成现代人解读传统节日文化的障碍，形成了传统文化理解的疏离状态。任何一种文化都是透过点点滴滴的符号表达来构建起一个完整的文化框架，失去了文化符号，文化就只能是一纸空谈。没有能够凌驾于符号之外的意义，而符号却往往能够凭借借喻的方式代表整个文化体系。所以，在当代语境之下，一个重要的任务就是，重建中国传统节日文化的符号体系。在这方面，企业和商家有着重要的责任与广阔的用武之地。如果操作成功，不但会丰富传统节日文化，也会为企业和商家带来丰厚的利润回报。今天，我们利用商业途径重建传统节日文化的符号体系并借此传播中国传统节日文化也是一条值得考虑的策略。但与传统节日丰富的文化符号内涵相比，传统节日文化符号的商业化运作还远远不够。传统节日文化的符号体系主要由以

---

① 〔美〕克利福德·格尔茨：《文化的解释》，译林出版社1999年版，第5页。

下 10 大子系统构成：时间符号系统、空间符号系统、仪式符号系统、乐舞符号系统、造型物符号系统、语言文学符号系统、数量符号系统、服饰符号系统、饮食祭品符号系统、游乐符号系统。这些符号系统各自都有独立的形式和意义。只要能够找到合适的产品载体，每个符号或符号系统都有可能开发为相应的文化消费品（产品）。

另外一个重建传统节日文化符号体系的重要力量就是政府。当前，政府对法定假日制度进行改革，将春节前移一天，将三大传统节日纳入法定假日框架，这其实就是在强化传统节日的时间符号，但仅将某几个传统节日纳入法定假日框架，对于重建传统节日的符号体系还是远远不够的。当前，对于节日文化的空间符号系统的重建是我们一项重中之重的工作。最近几年，北京、南京、杭州、成都等地政府部门纷纷举办了热闹而喜庆的庙会，这对于保护和传承中国传统节日文化是非常有益的，可以推广。庙会是传统节日文化的空间符号，是传统节日文化、民俗文化集中展示的舞台，许多丰富多彩的民间工艺品、民间小吃，以及杂耍、戏曲、绝技等，都可以借此传承。人们在过本民族节日的时候，要有某种象征性的场域可以依恋，这种象征性的场域对于意义的建设有着特殊的重要性。庙会的空间是民众狂欢的中心场域，任何一个节日都是在特定时间和特定空间内举行的。如果抛开这些具体的文化空间，传统节日就会变成无源之水、无本之木。如果我们出于某种动机而破坏或占据了文化空间，传统节日就很可能会因活动场所和文化空间的丧失而不再传承。现代城市可以利用市民广场、公园等把传统庙会恢复起来。还有许多地方政府重建节日文化符号的工作也值得借鉴和推广。

（三）创新传统节日的参与模式

从社会学角度看，传统节日文化是"嵌入"在社会结构中的。西方节日是建立在地缘和业缘基础上，具有相当的开放性。而中国传统节日源于农业社会，并得到儒家文化的支撑，在农业社会结构性特征与儒家文化的双重作用下，形成了独特的中国传统节日文化特性。不管是农业社会的结构特征，还是儒家文化，家族或宗族制度均占有重要地位，人不是作为一个个体而存在，而是处于家族或宗族关系之中的，为此人们之间首要的关系是血缘关系，这使得中国传统节日具有鲜明的先赋性血缘基础特征。这种在血缘共同体的范围内共同参与传统节日生活的模式适应了传统农业社会家庭成员聚集性的特点，具有相当的封闭性。

　　然而，今天的中国家庭有一个新的显著特点，就是代际之间呈现异地分散状态，血缘、地缘、业缘相互分离，上一代与成年下一代大多生活在两地，家庭的多项功能被社会所取代！这种情形虽然为血缘共同体共同参与节日生活制造了障碍，但是依然不能改变人们与家人一起过节的习惯。现代人的社会生活节奏在加快，价值观也在转变，物质利益开始张扬，工具理性也在膨胀，为追求物质收获而放弃一些精神生活成为现代人习以为常的事。也就是说，由于社会的转型与家庭的变迁，除了春节，其他传统节日，即使它已经成为法定假日，人们很难再像以前一样以血缘共同体模式参与节日生活了。由于节日期间血缘共同体的"缺席"，导致了原生意义上的传统的节日仪式无法进行。节日一旦产生后，便面临着两条道路：一是节日的内容适当地发生变化，使之与时代的风尚差距不能太大，或节日具有跨时代的人性需要和本能满足的功能，能适合时代社会的需要，从而得以生存下去。要达到这一点，主要取决于节日本身的可变幅度及其文化兼容性和社群成员的兴趣。节日的另一条道路就是消亡之路，凡是走上这条道路的节日或者是本身可变幅度小，文化兼容性小，或者是时代局限性大，不具备跨时代的文化功能。

　　因此，改变传统节日的参与模式，将传统节日"先赋性社会关系基础"转换成"后致性社会关系基础"，将封闭型的"血缘共同体参与模式"转换为适应现代生活的开放型的"业缘共同体参与模式"，对传承与创新传统节日文化有着长远的意义。另外，在传统的农业社会结构中，人们有着强烈的身份特性和角色意识。人们在参与各种社会性活动时，极为关注自己的地位和身份，不可能完全平等地参与到节日生活中来，也不可能具备彻底的狂欢性质。这种身份意识又被传统的儒家宗亲制度所强化，使得个体的存在变得几乎不可能，他们只能作为家族或者宗族的一份子而存在。即使在家族和宗族内部，社会地位等级也是不同的，人们对事务的参与也是不同的。在节日祭祀活动中，只有长辈或者嫡系才拥有相应的发言权和参与权，一般的人则没有这样的权利和参与程度。中国传统节日这种浓厚的等级意识与伦理色彩，使其缺少个体的参与性和狂欢性。而西方节日往往是全民参与、集体狂欢。所以转换传统节日的参与模式，也意味着要将原来的血缘共同体伦理模式转换为适应现代生活的业缘共同体集体狂欢模式。

如何实现这种节日参与模式的转换？家庭作为社会纽带联结人们的功能在逐步减弱，而"业缘共同体（或称职业共同体）"成为现代社会整合的基础。我们可以把传统的血缘共同体节日习俗与现代业缘社会生活结合起来。把原来在血缘共同体内部的节日习俗与伦理仪式通过现代手段运作，变成业缘共同体内部人人可以平等参与的集体狂欢仪式，将传统节日文化与各类业缘组织内部的大众文化（如校园文化、企业文化等）进行"对接"，从而实现传统节日文化在传统与现代的交融中得以传承与创新①。

---

① 冉昆玉、董金权：《传统节日文化生存发展策略——写在传统节日法定化之后》，《青海民族研究》2009 年第 2 期。

参 考 文 献

〔英〕安东尼·吉登斯:《社会学》,赵旭东等译,北京大学出版社 2003 年版。

〔法〕布迪厄,〔美〕华康德:《实践与反思:反思社会学导引》,李猛,李康译,中央编译出版社 1998 年版。

〔法〕埃米尔·涂尔干:《宗教生活的基本形式》,渠东等译,上海人民出版社 1999 年版。

曹葆华译:《普列汉诺夫美学论文集》,人民出版社 1983 年版。

曹毅:《土家族民间文化散论》,中央民族大学出版社 2002 年版。

陈国安:《土家族近百年史》,贵州民族出版社 1999 年版。

《重庆市志·民俗志》课题组编纂:《重庆市志·民俗志》,西南大学出版社 2009 年版。

邓伟志:《社会学辞典》,上海辞书出版社 2009 年版。

费孝通:《中华民族的多元一体格局》,中央民族学院出版社 1989 年版。

费孝通:《乡土中国　生育制度》,北京大学出版社 1998 年版。

费孝通:《论文化与文化自觉》,群言出版社 2005 年版。

高占祥编:《论节日文化》,文化艺术出版社 1991 年版。

贵州省文化厅群文处、贵州省群众文化协会编:《贵州少数民族节日大观》,贵州民族出版社 1991 年版。

贵州省文管会办公室、文化厅文物处,中央民族学院民族学系、民族研究所编:《贵州节日文化》,中央民族学院出版社 1988 年版。

贵州省侗学会编:《侗学研究》第三辑,贵州人民出版社 1998 年版。

管维良主编:《重庆民族史》,重庆出版社 2002 年版。

胡潇:《民间美术的文化寻绎》,湖南美术出版社 1994 年版。

黄才贵:《独特的社会经纬贵州制度文化》,贵州教育出版社 2000 年版。

黄涤明:《黔贵文化》,辽宁教育出版社 1998 年版。

〔美〕康纳顿:《社会如何记忆》,纳日碧力戈译,上海人民出版社 2000 年版。

〔美〕克利福德·格尔茨:《文化的解释》,译林出版社 1999 年版。

蓝勇:《西南历史文化地理》,西南师范大学出版社 1997 年版。

〔美〕理查德·鲍曼:《作为表演的口头艺术》,杨立慧、安德明译,广西师范大学出版社 2008 年版。

李良品等:《乌江流域民族史》,中央文献出版社 2007 年版。

李绍明:《川东酉水土家》,成都出版社 1993 年版。

李学勤:《长江文化史》,江西教育出版杜 1995 年版。

李亦园:《人类的视野》,上海文艺出版社 1996 年版。

梁钊韬:《文化人类学》,中山大学出版杜 1991 年版。

林耀华:《民族学通论(修订本)》,中央民族大学出版社 1997 年版。

马冲炜、陆群:《中国民族村寨调查丛书·土家族》,云南大学出版社 2004 年版。

马启成、白振声主编:《民族学与民族文化发展研究》,中国社会科学出版社 1995 年版。

〔法〕莫里斯·哈布瓦赫:《论集体记忆》,毕然、郭金华等译,上海人民出版社 2002 年版。

〔德〕皮柏:《节庆、休闲与文化》,黄藿译,生活·读书·新知三联书店 1991 年版。

《黔东南苗族侗族自治州概况》编写组编:《黔东南苗族侗族自治州概况》,贵州人民出版社 1986 年版。

司徒尚纪：《珠江文化与史地研究》，中国评论文化有限公司 2003年版。

孙兆霞等：《屯堡乡民社会》，社会科学文献出版社 2005 年版。

唐家路、潘鲁生：《中国民间美术学导论》，黑龙江美术出版社 2000年版。

陶立璠：《民俗学》，学苑出版社 2003 年版。

〔英〕特伦斯·霍克斯：《结构主义和符号学》，瞿铁鹏译，上海译文出版社 1987 年版。

王明珂：《华夏边缘：历史记忆与族群认同》，允晨文化实业公司 1997年版。

·王宁：《中国文化概论》，中央民族大学出版社，1999 年版。

〔美〕威尔伯·施拉姆，威廉·波特：《传播学概论》，陈亮等译，新华出版社 1984 年版。

乌丙安：《中国民俗学》，辽宁大学出版社 1985 年版。

伍新福、龙伯亚：《苗族史》，四川人民出版杜 1992 年版。

萧放：《岁时传统——中国民众的时间生活》，中华书局 2002 年版。

燕达等：《六百年屯堡——明王朝遗民纪事》，贵州人民出版社 2002年版。

杨铭：《土家族与古代巴人》，重庆出版社 2002 年版。

杨学芹、安琪：《民间美术概论》，北京工艺美术出版社 1994 年版。

杨学政：《中国原始宗教百科全书》，四川辞书出版社 2003 年版。

俞宗尧等：《屯堡文化研究与开发》，贵州人民出版社 2005 年版。

苑利、顾军：《非物质文化遗产学》，高等教育出版社 2009 年版。

〔德〕约瑟夫·皮珀：《闲暇——文化的基础》，刘森尧译，新星出版社 2005 年版。

曾繁仁：《美学之思》，山东大学出版社 2003 年版。

赵世林：《云南少数民族文化传承论纲》，云南民族出版社 2002 年版。

张丽剑：《"民家情"：散杂居背景下的族群认同——湖南桑植白族研

究》，民族出版社 2009 年版。

周大鸣、吕俊彪：《珠江流域的族群与区域文化》，中山大学出版社 2007 年版。

周国炎编：《布依—汉词典》，贵州民族出版社 2012 年版。

庄孔韶主编：《人类学通论》，山西教育出版社 2003 年版。

E. B. Tylor, *The Origins of Culture*, New York：Harper and Brothers Publishers, 1958.

Wissler, Clark, *The American Indian：An Introduction to the Anthropology of the New World*, Oxford University Press, 1922.

Wissler, Clark, *Man and Culture*, Tomas Y. Crowell Company, 1923.

William Bloom, *Personal Identity*, *National Identity and International Relations*, Cambridge：Cambridge University Press, 1990。

后　记

生活与学术真是密不可分。我出生在武陵山区，研究工作也是从这里起步的。我自从二零一一年从中央民族大学民俗学专业博士毕业后，进入长江师范学院乌江流域经济社会发展研究中心工作，开始对山地民族与武陵山区多流域开展系列调查和研究。

"流域""文化遗产""族群"三个关键词，是我在研究中一直在思考聚焦的话题，我依托民俗学的学术背景，辅之田野调查和人类学理论的学习，围绕着这些关键词逐步开展了一些研究工作。第一个阶段的研究工作重点在于对乌江流域世居少数民族历史文化的一些梳理，这种历史的梳理和民俗文化的系统呈现构建了一个着眼于区域研究的基础，如我参与的"重庆世居少数民族研究"专题研究工作。二零一三年，我加入西南大学田阡教授团队，从事博士后合作研究工作，自这个时间段始，我更多以一种全流域或者流域整体的视野来思考和研究文化事项，在我参加的"中国节日志"等项目实施的过程中，我也尝试从全流域的视角来考量节庆与传统文化、节庆与族群的关系，带着这些思考和努力，才有了今天这个阶段性的小积累。

本书有幸忝列于"流域与族群互动系列"丛书的第一批出版计划，虽然还有一些需要完善和不成熟之处，但希望获得更多的对话与分享。而与之呼应的一本基于石柱土家族自治县龙河流域的社区田野调查研究报告《边城黄鹤——渝鄂省际边界村落生活样态的人类学考察》，也进入到"流域与传统村落系列"，同期在知识产权出版社得以出版。在搁笔之际，心中有些许感触，望能在学术的道路上朝着拓新的方向迈进。

乌江流域的民族文化灿烂辉煌，族群互动的历史与现实丰富而生动，为研究者在山水之间构建了一个极好的研究场域。如何以科学的研究方法和理论来指引，将历史与现存的文化事项得以清晰的梳理和实现，并能够合理地开发利用，做到传承与弘扬少数民族的传统文化，促进地方社会经济发展，无数前辈学者都做出了一些非常有价值的尝试。我亦希望能够找到一个不同的视角去解读与探索。在本书的整个研究设计之中，我尝试将少数民族传统节日作为研究乌江流域文化的重要抓手，开启区域文化研究的一扇门。本书的研究是一个综合性的研究，希望在开拓学术维度、扩展交叉学科空间方面，具有一定的学术价值和意义。

本书所希望追求与探索的还在于，为今后对流域文化，以及在这一流域范围内，带有极强的流域特征的文化事项的研究，获得更多共性的理论与方法价值的讨论与对话。本书的观点先后得以在"首届中国流域人类学工作坊"和广西民族大学学报主办的"首届博士生论坛"上交流。在可以预见的未来学术空间里，无论是我本人，抑或学术团队中的其他成员，对流域文化，甚至更进一步的"流域人类学"的孜孜探求，本书提供的一些观点、理论、方法或者材料，能够起到一些积极的支撑，这也是本书写作的一个目标。

本书作为我进入西南大学中国史博士后流动站之后研究工作的一个重要成果，先后得到了重庆市教育委员会人文社会科学研究项目、重庆市博士后研究人员科研项目特别资助支持，并得到长江师范学院学术著作出版资助。中山大学周大鸣教授亲自为西南人类学文库作序，推动重庆地区人类学的学科建设和研究进展，其开展的珠江流域的系列研究成为方法论价值的范例。本书在成书的过程中，合作导师田阡教授给予了全方位的无私支持，在此特别感谢。人民出版社的陈登老师，为晚学后进的出版事宜，多次沟通联系，特别致谢。

本书的出版分享了很多集体的智慧，感谢长江师范学院李良品教授，正是他带领的长江师范学院民族学学科团队给予我大力支持，才有了工作几年来系列的积累和部分成果，也希望这本书的出版为民族学重点学科的建设增添一点多样性。感谢彭福荣教授、余继平教授和莫代山、杨玉兰博士对我研究工作的具体支持。博士后伙伴费中正、王欣、王志清、向轼的支持贡献是更是体现了田阡教授学术团队的分享与合作。这些都是本书得以顺利面世的有力保障，在此一并致谢。

句号画完，意犹未尽，本书的出版能带来更多的学术对话与共鸣，则吾心足矣。

王 剑

2015 年 7 月 1 日于鉴湖畔

责任编辑:陈 登

图书在版编目(CIP)数据

乌江流域少数民族传统节日文化传承与保护体系研究/王 剑 著. -北京:人民出版社,2015.7
ISBN 978-7-01-014941-7

Ⅰ.①乌…　Ⅱ.①王…　Ⅲ.①乌江-流域-少数民族-民族节日-研究
　Ⅳ.①K892.1

中国版本图书馆 CIP 数据核字(2015)第 127146 号

乌江流域少数民族传统节日文化传承与保护体系研究
WUJIANG LIUYU SHAOSHU MINZU CHUANTONG JIERI
WENHUA CHUANCHENG YU BAOHU TIXI YANJIU

王 剑 著

人民出版社 出版发行
(100706　北京市东城区隆福寺街 99 号)

环球印刷 (北京) 有限公司印刷　新华书店经销

2015 年 7 月第 1 版　2015 年 7 月北京第 1 次印刷
开本:710 毫米×1000 毫米 1/16　印张:14.25
字数:200 千字

ISBN 978-7-01-014941-7　定价:35.00 元

邮购地址 100706　北京市东城区隆福寺街 99 号
人民东方图书销售中心　电话 (010)65250042　65289539